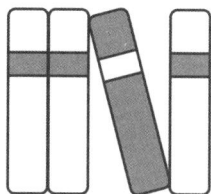

JIYU KECHENG SIZHENG DE CHUZHONG YUWEN SHENDU
YUEDU JIAOXUE YANJIU

基于课程思政的
初中语文深度阅读教学研究

陈克敏◎著

天津社会科学院出版社

图书在版编目（CIP）数据

基于课程思政的初中语文深度阅读教学研究 / 陈克

敏著. -- 天津 ：天津社会科学院出版社，2024. 7.

ISBN 978-7-5563-0989-4

Ⅰ．G633.332

中国国家版本馆 CIP 数据核字第 2024HS6475 号

基于课程思政的初中语文深度阅读教学研究

JIYU KECHENG SIZHENG DE CHUZHONG YUWEN SHENDU YUEDU JIAOXUE YANJIU

选题策划：柳　晔
责任编辑：柳　晔
装帧设计：高馨月
出版发行：天津社会科学院出版社
地　　址：天津市南开区迎水道 7 号
邮　　编：300191
电　　话：（022）23360165
印　　刷：高教社（天津）印务有限公司
开　　本：787×1092　　1/16
印　　张：16.75
字　　数：260 千字
版　　次：2024 年 7 月第 1 版　　2024 年 7 月第 1 次印刷
定　　价：88.00 元

前　言
随文潜入心　润物细无声

　　习近平总书记始终把学校思想政治工作放在治国理政的重要位置,指明了我国社会主义教育为党育人、为国育才的根本方向。习近平总书记在全国高校思想政治工作会议上指出要坚持把立德树人作为中心环节,把思想政治工作贯穿教育教学全过程。思政课是落实立德树人根本任务的关键课程,初中语文更是办好思政课的"主力军"和主战场。思政教育融入初中语文教学,既是响应国家和时代的号召,又是增强语文教学效果,促进学生全面发展的必然要求。结合多年一线教学经验,笔者认为,仅靠灌输和反复训练是不能达到育人效果的,教师应立足文本,找到融合的切入点,巧用融合策略,达到随"文"潜入"心"、润物细无声的效果。

　　首先,整合课程思政资源。课程思政资源整合包括两个方面:一方面是现行语文教材思政资源的重新整合。学校依据课程思政的七大时代主题,遵循"教材分段"和"资源分块"的整合原则,重组教材思政资源。另一方面,拓宽课程思政资源渠道。根据思政主题的需要,利用更多的网络资源、社区资源等,挖掘思政元素,提炼思政内容,设计思政方案。这些真实、富有意义的实践活动,既有利于学生语文核心素养的形成和发展,也实现了在活动中潜移默化育人的教育目标。

　　其次,要研究与时政、文言文教学和整本书阅读教学的融合策略。第一,与时政融合,教师要借助学科知识中的思政资源,结合时事政治、热点事件,精心设计切合本学科课程的开学第一课,提出新学期要求,激发学生的"家国情怀"。第二,与文言教学融合,传承"中国美德"。唐诗鉴赏课之后,可以教学生写绝句、写律诗、写小令,在古诗词里寻访自然之美。在与中华优秀传统文化的对话中,也可进行课程思政,沁润学生情感,凝聚思政内核。第三,与整本书阅读教学融合,发扬"中国精神"。选入教材的经典中,有四大名著,有纪实文学,教师要通过指导学生阅读古典名著和红色经典来涵养学生的民族精神和家国情怀,增强学生的自信,培养他们对祖国、对人民的热爱与担当。

最后,要掌握思政融入语文课堂的正确方式。语文教学中,教师要突出学生的主体地位,选择适合学生年龄特点和心理特征的教学方式,将思政教育融入语文教学各个环节中,有机把握思政教育的机遇,以繁多的形式和多样的方法,正确、自然、贴切地实施思政教育。从一点一滴做起,有的放矢地对学生进行思政教育,像春风化雨那样润物细无声,滋润学生的心灵,哺育和陶冶一代新人的爱国情操,这样才能出色地完成思政教育和语言文字训练的双重任务,即"文道并重,润物无声";才能培养出新世纪德才兼备、品学兼优的建设者和接班人。

在新时代教育改革背景下,教师应整合课程思政资源,研究与时政、文言文教学和整本书阅读教学的融合策略,努力发掘思政融入语文课堂的正确方式,形成一系列卓有成效的将学科思政与深入阅读融合的"开学第一课"案例。本书立足笔者多年教学经验,第一章对初中语文课程建设的时代内涵与实践路径作分析,以期为读者们生成一个较为完整的时代图景,为本书的内容打下坚实的基础。第二章汇集与"爱国"相关的课堂案例,以培育学生"家国情怀"和"国家自强"的国家意识为核心,用思政知识引领人生、增强信念、凝心铸魂。第三章汇集与"阅读"相关的课堂案例,使书香浸润学生心灵、贯穿生活始终,鼓励其自主阅读、理解与思考。第四章汇集与"求知"相关的课堂案例,希望能通过开学第一课,激发学生的学习热情,用学习点亮人生。第五章汇集与"知行"相关的课堂案例,在学会阅读、学习的基础上,学生还要通过研学进一步拓宽视野,实现知行合一的教育目标。第六章汇集与"文化"相关的课堂案例,从而上升至精神品行之高度,鼓励学生用经典涵养品格、促进长久发展。本书的最后一章,在总结本书整体内容的基础上,综合概述了以课程思政引领初中语文深度阅读的成效和影响,以期为教育界同仁们提供思路。

总之,课程思政融入初中语文教学,必须坚守初中语文课程特质,引导学生能通过语言表达得到情感熏陶,思想启迪,道德升华,力争达到看似无意实则有心,让理想信念培育与专业教育有机融合,相互促进,实现"1+1>2"的育人效果。

编 者

2024 月 2 月

目 录

第一章 初中语文课程建设的时代内涵与实践路径

　　"初中语文课程思政"是新时代下对初中语文教育的一种全新理解和期待,它代表着一种更为深入和全面的教育理念,旨在通过语文课程,实现对学生的全方位、全过程德育培养。这种理念的提出,是基于对当前初中语文教育环境和学生成长需求的深刻洞察。

　　与传统的思政课程不同,新时代的初中语文课程思政,强调将德育内容自然融入语文教学的各个环节中,让学生在学习语文的过程中,自然而然地接受德育的熏陶,实现知识与品德的双重提升。这种理念强调,语文教育不仅仅是传授语言知识,更是塑造学生人生观、价值观的重要途径。

　　在新时代背景下,初中语文课程思政的内涵更加丰富和深远。随着教育改革的深入,初中语文课程思政建设被赋予了更重要的使命,即要通过课程内容的创新,落实立德树人根本任务,促进学生的全面发展。

　　实现这一目标的基础在于课堂革命,要改变传统的教学方式,让课堂更加生动、有趣、富有启发性。而实现这一目标的关键在于教师的积极参与,他们需要通过自我提升和专业发展,更好地承担起课程思政的教学任务。同时,重点还在于要加强思政教育,通过深入挖掘语文教材中的德育元素,将德育有机地融入语文教学中。

　　新时代下的初中语文课程思政建设,需要以课堂革命为基础,以教师参与为关键,以思政教育为重点,以内容创新为路径,以学生发展为目的。只有这样,我们才能更好地实现初中语文教育的育人目标,培养出既有知识,又有品德的新时代青少年。

第一节　初中语文深度阅读的教学策略

初中语文随着初中语文新课程改革的不断深化,深度阅读已成为教学的重中之重。深度阅读不仅是对文本的简单理解,更是一种思维训练、情感熏陶和文化传承的过程。它要求学生在阅读中不但要理解文字表面的意义,还要挖掘文本的深层内涵,理解作者的写作意图,与文本产生情感共鸣,从而达到提升学生综合素养的目的。

然而,当前初中语文深度阅读教学实践中存在诸多亟待解决的问题。部分教师对深度阅读的重要性认识不足,仍沿用传统的阅读教学理念和方法,导致学生难以真正进入深度阅读的状态,无法体验深度阅读的魅力。同时,教师在教学实践中往往忽视了学生的主体性,未能及时掌握学生的阅读情况和学习特点,使得深度阅读教学难以达到预期效果。为此,可以采取三种策略:

一、创设真实情境,推进学科育人

《义务教育语文课程标准(2022 版)》中关于情境的表述有 40 多处,足见对情境的重视。创设情境,就是找到学生熟悉的生活场景,用学生喜闻乐见的方式,将其与文本巧妙结合,把抽象的道德观念融入其中,进而激发学生的思维、愉悦学生的心灵,增强学生自我探究的学习动力,丰富他们的情感体验。让学生自己去感受、去理解,在润物细无声中,把认知内化为人文情感、道德观念、行为准则,并用于指导实践。

二、设计任务驱动,渗透学科育人

《义务教育语文课程标准(2022 版)》中设置了六个学习任务群,这些任务群分别突出了义务教育阶段的学科教学任务。就语文学科而言,这些任务群要求融通中华优秀传统文化、革命文化和社会主义先进文化,同时强化每个任务群的育人功能。作为语文教师,我们要引导学生在学习任务群中"见自我、见天地、见众生",最终实现从"知识在场"到"生命在场"的转变,达成学科育人的目的。

三、注重活动开展,嵌入学科育人

新课标课程目标中提出义务教育语文课程培养的核心素养,是学生在积极的语文实践活动中积累、建构并在真实的语言运用情境中表现出来的。在语文教学中,我们需要由注重结论、注重结果向注重探究过程转变。我们不能仅把结论教给学生,而应该让学生在参与活动的过程中,自己发现问题、提出问题、研究问题、解决问题,最终得出结论。在活动中渗透德育,可以促使学生在做中学、在做中思考、在做中成长,更好地实现育人目标。

在当前的初中语文教学中,运用深度阅读方法,学生可以有效地解决各种语文学习问题,通过各种深度阅读和渐进阅读,学习和掌握更多的语文技能,进一步提高学生的阅读水平,为学生今后学习深层次的知识打下坚实的基础。

第二节　立德树人视角下初中语文教学的创新之路

"蒙以养正,圣功也。"立德树人是教育的核心任务,它要求我们将这一理念深深植根于教育的每一个细节和层面。特别是对初中生这一关键年龄段的孩子们,习近平总书记多次使用扣好"第一粒扣子"来比喻引导青少年价值观、帮助青少年迈好人生第一个台阶的重要性。青少年正处于世界观、人生观、价值观形成的关键时期,因此,教师的正确引导和教育显得尤为重要。

然而,在现实的初中语文教学实践中,从立德树人的视角出发,不难发现存在一些问题。比如,语文教师的素质问题不容忽视。在一些学校,由于种种原因,语文教师的教学能力参差不齐,部分教师可能存在着教学理论不扎实、对教材内容不熟悉等问题,这在一定程度上影响了教学质量,难以发挥出语文教学应有的育人作用。

此外,教学方式也是亟待改革的关键点。随着信息化时代的到来,传统的教学方式已经无法满足现代教育的需求。如何运用好信息化教学手段,使其不仅仅局限于形式的改变,而是真正与内容相结合,提高教学效果,是当前初中语文教学需要突破的一个重要问题。

同时,我们还需要思考如何增强学生对语文课的重视程度。打造具有吸引力的课堂,需要教师具备开发利用多样化教学资源的能力,如教材、线上课程、校内教学设施、社会实践基地等,这些都能为语文教学提供丰富的素材和情境,帮助学生更好地理解和感受语文的魅力。

在新的教育形势下,为实现立德树人根本任务,初中语文教师不仅需要具备深厚的爱国情怀、坚定的思想政治立场、广阔的教育视野、创新的教学思维以及端正的品格,还需要从教学实践出发,不断探索和创新初中语文教学的策略和方法。只有这样,我们才能真正将立德树人的理念融入初中语文教学中,培养出既有知识底蕴又有高尚品德的新时代青少年。

在实践中,初中语文教学的创新之路可以从以下几个方面展开:一是要注重语文教学的情感教育。通过文学作品的欣赏和解读,引导学生情感投入,培养其情感体验和表达能力。二是要注重语文教学的实践性。通过课外阅读、写作训练等方式,激发学生的学习兴趣,提高其语文素养。三是要注重语文教学的跨学科融合。将语文教学与其他学科相结合,促进学科之间的交叉学习,拓宽学生的知识视野。四是要注重语文教学的社会实践。通过社会实践活动,让学生在实践中感悟语文知识的价值,增强其责任意识和社会参与能力。

立德树人视角下初中语文教学的创新之路,需要教师们树立正确的教育理念,坚持以学生为本,注重学生的全面发展,注重个性特长的培养。同时,也需要教师们不断探索教学方法和手段,创新教学内容和形式,不断提高自身的教育教学水平,以实际行动践行立德树人的使命,为学生的成长成才做出应有的贡献。

第三节 "开学第一课"的思政育人价值

随着新学期的到来,每一所学校都会迎来那堂特殊的课程——"开学第一课",它作为新学期的起点,具有特殊的育人意义。其不仅是学生适应新学期、新环境的重要契机,也是教师传递教育理念、展示教学方法的重要平台,对思政育人具有重要价值。

一、观念的传递与引导

"开学第一课"是传递社会主义核心价值观的重要平台。在这一堂课上,教师可以通过生动的案例深入地讲解,使学生更加深入地理解社会主义核心价值观的内涵与意义。同时,教师还可以结合时事热点,引导学生关注国家大事,增强国家意识和民族自豪感。

二、品格的塑造与培养

在这一堂课上,教师结合了具体案例,引导学生意识到诚实、守信、尊重、友善等良好品格的重要性。通过让学生参与讨论、分享自己的体会,使他们更加深入地理解这些品格的内涵,从而在日常生活中更加注重自我修养,形成良好的行为习惯。

三、成长的指引与激励

新学期伊始,学生们面临着新的学习目标和学习挑战。在这一堂课上,教师可以结合学生的实际情况,为他们制订合适的学习计划,激励他们努力学习、不断进步。同时,教师还可以分享一些成功的案例,激励学生树立远大的志向,为实现自己的梦想而努力奋斗。

四、能力的提升与培育

除了传递价值观念、塑造品格、引导成长外,"开学第一课"还结合了具体的实践活动,提升学生的实践能力。例如,教师可以组织学生进行社会调查、开展志愿服务等活动,让他们在实践中深入了解社会、增强社会责任感。

"开学第一课"具有重要的思政育人价值。它不仅是传递价值观念、塑造品格、引导成长的重要平台,也是提升学生实践能力、增强社会责任感的重要途径。因此,我们应该充分重视这一堂课的重要性,精心设计教学内容和方法,使其发挥最大的育人效果。

第四节 深度阅读与课程思政的融合目的及意义

在新时代教育的发展之路上,核心素养育人理念的提出,要求教育者根据学科教学内容特点,渗透核心素养内容。同时,在落实立德树人根本任务的要求下,课程思政的应用也是核心素养落实的重要措施。在此背景下,将初中语文学科深度阅读与课程思政进行融合并探索,其目的和意义主要有三个方面:

首先,深度阅读能够帮助学生深入理解文本,挖掘其中的深层含义和价值观念。通过与课程思政的融合,可以将阅读内容与社会主义核心价值观、国家发展历史、民族优秀传统文化等思政元素相结合,使学生在阅读过程中接受潜移默化的思政教育。这种融合不仅有利于提升学生的阅读能力和思维能力,还能培养学生的爱国情怀、社会责任意识和公民道德素质。

其次,课程思政的实施需要借助多种教学手段和方法,其中深度阅读是一个重要的载体。通过深度阅读,可以使学生更加深入地了解国家发展、民族历史和文化传承等内容,增强他们的国家意识和民族自豪感。同时,深度阅读还可以为学生提供更多的思考空间,促进他们形成正确的世界观、人生观和价值观。

最后,深度阅读与课程思政的融合也有助于推动教育教学的创新与发展。

通过探索新的教学方法和手段,可以使学生更加积极地参与阅读和学习中来,提高他们的学习兴趣。同时,这种融合也可以为思政教育提供更加丰富的教学资源和手段,推动思政教育的创新与发展。

深度阅读与课程思政的融合目的及意义在于促进学生在阅读过程中的全面发展和思想政治教育的有效实施,从而有助于促进学生的全面发展、提升思政教育的有效性和推动教育教学的创新与发展。

第二章　爱国篇：思政凝心铸魂

　　国家意识是语文学科育人的重要因素，也是立德树人的基本价值遵循。新课标提出在语文学习过程中，要培养学生爱国主义、集体主义、社会主义思想道德，逐步形成正确的世界观、人生观、价值观。国家意识是指一个人对国家的认同感，包括"家国情怀"和"国家自强"两个维度。"家国情怀"是一个人对国家的热爱和对家乡的眷恋之情。统编初中语文教材中有大量抒发爱国情感、思乡情怀的优秀篇章，具有丰富的育人价值。"国家自强"是民族精神的体现，其背后是国人自强，即树立为国奉献的志向，明确自己在社会和家庭中应承担的责任。爱国是中华民族千百年来不变的情感纽带，是每一个中国人心中的精神灯塔。在新时代的背景下，如何更好地发扬"中国精神"、培养学生的爱国情怀，已成为教育领域的重要课题。为此，我们将课程思政与初中语文阅读教学相结合，以开学第一课为起点，为学生们打开一扇通向爱国主义精神的窗口。

　　本章通过领略古代诗人如何用优美的诗句表达对祖国的深深眷恋，激发学生对祖国的热爱之情；通过回顾祖国的革命历程，学生能够深入了解红色文化，感受革命先烈的英勇事迹和无私奉献，更加坚定理想信念，为祖国的繁荣富强贡献自己的力量；通过思考如何用自己的方式表达对祖国的热爱，学生用言语和行动将对祖国的爱意传递出去；通过开学第一课的语文阅读，引导学生思考如何在日常生活中践行爱国主义精神，明确自己的使命与担当，为实现中华民族伟大复兴的中国梦贡献智慧和力量。

第一节　诗与远方,热恋祖国

一、设计意图

在开学第一课,老师和学生一同读中国近现代诗人的爱国诗歌,在朗读与赏析中,进一步培养学生的爱国情怀,使学生形成正确的世界观、人生观价值观。一个人的精神发育史就是他阅读史,一个民族的精神境界取决于这个民族的阅读水平。读艾青的《我爱这土地》、舒婷的《祖国啊,我亲爱的祖国》,体会诗人对祖国对人民深沉的爱,体会诗人对生活的忠实和深刻的思索。

二、教学目标

一是自主阅读诗歌作品,了解诗歌的意象,体会诗歌的意境,理解诗人的情感,感受诗歌的艺术魅力。

二是把握诗作的感情基调,揣摩诗人情感的发展脉络,能够在朗诵时通过重音、停练、节奏等传达出诗人的思想感情。

三是品味含蓄、精练、优美的诗歌语言,学习诗歌的多种表现手法,并尝试创作诗歌。

三、教学重点

读诗歌、抓意象、抓关键词,体会诗人的爱国情感。

四、教学难点

鉴赏诗歌多种表情达意的方法。

五、教学准备

准备助读资料,便于学生上课再阅读。

六、教学课时

1课时。

七、教学过程

(一)导入

毕业季,是人生的一个时间节点,在这个时间节点上,不只有分数和作业,更有诗和远方。今天我们一同来读几首现代诗歌,认识现代诗人,感受他们的丰富的内心世界。

(二)朗读、鉴赏诗歌《我爱这土地》

表2-1 学生活动一

学生活动一	评价
朗读诗歌《我爱这土地》,体会诗人的情感	1.能联系作品说出自己的人生感悟 2.根据知识链接1,朗读这首诗,在语速、轻读、重读、连读、停顿等方面注意,读出自己的情感

【知识链接1:关于诗歌朗读】

1.诵读现代诗,要根据诗歌的思想内容,确定诗人的情感基调。

2.根据情感的需要,确立语速。如果表现的内容是欢快的、激动的或紧张的,速度要快一些;表现的内容是悲痛的、低沉的或抒情的,速度要慢一些;表现的内容是平铺直叙的,速度采取中等为宜。

3.根据诗歌意境,确定轻读、重读、连读、停顿。

表2-2 学生活动二

学生活动二	评价
赏析《我爱这土地》，体会诗人是怎样表达自己的情感的	1. 能从表现手法、炼字等多方面赏析这首诗，了解诗人的情感 2. 根据知识链接2，分析这首诗运用了怎样的意象，表达了作者怎样的情感

【知识链接2：关于诗歌意向】

"意象"理论最早源自我国古典诗歌。根据我国古典意象论代表人物王昌龄主客观融合说、王夫之情景交融说以及袁行霈先生在《中国古典诗歌的意象》一文中为意象所下的定义意象是融入了主观情意的客观物象，或者是借助客观物象表现出来的主观情意，我们说，"意象"是主观的"意"与客观的"象"的结合。"意"包括作者主观方面的情感、情绪、意识、思想；"象"则指各种客观物象。

表2-3 学生活动三

学生活动三	评价
探究《我爱这土地》，有人认为"嘶哑的鸟""腐烂的鸟"这两个意象太另类了，你是否同意，请结合背景资料，说说你对这只"鸟"形象的看法	1. 能从意象意境等方面赏析这首诗，了解诗人的情感 2. 根据知识链接3，联系背景资料，深入体会作者的情感

【知识链接3：《我爱这土地》背景资料】

1938年10月，武汉失守，日本侵略者的铁蹄猖狂践踏中国大地。作者和当时文艺界许多人士一同撤出武汉，汇集桂林。作者满怀对祖国的挚爱和对侵略者的仇恨写下了这首诗。

这只鸟歌唱的对象是被暴风雨打击的土地、悲愤的河流和激怒的风，这些意象象征着在异族蹂躏下的国土，以及面对外族入侵，国土沦陷的现实，中华儿女内心对祖国的热爱，对侵略者的仇恨，反抗压迫的决心，而作者选取"嘶哑的鸟"和"腐烂的鸟"这两个个性化的意象来抒发情感，不仅有力地融入了时代潮流，而且发出自我的呼声，使个体的小我与中国儿女的大我达到了有机融合。由"嘶哑的鸟"到"腐烂的鸟"，推动了情感的发展，从嘶哑歌唱，到生命献祭，再到含泪凝望,表现作者对祖国感人肺腑的爱。

小结:土地是个博大的意象。诗人通过想象把自己虚拟为"一只鸟",借鸟儿与土地的关系来展开全诗的艺术境界。"用嘶哑的喉咙歌唱",深化作者对土地的感情,这是当时悲壮的时代氛围、作者特殊的个性与气质,共同作用于鸟儿形象而产生的审美意象,从中感到作者对土地的爱是如此的执着、坚贞和顽强:即使是面对这样一片浸透着苦难的土地,作者也要无条件地去爱,要永远不知疲倦、竭尽全力地去为这片土地歌唱!最后,作者仍然紧扣"鸟儿"这个虚拟的形象——"连羽毛也腐烂在土地里面",作者借这个形象强烈地表达了自己决心生于土地、歌于土地、葬于土地,与土地生死相依、忠贞不渝的强烈情感。

(三)朗读、鉴赏诗歌《祖国啊,我亲爱的祖国》

表 2-4　学生活动四

学生活动四	评价
探究《祖国啊,我亲爱的祖国》,诗歌四个小节都以"——祖国啊"句式收束,在朗读处理时是否一样	1. 能从意象意境等方面赏析这首诗,了解诗人的情感 2. 理出四个小节的情感脉络,并找出相关依据,进行赏析

第一小节赏析示例:

第一小节有"水车""矿灯""稻穗""路基""驳船"等多个意象,在这些意象前面有修饰语"破旧""疲惫""熏黑""干瘪""失修"等,显示了这些事物所受的苦难,而"数百年来""历史的隧洞"则表明经历过漫长岁月,"深深勒进你的肩膀"表明祖国的艰难前行,古老的祖国苦难深重,促使她在极度痛苦和悲哀中"摸索",渴求富强之路。

长句式,多节拍,每两行表现一个意象,仿佛是一首以低音缓慢升起的乐曲,给人一种沉重感。最后的"——祖国啊!"激情咏叹,表达了我与祖国生死相依、血肉相连的情感。

朗读时语速要舒缓,语调要低沉,如同给听众讲故事,或者是给听众描绘画面。重读的音节放在形容词上,表明这些事务所受的苦难深重,表明对祖国深沉的爱。

小结:爱国是此诗的主题。作者直面祖国灾难深重的古老历史及其严峻的现实,构造一幅幅流动凝重的画面,配之以舒缓深沉的节奏,把祖国比拟为伤痕累累的母亲,以赤子之情向母亲倾诉内心的痛苦,表达诗人为祖国的未来而献身的激情和决心。在诗人的笔下,祖国是饱经沧桑的过去、贫穷凋敝的现实、绯红黎明的希望。在此诗中,有诗人对祖国灾难历史、严峻现实的哀痛;亦有对祖国摆脱苦难、正欲奋飞的欢悦,更表达了诗人对祖国深沉而热烈的爱,以及诗人作为经历挫折的一代青年,与祖国共呼吸共命运,以自己的血汗去换取祖国富饶、荣光、自由的心声。

表 2-5　学生活动五

学生活动五——创作小诗 1	评价
又一个国庆节将至,祖国发生了翻天覆地的变化,面对日新月异的生活,面对强大的祖国,你肯定有许多话想说,请把你的心里话写成一首诗歌,表达你对祖国最真挚的情感	1. 能选择恰当的意象,形成意境,表达自己的强烈的情感 2. 自创诗歌,深情诵读

小结:拳拳赤子心,殷殷爱国情,凝聚在一句句诗歌上。读现代自由诗,感受诗人浓郁、浓烈的爱国之情。诗人将自己化为嘶哑的鸟儿、化为那老水车、化为那炉中煤、化为那母亲怀中的孩儿,向亲爱的祖国诉说那燃烧着的赤子之心。读爱国诗,让家国情怀融进自己的血液中,成为中华情脉。

(四)作业

表 2-6　学生活动六

学生活动六——创作小诗 2	评价
你的老师或者陪伴你三年,或者刚刚与你相伴;你的同学与你朝夕相处,成为同窗密友……回忆自己的生活感悟,想一想那些触动你的瞬间,模仿你读过的诗歌的句式,发挥联想和想象,借助一些意象,完成一首小诗,表达你对老师或者同学的情感。请将这首小诗送给你的同学或者老师	1. 有诗歌的初步模样:有真实的情感,分行写作,有适当的联想和想象 2. 能选择适当的抒情方式:直抒胸臆或者借助具体的形象抒发情感 3. 语言简洁、凝练,有一定的节奏感

八、素材链接

素材链接一:《炉中煤》,作者是郭沫若,1920 年初,作者正在日本学习医学。帝国主义列强对中国的肆意侵夺,早已激起作者的强烈愤慨。1919 年的五四运动像报春的惊雷,燃起了诗人胸中的革命激情。此诗具有强烈的时代精神,表达了作者对祖国的爱有如恋人般的热烈。

炉中煤

郭沫若

一

啊,我年青的女郎!

我不辜负你的殷勤,

你也不要辜负了我的思量。

我为我心爱的人儿

燃到了这般模样!

二

啊,我年青的女郎!

你该知道了我的前身?

你该不嫌我黑奴鲁莽?

要我这黑奴的胸中,

才有火一样的心肠。

三

啊,我年青的女郎!

我想我的前身

原本是有用的栋梁,

我活埋在地底多年,

到今朝才得重见天光。

四

啊,我年青的女郎!

我自从重见天光,

我常常思念我的故乡,

我为我心爱的人儿

燃到了这般模样!

素材链接二:《相信未来》。这是诗人食指作于1968年创作的一首朦胧诗。《相信未来》以其深刻的思想、优美的意境、朗朗上口的诗风让人们懂得了在逆境中怎样好好地生活,怎样自我鼓励,怎样矢志不渝地恪守自己对明天的承诺。诗的最后,诗人用热情的呼告,满怀激情地鼓舞人们"相信不屈不挠的努力,相信战胜死亡的年轻,相信未来、热爱生命"。诗以无可反驳的气势和无所畏惧的精神,向苦难的现实宣战。对"未来"的信念像大海上的太阳一样喷薄而出,强烈地震撼了每一位读者的心。

相信未来

食　指

当蜘蛛网无情地查封了我的炉台,

当灰烬的余烟叹息着贫困的悲哀,

我依然固执地铺平失望的灰烬,

用美丽的雪花写下:相信未来。

当我的紫葡萄化为深秋的露水,

当我的鲜花依偎在别人的情怀,

我依然固执地用凝霜的枯藤,

在凄凉的大地上写下:相信未来。

我要用手指那涌向天边的排浪,

我要用手掌那托住太阳的大海，

摇曳着曙光那枝温暖漂亮的笔杆，

用孩子的笔体写下：相信未来。

我之所以坚定地相信未来，

是我相信未来人们的眼睛——

她有拨开历史风尘的睫毛，

她有看透岁月篇章的瞳孔。

不管人们对于我们腐烂的皮肉，

那些迷途的惆怅、失败的苦痛，

是寄予感动的热泪、深切的同情，

还是给以轻蔑的微笑、辛辣的嘲讽。

我坚信人们对于我们的脊骨，

那无数次的探索、迷途、失败和成功，

一定会给予热情、客观、公正的评定，

是的，我焦急地等待着他们的评定。

朋友，坚定地相信未来吧，

相信不屈不挠的努力，

相信战胜死亡的年轻，

相信未来、热爱生命。

素材链接三：九年级上册语文推荐阅读：《艾青诗选》。

艾青是中国现当代文学史上的著名诗人。20世纪30年代是艾青诗歌创作的高峰期。在这个时期，他的诗歌充满了"土地的忧伤"，多表现国家和民族的苦难、悲伤和反抗，如《雪落在中国的土地上》《北方》《黎明的通知》等；同时，他的诗歌中还传达了深厚的爱国之情，传达了对胜利的期望。艾青的诗歌中主要意象是"土地""太阳"。他歌咏土地，表达了对祖国和人民的爱；他歌咏太阳，表达了对光明的渴望，对胜利的信心。他的著名的叙事诗《大堰河——我的保姆》表达了自己对大堰河，对中华大地的普通农民的深切的爱。

牛汉评价艾青："在中国新诗发展的历史当中，艾青是个大形象。"聂华苓说："艾青的诗，好在那雄浑的力量，直截了当的语言，强烈鲜明的意象。"王金平说："艾青的诗歌，常常把个人的悲欢与时代的悲欢紧密结合在一起，从而比较鲜明有力地传达出时代的呼唤和人民的心声。"

读《艾青诗选》时，我们要深情地朗读，读出激情、读出感动、读出豪迈、读出信念、读出历史；我们要认真地阅读，探究诗歌的语言特色，探讨艾青的诗歌意象，艾青诗歌的中心意象是土地和太阳，请结合具体的诗歌，说说土地、太阳凝聚了作者怎样的情感、追求；我们要鉴赏阅读，赏析艾青诗歌的艺术手法，比如艾青诗歌的画面感、色彩美；我们要联系现实生活阅读，探讨艾青诗歌给我的人生启示

学生阅读感悟分享：

艾青与土地

艾青多次在诗中写到土地，土地在艾青诗歌中占有重要的意义，艾青用一生来描绘土地，用土地表达着自己的情感，因此艾青也被称为是"土地的歌者"。

艾青的诗歌之中，最被人熟知的便是《我爱这土地》一诗，无论老人小孩提到艾青，都会情不自禁地吟出"为什么我的眼里满是泪水？因为我对这土地爱得深沉"。为什么这句诗词会流传这么久？又受到这么多人的喜爱呢？这便源于艾青对这土地的喜爱。

艾青在这首诗的题目中便表达出对这土地的热爱。这篇文章中，共有两个意象"鸟"和"土地"。"土地"代表着当时被外国侵略，身处苦难当中的中国，这个意象是民族精神的象征，是中华民族的象征。在文中，作者把自己比喻成一只鸟，谁不知鸟声清脆优美，而作者却用"嘶哑"来形容。因为"土地"遭到破坏，使艾青悲痛，用鸟儿间接地反映了对侵略者的恨恶，

即使死了,也要使自己融进祖国的土地中。这时"土地"便不只是一个景象了,而是作者心中对祖国的赤诚的爱,"鸟儿"代表着革命战士,代表着无数个像艾青一样的爱国人士,人民的悲愤,为了祖国不屈不挠,勇于牺牲的斗争精神淋漓尽致地表达出来,"鸟儿"是为了付出"土地",付出对"土地"的情感。

在《复活的土地》中,这首诗的意象还是"土地",指的还是中国,与《我爱这土地》不同的是,这里的"土地"指的是抗战胜利的中国,是恢复生命力的中国。这土地胜利的背后,在它温热的胸膛里,重新旋流着的将是战斗者的血。保卫"土地"的战士们,用鲜血和宝贵的生命,换回这"土地"的复活。曾经死了的大地,才能够在明朗的天空下,已复活了!艾青又借春天,借播种,借诗人来表现了土地的复活,又是借着"土地"来歌颂着伟大的抗战英雄。号召人民建设祖国,让苦难成为记忆。从这也能看出艾青对土地浓厚的爱。

艾青描写土地的诗歌众多,一个爱国诗人,他那至死不渝的精神令人感动,他对祖国的爱,难以忘怀。

(国必然)

"土地"和"光明"——读《艾青诗选》

意象是诗中饱含诗人主观情感的事物,诗人总会创造出富有表现力的意象,传达出独特的情感。

20世纪30年代,艾青诗歌中的主要意象是"土地"和"光明",他的长诗《向太阳》《火把》,借歌颂太阳、索求火把,表达了驱逐黑暗、坚持斗争、争取胜利的美好愿望。

"土地"这个意象,凝聚着诗人对祖国以及对大地母亲深沉的爱,对祖国命运深沉的忧患意识。把这种爱国的感情表达得最为淋漓尽致的,是他的《我爱这土地》。"为什么我的眼里常含泪水?因为我对这土地爱得深沉",这两句诗真实而朴素,却是来自诗人内心深处,来自民族生命深处,具有不朽的艺术生命力。

"太阳"的意象表现了诗人灵魂的另一面:对光明、理想、美好生活热烈地不息地追求。在诗人眼中,"太阳"这一永恒主题,是中国光明前途,也是中国必胜信念的象征,它蕴涵着诗人对光明、理想和美好生活的向往和追求。这一时期,写得最好的光明颂是《向太阳》。《向太阳》从一个独特的角度歌颂了抗日解放战争给民族带来的新生,揭示了中国革命前进的方向,寄托了诗人对光明、理想的热切追求。

《向太阳》中,"野兽""冰冷""岩石"写出了战争中百姓的苦,"在我所呼吸的城市,喷发着煤油的气息,柏油的气息……"这一节写出城市因战争而变得深浊,底层人民最初对世界怀着的热望被打击,歌颂了战争给民族带来的新生。

《黎明的通知》中,写出作者对和平的渴望,对底层人民的同情。

《大堰河——我的保姆》连用多个动词,从一个人写到一个阶层的人民,体现这个阶层的人的穷苦,辛勤,乐观(含着笑),家庭地位低(打骂她的丈夫),表达了作者对大堰河的感恩,对大堰河的爱与尊敬,艾青不仅写出了中国农民受蹂躏的痛苦,还写出了他们的觉醒与反抗:"我们没有幸福,我们都是奴隶!""我们的生活,饥饿,疾病,耻辱;他们的生活,温饱,骄奢,淫逸!"

聂华芩说,艾青的诗,好在那雄浑的力量,直截了当的语言,强烈鲜明的意象。

艾青的诗歌,表现了他对光明、理想、美好生活的热烈追求,而这种感情集中表现在"太阳"这个意象上,太阳、光明、春天、黎明等是艾青诗中的"永恒主题",此外,对土地的热爱,也是艾青作品咏唱不尽的旋律。

(蒲雪菲)

第二节 向国庆献礼,解谜红色之旅

一、设计意图

对于出生在和平时代,生活在阳光下的中学生而言,普遍对革命领袖、革命军民印象固化、情感疏离。作为教师,我们需要用一些新鲜时尚的元素,消除与经典的隔膜,激发学生的阅读兴趣。开学第一课,带领学生开启《红星照耀中国》阅读之旅。一个月,一本名著阅读,让学生对那段历史具有深刻的理解和认知,是对即将迎来伟大祖国的生日的最好礼赞。

二、教学目标

一是引发《红星照耀中国》阅读期待,了解作者历尽千辛万苦去陕北地区实地采访的原因。
二是了解作品所写事实的前因后果、发展线索,及故事情节。
三是了解人物故事,感受红军精神。

三、教学重点

了解作品所写事实的前因后果、发展线索,及故事情节。

四、教学难点

了解人物故事,感受红军精神,激发阅读欲望,产生阅读冲动。

五、教学准备

一是准备名著《红星照耀中国》。

二是观看电影《红星照耀中国》和《长征》。

六、教学课时

1课时。

七、教学过程

（一）猜一猜，他是谁

一个特殊的年代，铜墙铁壁，新闻封锁；有这样一个人，他冲破国民党严密的封锁线，经过四个多月的实地考察，收集了14本密密麻麻的笔记本，拍摄30卷胶卷，第一个向世界报道了红军长征的消息；有这样一本书，使中国千千万万的青年，义无反顾地走上了革命之路，使国际友人白求恩，毅然奔赴抗日前线，为中国的解放事业献出了自己精湛的医术和宝贵的生命。

大屏幕图片展示：埃德加·斯诺，美国著名记者。他于1928年来到中国，曾任欧美报社驻华记者、通讯员。1933年4月到1935年6月，斯诺同时兼任北平燕京大学新闻系讲师。他于1936年6月至10月对中国西北革命根据地进行了实地考察，后经几个月的埋头写作，完成报告文学，英文名《Red Star Over China》、中文译名为《西行漫记》或《红星照耀中国》。

设计意图：了解一部作品，要先走近作品的作者，以及作品的创作背景。以"猜一猜"的形式导入新学期第一课，目的是调动学生积极性，让学生产生阅读期待。

(二)讲一讲,那些领袖故事

1. 教师出示《红星照耀中国》名著,引发学生思考。

斯诺,站在"老外"的角度,深入延安,深入根据地,深入这片西方媒体眼中"土匪聚集的地方""有什么不可动摇的力量推动他们豁出性命""是什么希望,什么样的目标,什么样的理想,使他们成为顽强到令人难以置信的战士呢?"他们是谁?

大屏幕图片展示:《红星照耀中国》的领袖人物和红军将领有:毛泽东、周恩来、朱德、刘志丹、贺龙、彭德怀、徐向前、徐海东、博古、张闻天等。

2. 聊一聊,《红星照耀中国》这本书。

教师邀请优秀同学进行推介。案例如下:

"社会主义路上大踏步走,光荣的延河还要在前头。"这是我听过最真挚热烈的话语了。这是贺敬之《回延安》诗中的一句话,讲的就是延安。延安是民族英雄创立的西北革命根据地,是中央红军长征的落脚点。1935年到1948年,延安是中共中央的所在地,是中国人民解放斗争的总后方,十三年间,这里经历了抗日战争、解放战争和整风运动、大生产运动、中共七大等一系列影响和改变中国历史进程的重大事件。这些事被采访在了一本书里,名字叫《红星照耀中国》。

通过《红星照耀中国》让我们了解了毛泽东、周恩来、朱德、彭德怀等中国共产党的领导人和红军将领的生平经历,我仿佛亲眼看到了红军二万五千里长征,我知道了"真正的"红军的生活,我还知道了"红小鬼",我如同"亲身经历"了那次的西安事变……《红星照耀中国》真切地让我们再次回到了那段激情燃烧,烽火连天的峥嵘岁月,深深地感受到中国共产党领导人进行革命的伟大光辉历程,深刻感悟革命先辈的坚定信念和英雄壮举。

读了《红星照耀中国》我才明白,中国共产党及其军队所经受过的苦难、牺牲,今天的幸福来自昨天的奋斗,多少人的牺牲才造就我们今天的辉煌。中国共产党及其领导的红色革命,就如星星一般闪耀着华夏大地。我们每个人都是星星中的亮晶晶,即使只有一点,也要努力发光。

"我们可以生活在尘埃里,也可以在尘埃中开出最美的花,然而,却从此再也不能安然居于那一方小小的土地。大胆走出去吧,因为生命过分美丽啊。"书上总是这么说的。

红星升起,光明到来,希望出现,我们要站在新世纪的山顶上,作为新的接班人,我想大声告诉你:"我们准备好了!"我也想告诉鲁迅先生:"这就是您当初弃医从文也要拯救的中国,他现在,真的很好。"

只要人民有希望,民族有信仰,国家就会有力量。

3.讲一讲,伟人故事。

毛泽东——红井水故事。沙洲坝是个干旱缺水的村庄,当时村民非常迷信,认为挖井会破坏当地的风水。1933 年 4 月,毛泽东就住在这个村子,他发现村民饮水困难后,召集了全村的人开了一次解决饮水困难的村民大会。大会上许多群众说:"这个地方不能挖井,挖井会受到报应,就是挖也不一定能挖出水来,这个地方是旱田。"毛泽东听了,哈哈大笑地说:"迷信不可信,这井我来挖。"9 月的一天,毛泽东带领几个红军战士在村前几十米的地方进行了水源的勘探,并破土动工,在挖到 5 米深的地方,一股泉水喷涌而起,村民的吃水问题终于解决了。

周恩来——《大江歌罢掉头东》故事。1917 年,仅 19 岁的周恩来东渡日本时撰写了《大江歌》。1919 年 9 月,周恩来为了投身反帝反封建的洪流中去,毅然放弃在日本学习的机会,决定回国。周恩来在日本回国前夕,他的同学好友张鸿浩等人为他饯行,请赠书留念。周恩来挥毫书赠了《大江歌罢掉头东》:"大江歌罢掉头东,邃密群科济世穷。面壁十年图破壁,难酬蹈海亦英雄。"

朱德——扁担故事:1928 年 4 月,朱德、陈毅带领湘南起义的队伍,到达井冈山革命根据地的砻市,同毛泽东带领的工农革命军会师。为了解决眼前的吃饭和储备粮食问题,红四军司令部发起下山挑粮运动。朱德也常随着队伍去挑粮,一天往返 50 公里,他的两只箩筐每次装得满满的,走起路来十分稳健利落。战士们从心眼里敬佩朱军长,但又心疼他,就把他的扁担藏了起来。朱德没了扁担,心里很着急,他让警卫员到老乡那儿买了一根碗口粗的毛竹,自己动手,连夜做起了扁担。为防止战士们再藏他的扁担,就在上面刻了朱德记三个大字。

设计意图:以优秀学生推介形式,介绍《红星照耀中国》,容易拉近和名著的距离;以一组耳熟能详的伟人故事,更容易让学生了解伟人,感悟他们心系百姓破除迷信,挥毫泼墨寄语真情,身先士卒积极劳动的情怀。

(2)聊一聊,那个年代那些事

全班同学分为四组,每个小组担任一个专题,轮流进行汇报展示。

①长征路线。

红军长征二万五千余里是中央红军(红一方面军)的总里程。各路红军长征路线:

红一方面军从 1934 年 10 月 17 至 1935 年 10 月 19 日,历时 12 个月零 2 天,途经江西、福建、广东、湖南、广西、贵州、云南、四川、西藏、甘肃、陕西 11 省,行程二万五千里。

红二方面军从 1934 年 10 月 17 日至 1935 年 10 月 22 日,历时 12 个月零 5 天,途经湖南、贵州、云南、西藏、四川、青海、甘肃、陕西 8 省,行程一万六千里。

红四方面军从 1935 年 5 月至 1936 年 10 月 9 日,历时 18 个月,途经四川、西藏、青海、甘肃 4 省,行程八千余里。

红二十五军从 1934 年 11 月 16 日至 1935 年 9 月 15 日,历时 10 个月,途经河南、湖北、甘肃、陕西 4 省,行程万余里。

②长征途中遇到的困难。

教师让学生结合电视连续剧《长征》谈一谈感受。

a. 过雪山,饥寒交迫。长征是红军的一次惊天动地的壮举,他们巧渡金沙江、翻雪山、过草地、飞夺泸定桥。在饥饿、受伤、中弹,甚至是死亡的种种困难折磨下,红军战士不低头,不屈服,因为他们始终坚信:坚持到底,就是胜利。

b. 翻越高海拔金山。长征途中翻第一座大雪山——夹金山。这座山海拔四千多米,上下要走七十里路,高山严寒缺氧,红军战士都穿单衣,不少人冻坏了脚,在强烈阳光下得了雪盲,有些人坐下休息,就起不来了。有些人不慎滑下悬崖而牺牲。除夹金山外,红军还翻过梦笔山、打鼓山等大雪山。

c. 恶劣的天气与环境。草地停一分钟都有被沼泽吞没的危险,气候变化无常,寒冷、饥饿、疾病、缺盐使红军战士四肢无力,粮食吃光只好吃野草,草地上水有毒,草也有毒,不少人中毒而死,为了保存革命力量,彭德怀下令把自己坐骑在内的六匹牲口杀了,给红军战士充饥,自己却不忍心吃。晚间宿营以地当床,以天当被,战士们背靠背坐在湿地上,清晨醒来总有一批同志牺牲。

③长征中感人的故事。

a. 张思德吃毒草救人的故事。

部队进入草地后,由于环境、气候非常恶劣,使得草地行军十分艰难。而更要命的是缺衣少食,不少红军就因此长眠在了这里。眼看掉队、牺牲的同志越来越多,朱总司令令人将自己的坐骑也杀了,分给通信班、警卫班的同志做口粮,还向身边的同志发出了"尝百草"的号召,让大家在茫茫草地上,找出一些无毒、可食用的野菜、野草,渡过饥饿的难关。然而,要尝出一种能吃的野草、野菜,是要冒中毒的危险的。张思德在"尝百草"活动中,总是抢在他人之前。

据张显扬回忆:有一回,部队在一片水草丰盛的沼泽旁宿营。一个小战士来到水塘旁,突然高兴地叫起来:"野萝卜! 野萝卜!"张思德过来一瞧,果然,离水塘不远的地方长着一丛丛野草,叶子绿,形状跟萝卜叶子差不多。那个小战士兴冲冲地跑过来,拔起一棵就往嘴里送。张思德忙赶上去,一把夺过来,先放到自己的嘴里,细细嚼了嚼,味道又甜又涩。不一会儿,张思德感到头晕脑涨,全身无力,紧接着,他肚子一阵绞痛,大口呕吐起来。他急忙对小战士说:"这草有毒,快,快告诉……"没等把话说完,张思德就失去了知觉。

半个多小时以后,张思德慢慢醒来,模模糊糊地看见小战士端着瓷缸蹲在跟前,他急忙说:"不要管我,快去告诉其他同志。"张思德就是这样把生的希望让给同志们,把牺牲的危险留给自己。很快,这件事被朱总司令知道了,他表扬了张思德。

b. 倔强的小红军。

陈赓同志回顾自己的革命经历时,曾经深情地谈起这样一件往事:

那是深秋的一天,太阳偏西了。由于长时间在荒无人烟的草地上行军,常常忍饥挨饿,陈赓同志感到十分疲惫。这一阵他掉队了,牵着那匹同样疲惫的瘦马,一步一步朝前走着。忽然,看见前边脸皮小红军,跟他一样,也掉队了。

那个家伙不过十一二岁,黄黄的小脸,一双大眼睛,两片薄嘴唇,鼻子有点儿翘,两只脚穿着破草鞋,冻得又青又红。陈赓同志走到他跟前,说:"小鬼,你上马骑一会儿吧。"

小红军摆出一副满不在乎的样子,盯着陈赓同志长着络腮胡子的瘦脸,微微一笑,用一口四川话说:"老同志,我的体力比你强多了,你快骑上走吧。"

陈赓同志用命令的口吻说:"上去,骑一段路再说!"

小红军倔强地说:"你要我同你的马比赛啊,那就比一比吧。"他说着把腰一挺,做出个准备赛跑的姿势。

"那我们就一块走吧。"

"不。你先走,我还要等我的同伴呢。"

陈赓同志无可奈何,从身上取出一小包青稞面,递给小红军,说:"你把它吃了。"

小红军把身上的干粮袋一拉,轻轻地拍了拍,说:"你看,鼓鼓的嘛。我比你还多呢。"陈赓同志终于被这个小红军说服了,只好爬上马背,朝前走去。

他骑在马上,心情老平静不下来,从刚才遇见的小红军,想起一连串的孩子。从上海、广州直到香港的码头上,跟他打过交道的那些穷孩子,一个个浮现在他眼前。

"不对,我受骗了!"陈赓同志突然喊了一声,立刻调转马头,狠踢了几下马肚子,向来的路奔跑起来,等他找到那个小红军,小红军已经倒在草地上了。

陈赓同志吃力地把小红军抱上马背,他的手触到了小红军的干粮袋,袋子硬邦邦的,装的什么东西呢?他掏出来一看,原来是一块烧得发黑的牛膝骨,上面还有几个牙印。

陈赓同志全明白了。但这个时候,小红军停止了呼吸。

设计意图:长征路线,长征途中遇到的困难,以及红军战士在长征中发生的感人故事,这些历史,只有让学生参与其中,以自己的语言合乎性情地讲出来,才能产生共鸣。

(四)评一评,那个年代那些精神

1. 长征精神是历史的,又是现实的。其可贵之处就在于,它能够在漫长的时间积淀中转化为对现实的启示,体现了党之魂、军之魂和民族之魂。

2. 长征精神,就是把全国人民和中华民族的根本利益看得高于一切,坚定革命的理想和信念,坚信正义事业必然胜利的精神;就是为了救国救民、不怕任何艰难险阻,不惜付出一切牺牲的精神;就是坚持独立自主、实事求是,一切从实际出发的精神；就是顾全大局、严守纪律、紧密团结的精神；就是紧紧依靠人民群众，同人民群众生死相依、患难与共、艰苦奋斗的精神。

3.长征精神是中国的，又是世界的。正如索尔兹伯里所说："长征将成为人类坚定无畏的丰碑，永远流传于世。阅读长征的故事将使人们再次认识到，人类的精神一旦唤起，其威力是无穷无尽的。"

设计意图：读经典，知历史，悟情怀，学精神。重温历史，了解那段故事，作为当代的中学生，更要结合当下国情，结合社会主义核心价值观，从实际出发，从身边的小事做起，以长征精神引领自我成长。

八、链接素材

（一）抗战时期作品

《红岩》作者是罗广斌、杨益言。小说以解放前夕"重庆中美合作所集中营"敌我斗争为主线，展开了对当时国统区阶级斗争全貌的描写。全书通过三条斗争线索（集中营的狱中斗争、重庆城内的学生运动和地下工作、农村根据地的武装斗争）、联系广阔的社会背景，形成纷繁的斗争场面；同时又用川东地下党机关报《挺进报》的斗争情节把这三条斗争线索联结起来，汇聚到狱中斗争上，这本书集中描写革命者为迎接全国解放，挫败敌人垂死挣扎而进行的最后决战。作者以一定的广度和深度再现了国民党统治行将覆灭、解放战争走向全面胜利的斗争形势和时代风貌，成功地塑造了许云峰、江姐、成岗和华子良等为代表的共产党人的英雄形象，光彩照人，感人至深；同时对反面人物的形象塑造也有特色，既揭示了他们的反动本质，又不流于脸谱化。作品一经面世，立即引起轰动，先后被改编成电影《烈火中永生》和豫剧《江姐》。

《四世同堂》作者是老舍。这是一部中国现代长篇小说名著，是老舍先生正面描写抗日战争，揭露、控诉日本军国主义的残暴罪行，讴歌、弘扬中国人民伟大爱国精神的不朽之作。作品以祁家四世同堂的生活为主线，辅以小羊圈胡同各色人等的荣辱浮沉、生死存亡，真实地记述了北平沦陷后的畸形百态，形象地描摹了日寇铁蹄下广大平民的悲惨遭遇、心灵震撼和反抗斗争，刻画出一系列栩栩如生的艺术形象,史诗般地展现了第二次世界大战期间,中国人民与世界人民一道反法西斯的伟大历程及生活画卷,可歌可泣,气度恢弘,读来令人荡气回肠,是一部感人的现实主义杰作。

《呼兰河传》作者是萧红。小说创作期间正是抗日战争最艰苦的阶段,这使远在香港的萧红更加怀念自己的故乡和童年,于是,她以自己的家乡与童年生活为原型,创作了这部小说。它在艺术形式上比较独特:虽然写了人物,但没有主角;虽也叙述故事,却没有主轴;全书七章虽可各自独立却又俨然是一个整体。作者以娴熟的回忆技巧、抒情诗的散文风格、浑重而又轻盈的文笔,造就了她"回忆式"的巅峰之作。茅盾曾这样评价它的艺术成就:"它是一篇叙事诗,一片多彩的风土画,一串凄婉的歌谣。"

《大江东去》作者是张恨水。小说讲述 1937 年 12 月 1 日,日军下达进攻南京的作战令,南京保卫战打响,该战役由唐生智任南京卫戍司令长官。我守城将士先后在光华门、雨花台、中华门等地殊死抵抗,战斗极其惨烈。由于国民党当局在战役组织指挥上出现了重大失误,战前未作周密部署后决定突围时又未拟定周密的撤退计划,致使守军在突围中损失惨重,抵抗就此瓦解。12 月 13 日,南京沦陷,日军大肆屠城,30 多万同胞惨遭杀戮。张恨水以愤怒的笔触,揭露了日军屠杀南京军民的血腥暴行,值得永远铭记。

> 我们一起阅读吧

(二)自主阅读书目《长征》

教师的话:遇见打动自己的书,我们往往会热情高涨。期待找到知音,艾登·钱伯斯提出的"阅读循环圈"理论告诉我们,"回应"的意义在于倾听别人的读书经验并与人分享自己阅读心得,通过某种形式的读后感,参与者可以交换信息、分享热情;同时(读者)探索不同阅读领域的意愿也提高了。

同学们,让我们对《长征》进行专题探究吧,它不仅锻炼我们的阅读能力,还学会了思考和发现问题,锻炼了我们的创新能力、逻辑思维能力以及学会从不同角度思考问题的能力。

学生阅读感悟分享：

《长征》——聚焦白军

白军,也就是地方军、民团,是一种最懦弱最无耻的军队。

这些白军中,大多具有旧社会的特质:腐败、懦弱、贪婪、剥削人民。他们在红军将要到来时最为担惊受怕,害怕将要进入他们地盘的英勇红军和卑鄙的国民党中央军。广东军阀陈济棠和他的粤军,便是一个例子。

大多白军极具领地意识。陈济棠的广东与苏区相邻,苏区帮助陈济棠的地盘阻挡着蒋介石的中央军。在红军长征时,陈济棠与红军签订了互不侵犯协定,只要红军不进广东,粤军就可以和他们通商。陈济棠被蒋介石认为是"同共",他毫不在乎,甚至认为红军不能跨,最好永远在。而红军长征必须经过广东,最后也被迫交起了战。这便是白军军阀们的"领地意识",他们幸运的是没有让中央军乘虚而入。但是,原贵州军阀王家烈,可没那么幸运。

大多白军懦弱无能。长征时的贵州"天无三日晴,地无三尺平,人无三分银",是中国西南最穷的省份,仅靠种植鸦片和剥削人民维持军阀们的钱袋。因为王家烈在护法战争中打下了贵州,因而成为"贵州省政府主席",名义上是贵州最大的军阀。但是,蒋介石在暗地里扶持了另外几个军阀割据贵州,以牵制、削弱王家烈为目的。在红军过贵州时,中央军也闯入贵州,三支军队混战在了一起,黔军的懦弱使他们成了吃亏者。黔军就这样成就了红军的遵义会议,拱手将贵州南部送给了中央军。黔军在自己老家这样被动,映衬出了白军的特点:懦弱。

难道,所有白军都那么懦弱吗? 当然不是,极少数的白军凶猛无比。红军长征途中遭遇的敌人中性格最独特的,当属李宗仁、白崇禧的桂军。桂军一个部队从广西出击准备攻击红军的侧后方。在途中,桂军与中央军一个营相遇,白崇禧在这支部队出发前严令他们据中央军与桂外,所以生性凶猛的广西桂军一个小时便击溃并缴了这支中央军的械。在红军渡湘江期间,红三军团第五师吃够了阻击桂军的苦头:一个团长和两个团政委负伤,两个营长阵亡,一个师政委阵亡。红军渡过湘江,因为桂军仅牺牲和失踪就高达三万五千人。

读《长征》,我们可以了解到军阀,他们是旧社会资本主义的产物,是腐败、贪婪、懦弱、剥削人民的代表。他们没有思想、没有信念、没有良知。为了一己私利来祸害人民,灭亡是他们最终的结果,只有共产党能带领人民击溃他们。

(张俊曦)

第三节　让我如何说"爱你"

一、设计意图

寒假里,按惯例,每名同学都会按照语文老师的要求自选一本书进行阅读并在开学初进行好书推荐。学生阅读的兴趣如何激发?阅读质量如何把控?开学第一课,让同学们就寒假里所读的书进行好书推荐活动,是一个很好的阅读交流方式。然而从以往的教学经验中,学生的好书推荐往往流于这样的形式:一是介绍作者,二是概括书的内容,三是谈个人感受。活动形式千篇一律,缺乏个性化的阅读感受。这样的好书推荐,既难以引起听者的阅读兴趣,浪费了课堂宝贵的时间,也使学生阅读质量大打折扣,让学生缺失一次良好的演说练笔的机会。基于此,设计这样的开学第一课活动对激发学生的阅读兴趣,提升阅读质量非常有必要。

二、教学目标

通过例文展示、对比阅读与名家"好书推荐"的三种类型的好书推荐,让学生发现问题,找到解决的办法,提升推荐质量,学生能了解更多的好书,激发学生的阅读兴趣,学习写好书推荐的方法,使说与写更符合活动主题。

三、教学重点

发现好书推荐中的问题,找到解决问题的方式方法,激发新学期阅读兴趣。

四、教学难点

修改自己的好书推荐,提升阅读与推荐的质量。

五、课前准备

让学生提前上交"好书推荐"的课件或文章,教师进行批阅归类,找出学生典型问题例文与优秀例文各两篇。

六、教学课时

1 课时。

七、教学过程

(一)导入

除夕的饺子,初一的鞭炮,团聚的欢笑,亲朋的红包……当这一切尚未走远,美丽的寒假已经结束了。我知道,同学们的收获远不止味蕾与荷包的满足,还有脚步远行与心灵阅读的快乐。独乐乐,不如众乐乐。开学第一课,好书推荐分享活动又开始啦,让我们一起来听一听同学给我们带来了他们在假期中读了的哪些好书?

（二）让我来说"爱你"

1. 两名同学进行好书推荐,教师要求学生把推荐的书名,以及推荐的理由以关键词的形式写在黑板上。

设计意图:这两个同学的推荐是教师在课前批阅作业中发现的存在典型问题的、又具有代表性的好书推荐作业样例。但不事先说明,先给每个人展示的机会,同时也让学生在展示的过程中,自己先发现问题。

2. 其他同学谈谈听后的感受:主要谈听完这两名同学的推荐后,你对本书有什么样的了解?是否激发你读此书的兴趣?为什么?

设计意图:教学的评价要来自学生,教师要把评价权交予学生。让学生在评价中去思考、发现自己在学习中存在的问题,使学生的习得印象更加深刻。

3. 教师引导学生回看板书,结合本次活动的主题"好书推荐",发现这两名同学存在的问题是什么?

学生思考发言并总结:好在哪里?——观点不明确!为什么好?——依据不充分!

设计意图:教师引导学生回看板书,目的在于引导学生对例文的存在的问题,有更精准的发现与思考,从而使下一环节的问题的解决更有针对性。

（三）继续来说"爱你"

1. 两个同学进行好书推荐,教师要求学生把推荐的书名,以及推荐的理由以关键词的形式写黑板上,教师在学生推荐的过程中适时补充。

设计意图:这两个同学的推荐是教师在课前批阅作业中发现的比较优秀的又具有良好示范性的好书推荐作业样例。但也不事先说明,主要是给每个人作业一个展示的机会,同时也让学生在与前面两位同学的好书推荐进行比较的过程中,自己去发现解决问题的方式方法。

2. 学生进行评价:主要谈听完这两位同学的推荐后,你对本书有了什么样的了解?有没有激发你读此书的兴趣?为什么?教师根据学生问题,进行板书补充。

设计意图:教学的评价要来源于学生,就应该把评价权交予学生。让学生在评价中去对比思考、进一步发现学生在学习中存在的问题,向身边的榜样学习,找到解决问题的方式方法,从而进一步加深习的印象。

3.教师引导学生结合板书再次回忆前两位同学的推荐,对比前两位同学的推荐中存在的问题,说说突出的优点是什么?

学生比较发言,教师追问(几个观点? 依据是什么?),学生总结:观点明确,不同角度(情节内容、人物形象等);依据充分(引用精彩句;概述重要内容)。

设计意图:给学生以明确的解决问题的方法,那就是比较阅读。通过抓住比较点,精准找到自己学习中存在的问题,学会自己去解决问题,提出有针对性的、可操作性的解决方案。

(四)让我如何说"爱你":一篇精彩好书推荐

　　(名家或优秀推荐文章)

1.让学生读推荐文章。

2.学生进行评价,比较与前面同学推荐内容的不同:从哪些方面来推荐的(好在哪),依据是什么(为什么好)。

教师结合学生评价进行板书:从不同角度观点明确好在哪里(情节、人物、艺术特色、主题思想、现实意义——个性化思考等);引用与概述作品内容具体分析——为什么好?

设计意图:让学生继续用比较阅读的方法,去找到更多地解决问题的方法,学会从不同的角度进行读书推荐。与此同时,在众多的推荐中,学生能了解更多的书目,激发了学生阅读兴趣,也引导学生在阅读的过程中培养思考的意识,边读边思考。

五、发散拓展

同学们通过展示与比较,发现好书推荐要紧紧围绕一个"好"字来做文章,说出推荐的理由,表达自己对一本书的喜爱。除了这样的推荐形式,我们还可以有哪些推荐形式? 结合你到书店与图书馆的阅读经历,想想还有哪些推荐形式?

学生自由发言。

教师板书:腰封、设计封皮与封底、折页。

教师课件展示若干本好书的腰封、封页与封底、折页的设计,提出一个思考性问题:这些书设计有什么特点?

学生自由发言并明确:好的设计一定和书的内容有关,好的设计一定是设计者的独特感受。

教师板书:个性化阅读感受。

设计意图:发散学生思维,让学生以更加开放的、广阔的思维进行好书推荐。在不知不觉中,把一些好书"送"到学生的脑子里,渗透到学生的心里,在激发阅读兴趣的同时,让学生以个性化方式表达自己的个性化阅读感悟,这正是做名著阅读的精髓所在。

六、总结

学生通过比较思考,发现好书推荐中的问题,并找到了解决的方法,好书推荐是表达我们对一本书的喜爱,希望把这份喜爱传递给更多的同学。但是让我如何说爱你(在课题空白处填上如何),如何进行好书推荐也是有讲究的。结合板书总结推荐的内容,要紧扣一个"好"字;推荐的形式可以是文章,也可以是腰封、卡片,还可以是折页等,但无论何种形式,都要有阅读者个性化的阅读感受。有了以上这些,才是一个有益的好书推荐活动。

七、作业

选择你喜爱的形式,修改你的寒假作业好书推荐。好的推荐文章将在每周阅读交流课中进行分享,优秀的推荐设计会在班级墙板进行展出。

七年级下册语文必读书目《海底两万里》

教师的话：

在一百多年以前,一位法国作家创作了一部奇幻的、令人耳目一新的作品《海底两万里》,他将幻想发挥到了极致,带我们走进神秘的海底世界。在尼摩船长的引领下,你可以到海底狩猎,采集印度洋的珍珠,参观克雷斯波岛海底森林,参观海底亚特兰蒂斯废墟,看到珊瑚王国的葬礼……经历种种游历和探索,你会看到人类身上那种顽强不屈、坚忍勇敢和开拓进取的精神。

还有,你会乘坐一艘叫作鹦鹉螺号的大型潜水艇,可以自由地在海底穿梭。尼摩船开采了海底煤矿,为鹦鹉螺号提供珍贵能量——电,利用海底的丰富资源就能满足你的生活需求。许多研究发现在当时是不可想象的,所以你不妨把自己当成一个19世纪的人来读这部书,对比现在的科学技术会有更多惊奇的发现。

学生阅读感悟分享：

我眼中的尼摩船长

尼摩船长在《海底两万里》中扮演着举足轻重的角色。每次冒险几乎都因他而起,所以他怪异的性格自然就成为读者津津乐道的话题。

先说说他的名字吧!"尼摩"这个词,其实既不是他的姓,也不是他的名,而是他为自己起的绰号。在教授第一次遇见他时,他曾说过:"对您来说,我只是尼摩船长……""尼摩"在拉丁文中指的是"不存在的人",足可见他是个想消失于世间,自我封闭的人。而他通过无须停靠的"鹦鹉螺"号也确实做到了。

尼摩船长是脱离世间法则的。应该与教授握手以达成承诺时,他拒绝握手;当教授三人意外来到船上,船长也拒绝还他们自由。他说过:"我不再遵循人类社会法则……"表明他在精神上也与社会脱离。

尼摩船长表现出冰山一样的冷漠与沉静。当教授一行被上百个土著人追杀至"鹦鹉螺"号,土著人包围了整艘船时,教授连忙向船长做出警告。可船长却说道:"即使所有土著都围过来,'鹦鹉螺'号也绝不怕他们攻击。"文中还对他的动作进行了详尽的描写:他边说边把手指搁在管风琴上,手指又开始敲击琴键了。这些都侧面烘托出了他临危不惧与自信,甚至有些自大的性格特点。但他的自大却不是毫无根据的,他最终依靠电击,不费吹灰之力就击退了成群的土著。

"鹦鹉螺"号遇到的最凶险的事,应该就是被困在南极冰盖中了。当众人赖以生存的"鹦鹉螺"号即将被强大的压力碾碎时,每个人都惊恐万状。加拿大人捶着桌子、孔塞伊闷声不响、教授也看着船长,等他想出个好主意来。这些都对比突出了船长的镇定。他在众人面前竟分析起所有人可能的死法来:"第一种是被压死,第二种是……"他讲说着,引用文中的话来说"好像正给学生演算数学题的老师"。他是在抱怨,在消极等死吗?当然不是。在直言不讳的议论中,最合理的计划出炉了:向下挖。最终"鹦鹉螺"号摆脱了困境,重归广阔的大海。

难道尼摩船长真的就像一块坚硬的岩石,没有一点人类的情感吗?不是的。当强制性的睡眠过后,船长让教授查看了一位船员的伤情,他"脸色憔悴,眼睛发红""面带焦虑和悲伤"。当教授告诉他伤员活不过两小时后,船长"手颤抖起来,眼里溢出了泪水",他的神态与动作无不让人感到发自内心的伤痛。可见船长与他的船员之间并不仅是从属关系,更像是患难与共的兄弟。章末,船长"以颤抖的手掩面,想止住悲声,但未能如愿,抽泣着说道……",进一步描写了他悲哀的心情,最后船长严肃地说出:"不会受到鲨鱼以及人的侵扰"时,更显出他的与世隔绝——死后的尸体也要藏于水底,让人感到他对别人的不信任。

在大战章鱼后,船长又损失了一名同伴。战争已经过去,船长却"满身血污,一动不动"地凝视着大海,接着"大滴的泪珠从眼眶里滚了出来"。隔着纸张,我都能感到庄严与悲壮。这再次写出船长重情重义的性格特点。

最能打动我的，是"大屠杀"这一章。在这一章中，船长就像一位狂人，当内德准备呼救时，他大骂"混蛋!"还威胁要把内德"钉在冲角上"。钳住内德的手，把他猛地摔在平台上。他要把眼前的舰船击沉! 当教授抗议他不能这么干时，他却冷冷地说："我就要这么干!"他还大喊着："我就是法律! 我就是正义!"看到这儿，你可能会认为他是个冷酷无情的人，被冲动的魔鬼所支配，可是在敌船被击沉，自己取得胜利后，船长却"心里像是堵着什么，胸膛因呜咽抽泣而一起一伏着"。他还在说着"全能的上帝啊! 够了! 够了!"可见他对杀害全船无辜人的悔恨。

尼摩船长不是圣人。他脱离世间法则，他冷漠但重情重义，他心怀仇恨却因此被良心谴责。因此，我们只能说他贴近现实，是一位有血有肉、敢爱敢恨的人。

（王天翔）

关于《海底两万里》的科学性和文学性

《海底两万里》是一部将文学与科学综合到一起的小说。

为什么说是综合到一起的呢? 一般的故事书，只是在讲一个故事，最多给我们一个深刻的道理；一般的科幻书，大多数只是幻想一些不切实际或很难实现的东西。而它，《海底两万里》，既叙述了一个海底游行的情况，又预言了19世纪的世界与科技的发展，还通过列举描述出了多种生物与自然现象，还有科技、科学原理，无愧于一本"故事百科全书"。这正是这本书的本质。

既然是一本小说，那文学性必不可少，随便翻一页即可读到。就比如第十六章详细描述了海底漫步的过程，"我们在继续不停地走，这细沙平原仿佛无边无垠。我用手撩开水帘，但它很快又在我身后合上了，而我的足迹却在水的压力下，立即消失了"，在文字中我们仿佛置身于一望无际的西沙平原，感受海底的神奇，这就是文学性的描述。

再来看第181页，艇长一边表述他的悲痛，一边又说"珊瑚虫会尽职尽责地把我们那些死去的人永远封闭起来"，这说明了珊瑚虫繁衍生息的状态,一个科学的现实。还有一段叙述是关于鱼的形态特征,书中列举了一二十种鱼,例如,赤背白胸豚"是一种身上长有三条纵纹,色彩鲜艳,身长七寸的电豚",鲥鱼"无以数计,会蹦会跳,身带黑道,胸鳍很长,能在水面飞速滑行"等。还有第120页第二段关于海獭的描述,"它的皮,上为栗褐色,下呈银白色,是一种美观考究的皮货",这也是科学性的描述,详细而生动。

再比如第97至99页,描述了鱼的分类,表现出了当时科技的发达,是纯科学性的描述。文中这样的段落数不胜数,在这里就不一一列举了。

凡尔纳将文学与科学结合在一起,写出了《海底两万里》这样一部好书,让我受益匪浅。说实话,我非常喜欢这种写法,它将我带到了书中和尼莫一起探险,那奇幻的海底令人赞叹。凡尔纳用故事将一些科学知识串联到一起,使枯燥的知识变得生动起来,就像李毓佩一样,把数学知识串联起来,结合成一个个神奇的故事。这就是《海底两万里》的神奇魅力所在吧。

(贾静宜)

第四节　敬业乐学,畅谈人生

一、设计意图

九年级的学生约为十四五岁,这正是他们的世界观、人生观、价值观形成的时期。然而现实生活中,充斥着大量的非理性语言、虚假信息甚至恶意蛊惑性言论,作为教师,我们要引领学生能够拨开迷雾,让学生们学会独立思考、尊重事实,辩证地分析和评论问题。

九年级的学生应该能写简单的议论性文章,乐于表达自己对自然、社会、人生的深入思考。

开学第一课,通过议论文写作教学,培养学生说理的习惯、态度与能力,发展他们参与社会生活的能力,引导学生对生活、对学习、对人生能够理性思考,在辩论中,逐渐形成符合社会主流思想的价值观。

二、教学目标

一是以鲜明的态度和立场看待某种事物,并能用明晰、简明的语言表明自己的观点。

二是能选取真实、典型、丰富的材料来支撑自己的观点,做到有理有据。

三是能使用多种形式的论证方法,增强文章说服力。

三、教学重点

如何选择典型的丰富的材料,多角度证明自己的观点。

四、教学难点

怎样引导学生运用多种论证方法,证明自己的观点;怎样合理安排文章的结构,让文章思路分明,逻辑清晰。

五、教学准备

准备助读资料,便于学生上课再阅读。

六、教学课时

2 课时。

七、教学过程

(一)导入

学校有"乐"系列廊亭及对联,如"知乐园、回乐亭、同乐亭、弈乐廊、乐乐廊和松乐亭"以及"一两知己同品喜怒哀乐,三五好友共赴学海书山""学海无涯苦作舟""一分辛苦一份才"等对联,传递了吃"苦"的理念。在校园的学习生活中,"乐"与"苦"同在,是否矛盾。谈谈你对"苦"与"乐"的认识。

(二)论证思辨

1.素材的收集与整理

(1)学生活动一

小组分工,围绕"苦"与"乐"话题,搜集相关人物故事、名言警句、诗词名句等材料,组建素材库。

(2)评价

一是素材要包括名人故事和名人名言两类。二是材料要真实可靠。三是尽量从不同角度选材。

2.明确观点

(1)学生活动二

一是小组交流,阅读搜集到的材料。二是结合小组交流结果,独立思考:对于"苦"与"乐",我的观点是什么?

(2)评价

一是能整合别人的素材,充实自己的素材库。二是确立自己的观点,用简明的语句表达自己的观点。

【链接资料1——论点的特点】

论点是作者对所论述的问题提出的见解、主张和表示的态度,是整个论证过程的中心,是作者所持的观点。论点是一个意思明确的表判断的陈述句。

表达论点常用句式:……是……,……要/应当/必须……,……能够/将会……比如:《敬业与乐业》的论点是敬业乐业,是人类生活的不二法门。《谈骨气》的论点是我们中国人是有骨气的。《小议"慎独"》的论点是慎独是一面盾牌,能够帮助你抵御各种各样的诱惑。《人的高贵在于灵魂》的题目就是论点。

学生可能会提出的论点:以乐观的心态看待生活中的苦痛,吃苦可以给人奋斗的动力,吃苦是磨炼自己的最好方法,能够享受吃苦的人才能战胜逆境等。

3. 根据观点,筛选论据

(1)学生活动三

从你自己的素材库中,选择能够论证自己观点的事实、道理。

(2)评价

一是材料与观点相应。二是力求典型、有代表性。三是尽量充分,从不同侧面证明论点。四是至少要拥有两个典型的事实论据,要拥有一个道理论据。

4. 学生活动四:设计出最合理的论证结构,初拟写作提纲

表 2-7　写作提纲

题目	
论点	
主体	论据 1
	论据 2
	论据 3
结尾	

【链接资料——议论文的结构模式】

1. 并列式

并列式结构模式:开篇先亮出总论点,再并列地从几个方面分别对总论点加以论述,往往是几个分论点放在每段开头,充当本段的总起句和中心句,并构成排比,以强化作文的条理性。比如《谈骨气》的结构模式就属于并列式。

表 2-8 《谈骨气》的结构模式

题目	《谈骨气》	
论点	我们中国人是有骨气的。	
主体	分论点 1:富贵不能淫	
	分论点 2:贫贱不能移	
	分论点 3:威武不能屈	
结尾	号召发扬传统,点明今天提倡"要有骨气"的意义。	

2. 递进式

递进式的结构模式是指一层深入一层地论证中心论点,形成由浅入深、由简单到复杂的递进关系。比如《小议"慎独"》的结构模式就属于递进式。

表 2-9 《小议"慎独"》的结构模式

题目	《小议"慎独"》	
论点	开头提出中心论点:一个人在没有外在监督而独处的情况下,严于律己,遵道守德,恪守"慎独"是十分必要的。	
主体	为什么要"慎独"	慎独是自我完善的必修课。
		慎独还是道德品质的试金石。
		慎独更是社会生活的净化器。
	怎样做到"慎独"	慎独离不开严格要求自己。
		慎独也离不开自我反省。
结尾	重申慎独的意义;呼吁大家恪守慎独。	

3. 落笔行文

(1)学生活动五

写议论文,不是把论据简单地罗列在论点后面,而是要对论据进行分析,让它和观点契合起来。请为你的论据写一段议论性文字,建立观点和材料之间的联系。可以先叙后议,先议后叙,或者夹叙夹议。

(2)评价

可简单勾连,也可运用假设、因果、比较、归纳、评论等方法分析材料,阐明材料和观点的关联。

（1）学生活动六

议论文常用的论证方法除了举例论证、道理论证之外，还有对比论证、比喻论证、类比论证等。同学们可以根据内容的需要，选择合理的论证方法，增强文章的说服力。

（2）评价

使用多种论证方法

4.学生搜集到的部分论据

【事实论据】

J. K. 罗琳是一个命运不济的人。大学毕业后，她在伦敦漂泊，靠打零工糊口。一次，在火车上她闷闷不乐，当她看着窗外那可怜的黑白花奶牛时，她想到有列火车载着一个男孩去巫师寄宿学校的情景，于是一个灵感一闪：一个小男孩在得到魔法学校邀请前，并不知道自己就是个巫师。但是她没有带纸笔，只好闭上眼睛，把浮现在脑海中的每个想法和细节都记住。回到家，她再把在火车上所想到的内容写在一个廉价的小本子上。很快，这样的小本子就装满了一个鞋盒。她决定要写书。

后来，她去了爱丁堡。在妹妹的帮助下，靠政府的租房补贴租赁了公寓的一间卧室，她便在厨房的桌上完成了第一部作品的手稿。她的妹夫在当地有一家咖啡馆，罗琳每天都会在那里开始写作。就这样，出版了畅销书《哈利·波特与魔法石》。

安徒生的苦难生涯。他的一生都是在逆境中度过的，自幼贫穷，早年丧父，终身未娶，贫穷、孤独、悲痛的窘境无时无刻不在伴随着他；也可以说，他的一生都是在顽强的拼搏中度过的，他不断地与命运周旋、抗争。他的作品为世间带来了一丝温暖，为孩子们带来了幸福与欢乐，即使自己生活在寒冷的冬天也在所不惜。

打不倒的"小个子" "叱咤风云，戎马一生，三落三起，扭转乾坤"用这些话来形容邓小平一点都不为过。历史上，几乎没有政治人物像邓小平一样三次被打倒又三次站起。1966 年"文化大革命"开始后，邓小平受到错误批判。1969 年 10 月，他作为"死不悔改的走资派"被下放至偏僻的江西进行"劳动改造"，度过了一段寂寞艰苦的岁月。三年零四个月后，第二次被打倒的邓小平重新崛起,由江西返京。邓小平的女儿邓榕在回忆录中写道:"即使在最黑暗的日子里,父亲也从未放弃和绝望。"1977 年,这个被西方媒体称为"打不倒的小个子"以 73 岁的年龄又一次复出,将中国推上通往繁荣和富强的快车道。"如果对政治上东山再起的人设置奥林匹克奖的话,我很有资格获该奖的金牌。"邓小平这样说。"我之所以能经受如此多的打击,是因为我是一个乐观主义者,我从不失望。因为我知道,政治犹如大海的波浪,人在上面时而上,时而下⋯⋯"邓小平这么说。

【道理论据】

1. 平庸的人躲避痛苦,优秀的人不怕吃苦,杰出的人自找苦吃。

2. 人生有两条道路可以选择,要么吃苦十年,精彩五十年;要么安逸十年,吃苦五十年。

3. 能吃苦的人吃半辈子苦,不能吃苦的人吃一辈子苦。

4. 原来人最受不了的,不是吃苦。而是你不知道,你这份苦,吃来为什么。

5. 早吃苦受罪以后就能少吃苦受罪!

6. 不去拼搏,别想快活;不想吃苦,活该受苦!

7. 人的一生谁都难以躲过苦难,如果该吃苦的时候不吃苦,那么到了不该吃苦的时候就一定会吃大苦。所以,请不要拒绝苦难,因为有了它,我们的人生才变得多姿多彩,我们的精神才变得坚韧敏锐。

8. 人生就像品茗,懂得吃苦,才能回甘啊。

9. 如要锻炼一个能做大事的人,必定要叫他吃苦。

10. 人生在世,不管做多做少,乐在其中就可以,当你快乐,你的世界也会快乐,在你世界里的人也会快乐。每个人都有自己的世界,有缘分的人,他们的世界才会有重合的部分。

最苦与最乐

人生有最苦与最乐,我认为真正的伟人都是把苦留给自己,把快乐留给他人。

写《安徒生童话》的安徒生,他就是一位"最苦"的人,他的一生都是在逆境中度过的,自幼贫穷,早年丧父,终身未娶,贫穷、孤独、悲痛的窘境充实着他的生活,无时无刻不在伴随着他,甚至最终也没能苦尽甘来,但他即使这样,也依旧在顽强的拼搏中度过,他认真写作,为一篇动人的故事绞尽脑汁,他天真烂漫,笔下的童话世界五彩缤纷、如锦似绣。他的作品让全世界的孩子爱不释手,他的作品住进了孩子们的心里,他的作品为世间带来了一丝温暖,为孩子们带来无尽的精神财富与幸福快乐,即使他自己的生活在寒冷的冬天也在所不惜,他亦是伟人,让自己品尝最苦,把快乐献给世界。

提出"改革开放"的邓小平,他也是一位"最苦"的人,他的一生可谓"叱咤风云,戎马一生,三落三起,扭转乾坤。望悠悠历史,几乎没有哪个政治人物像邓小平一样三次被打倒,又三次站起来。1966 年"文化大革命"开始,邓小平受到错误批判。1969 年 10 月,他作为"死不悔改的走资派"被迫"劳动改造"。三年零四个月后,第二次被打倒的邓小平重新崛起,邓小平的女儿在回忆录中写道:"即使在最黑暗的日子里,父亲也从未放弃和绝望"。"文革"结束后,1977 年这个被称为"打不倒的小个子",以 73 岁的年龄又一次复出,将中国推向通往繁荣富强的快车道"提出了改革开放这一伟大举措。自改革开放以后,中国飞速发展,一跃成为世界 GDP 总值世界第二的强国。这一路走来的发展,人们有目共睹,也亲身体验。从一开始的绿皮火车,到现在的磁悬浮列车,从开始从俄罗斯买下的第一架飞机,到现在的超音速飞机。大国重器使我们民族自信,衣食住行使我们生活提升,这无不离不开这个"打不倒的小个子"——邓小平。他亦是伟人,让自己经历最苦,为广大人民带来幸福。

发现"青蒿素"的屠呦呦,她也是一位"最苦"的人,她的一生就是埋头苦干,甚至不求名利,后来知晓是她发明青蒿素,还是靠各大记者的调查才发现,她和她的团队,在小小的实验室中,苦心钻研了十多年,耗尽一个人最黄金的年龄,心甘情愿投入这个项目,经过他们的努力,屠呦呦最终在一本古书里发现了青蒿素,并加以实验。但很快,麻烦找上门了。他们发现,带着病毒的小动物在被施入青蒿素后有些能好转,而有些却暴发而亡,实验一时没了进展,而屠呦呦勇敢地站了出来,不惧怕生死,提出在她自己身上做实验。最终她活下来了,也证实了青蒿素是有效的,她的献身,使千千万万得病的人们,有了希望,逃离了死神的魔爪。她亦是伟人,自己不怕吃苦,把快乐留给他人。

这是最苦与最乐,真正的伟人,为他人的快乐而自己吃苦。

校园中有带给我们快乐的亭子,那是为了让我们乐观地生活;而那"学海无涯苦作舟"的名言,又在提醒我们要能够吃别人不能吃的苦。就像那些伟人,要为他人着想,承受生活之苦,努力做一个能给他人带去快乐的人。

八、链接材料——敬业乐学的论据

成语"废寝忘食"指顾不得睡觉和吃饭常常形容人们非常专心致志。语出北齐颜之推《颜氏家训·勉学》:"元帝在江荆间,复所爱习,召置学生,亲为教授,废寝忘食,以夜继朝。"元无名氏《酖江亭》第二折:"你与他每日不曾离,直这般废寝忘食。"《明史·杨守陈传》:"此臣所以朝夕忧思,至或废寝忘食者也。"

钟南山是中国工程院院士。在2003年和2020年那些特殊的日子里,他成了一名骁勇的战士,钟南山不顾生命危险救治危重病人,奔赴疫区指导医疗救治工作,倡导与国际卫生组织合作,以自己的精湛医术和坚强斗志,成为"非典"战场的不倒红旗。他以勇敢无畏、学者的铮铮风骨和悬壶济世的仁心仁术,挺身而出,冒死犯险,力挽狂澜,为人民作出了杰出的贡献,从而赢得了世人由衷的敬重。

黄大年是著名地球物理学家,他是无私的爱国者,也是新时代海归科技报国的楷模。2009年,他放弃了在英国优越的工作条件和生活条件,踏上了回国的航班。黄大年带领400多名科技人员成功研制我国第一台万米科学钻——地壳一号,自主研制综合地球物理数据分析一体化的软件系统,提高国家深部探测,关键仪器的制造能力。2016年12月8日,黄大年,因病住进医院,即使躺在病床上打着吊瓶,黄大年还在为学生答疑解难。黄大年是纯粹的知识分子,因为他什么职务也不要,就想为祖国做些事;他是另类的科学家,因为他对待科研只一句"我没有敌人,也没有朋友,只有国家利益。"黄大年是祖国的栋梁,他争分夺秒，即使透支自己，也要让人生发光。

南仁东是中国天文学家，潜心天文研究，坚持自主创新，主导提出利用我国贵州省喀斯特洼地作为望远镜台址，从论证立项到选址建设历时22年，主持攻克了一系列技术难题，为FAST重大科学工程建设发挥了关键作用，实现了中国拥有世界一流水平望远镜的梦想。1994年始，主持国际大射电望远镜计划的中国推进工作。从壮年走到暮年，南仁东把一个朴素的想法变成了国之重器，成就了中国在世界上独一无二的项目。2016年，经过20年的努力，FAST终于建成了，成为举世瞩目的工程奇迹。虽然南老师没有能等到它产出科学成果的那一天、没有能等到他应得的荣誉、奖励，但他的爱国情怀、科学精神和勇于担当堪称楷模，激励着后来人继往开来、不懈奋斗。

我们一起阅读吧

九年级上册语文推荐阅读《泰戈尔诗选》

教师的话：

泰戈尔是印度近代著名作家、诗人、哲学家。在印度以及许多国家，泰戈尔被尊称为"诗圣"。叶芝曾经说："每天读一行泰戈尔的诗，就能使我忘记世间一切烦恼。优美的诗意，瑰丽的境界，清澈的语言，以及洞察一切的睿智和孩童般的天真纯净，奇妙地在泰戈尔身上融为一体。"

据说，泰戈尔的诗用孟加拉文来念具有很强的韵律感。很可惜，这在译文中是难以领悟到了。我们只好从语言中体会泰戈尔诗歌的意境。《飞鸟集》中包括了三百余首小诗。这些小诗的基本内容不外乎小草、流萤、落叶、飞鸟、山水、河流等，这都是一些美丽可爱的意象。泰戈尔用这些意象，道出了深沉的哲理。

冰心曾评价泰戈尔："用生动朴素的语言，精练成最清新最流利的诗歌，唱出印度人民的悲哀与欢乐；以快乐的诗情，救治我天赋的悲戚；以超卓的哲理慰藉我心灵的寂寞。"读《泰戈尔诗选》，慰藉我们的灵魂。

学生阅读感悟分享:

温暖的一缕阳光

当你抬起头真正仔细观察一下太阳,你会发现今天的太阳格外的美!

——题记

当你每天抬头看见太阳时,你有曾想过就是这样一个发着光的火球能成为泰戈尔笔下伟大的东西吗?

在泰戈尔的诗中,太阳就像"太阳只穿了一件朴素的光衣。白云却披了灿烂的裙裾"一样,是朴素的,是默默无闻的,也是甘于奉献的。正是因为太阳的照射,云朵才能拥有灿烂的裙裾,而太阳却置身于云朵之后,默默地散发自己的光芒。可能当你看见这美丽的景象时,你只会看见云朵的美丽,不会想到云朵背后的太阳。我想就算没人会想到她,她也会很满足,因为自己可以造就别人!自己正在闪着灿烂的光芒!而有时候人们也会想念太阳,会去注意太阳,因为这时候的太阳是伟大的!当你抬起头看不见你从来不注意的太阳时,你会着急你会悲伤;可是当你抬起头看不见经常在那里一闪一闪的星星时,谁又会去在意呢?这正是因为太阳每天都在默默地为人们服务着,有一天她突然消失了,你会习惯吗?

这时候的太阳是可爱的!因为她谦虚,她渴望,她亲切,她善良,她温顺……她会在小花想去赞美她时,只让小花用他朴素的沉默来赞美;她会在当向日葵瞧不起无名花做他同胞时而报以温和的笑容去接受跟她同样差很多的向日葵;她会在她即将消失的天空上,俯视去无限地留恋着美好的大千世界……

泰戈尔笔下的太阳是多姿多彩的,是伟大的,是默默无闻的,是甘于奉献的,是可爱的……更像是一个母亲,母亲的伟大,母亲的奉献,母亲的默默无闻,母亲的可爱……这是一种温暖,这是一缕金色的阳光,这是一股芳心的气味……

当你读完泰戈尔写的赞美太阳的诗,不妨抬抬头看看天上的太阳,这时候你会发现,天上的太阳好像和往常的不一样,是我太久没观察她?还是她真的变了样?不过,好美啊!

我相信你的爱

——读《飞鸟集》有感

那是一种独特的清新秀丽,别与不同于其他的文学作品,简短的几行字中,却是永恒而沉默,宁静而美好,仿佛是一道神圣的上帝之光,指引着通往天堂的路……

——题记

微微有些泛黄的纸页,想随手翻两页却马上被这精妙的哲理牵引住了思绪,这也许就是飞鸟集的魔力吧。

爱,似乎是这飞鸟集中不可磨灭的代名词,泰戈尔最终选择了爱。

爱自己,泰戈尔的爱来自生活,而我们的生活,来自爱。"如果你因为失去太阳而流泪,那么你也将失去群星了"。每一件事情都是一把双刃剑,简单地举个例子吧,有一次假期,爸爸妈妈答应带我出去玩,可是突然间学校有一个竞赛活动,我没有办法出去玩了,可我却意外地在这次竞赛中获了奖,是其他选手们梦寐以求的奖项,我想这件事让我知道任何现在看来是烦恼的事,都看淡一些,踏实认真地做好每一件应该做的事,美好的东西和获得的东西是那样多,失去的和他们比起来是那样微不足道。爱自己,就是一切爱的前提。

爱,爱别人。飞鸟集里也有许多无私奉献的爱,大树把斧柄还给了樵夫,黑夜绽放了花让白天领受谢意,太阳为云朵披上了绚丽的衣服,这一切的一切都是爱,这份爱是那么真实而无私。黑夜悄悄地绽放花朵,却让白天领受谢意。这句话让我想到雷锋叔叔,做好事不留名,却热衷于为人民服务这种高尚的品格。也正是所谓心中有他人。爱别人,也是一种高尚而伟大的爱。

爱,爱生活。也许在很多时候,我们主观地把世界看错了,却反说它欺骗了我们,也"不要因为你自己没有胃口而去责备你的食物"。记得小时候有一天,我下楼梯时不小心崴了脚,从此以后我上楼就故意地跺楼梯,妈妈说我是瘸子摔跤走路不平。曾经听过这么一句话:"优秀的人是不需要抱怨的。"当我们少一分抱怨，生活就会很美好；学会宽容，世界也会因为你而海阔天空。爱生活，便无须刻意追求，真善美就在我们身边。

也许当那只夏天的飞鸟飞在世界之巅时，也正如泰戈尔那最后的诗句："我相信你的爱。"而我想说，让我们一起用一颗充满爱的心去对待这个世界，那这爱便会永久流传，用我们的爱，留下我们成长的记忆。

第三章 阅读篇：书香浸润心灵

阅读是心灵的旅行，是智慧的启迪，更是立德树人的重要途径。在快速发展的现代社会中，阅读不仅关乎个人的成长与发展，更承载着传承文化、塑造精神世界的使命。对中学生而言，阅读不仅是获取知识的手段，更是塑造品格、培养情操的重要方式。

在中学语文教育中，阅读占据着举足轻重的地位。通过阅读，学生能够接触丰富多彩的文化遗产，领悟前人的智慧与情感，从而培养深厚的文化底蕴和人文素养。同时，阅读也是提升学生语文能力、增强语言表达和思维逻辑能力的重要途径。

然而，阅读并非简单的文字阅读，它需要教师的引导与学生的主动参与。本章将通过不同的教学方法，如为书斋起雅号、分享阅读心得、探讨励志书籍、制定学期读书计划等，激发学生对阅读的兴趣和热情。通过精心设计的阅读教学活动，教师将助力学生在阅读的海洋中畅游，探索知识的奥秘，实现立德树人的教育目标。

第一节　为我的书斋起雅号

一、设计意图

一个人的精神发展史就是他的阅读史,一个民族的精神境界,取决于这个民族的阅读水平。一个没有阅读的学校是"行之不远,存之不久"的。让学生喜欢上阅读,是语文老师重要且神圣的任务。有人说:"老师让学生爱上阅读,是做了一件功德无量的事"。在开学第一课上,老师要巧妙地引导学生爱上读书。本节课要组织学生在班级建立小书架,引导学生们在家里布置自己的小书屋,从而营造出浓郁的书香氛围。通过为自己的小书架、小书房起雅号,建立阅读规则,开具阅读书单等活动,激发学生阅读的热情,提升他们构建自己的书香世界的积极性,与此同时也能了解博大精深的中华书斋文化!

二、教学目标

一是开展班级个性化书架建设。以小组为单位,建立书架,小组成员自带图书,相互分享,充实本组的小书架,并制定和完善书架管理制度。

二是为个性化书架拟名并阐释名字的含义。以此激发同学们参与书香班级的热情和阅读好书的积极性。也在活动中培养团队合作精神。

三是展示自己的家庭书房,或者自己的个人书架,并为其起个雅号。培养学生买书、藏书、读书的兴趣。也进一步了解博大精深的中华书斋文化。

三、教学重点

为个性化书架拟名,展示自己的家庭书房,或者自己的个人书架,并为其起个雅号,激发学生阅读好书的热情。

四、教学难点

建立自己的小书架或小书房,为自己的书房起个雅号。

五、教学准备

教师:提前根据班级分组情况,准备好移动小书架,每组一个;准备好口取纸,课上让学生将拟好的书架名字写在口取纸上,贴在移动小书架上。

学生:将自己长辈的书房,或者自己的书架提前拍成照片,打印好,课上展示给大家。并将自己喜欢的书带到学校。

六、教学时间

1课时。

七、教学过程

(一)建设我们的小书架

1.好书推荐:向同学推荐自己喜欢的一本书,并将书名写到黑板上。

要求同学们的推荐语言简意赅,尽量将语言压缩到50字以内,利用给书籍设计腰封的形式进行介绍。

2.老师分发移动小书架,每组一个。组长将组员带的书收集上来,摆放到教室的窗台上。

3.组长带领组员制定借阅规则,并设立负责人进行管理。

设计意图:上课伊始,通过推荐好书的活动,了解同学们的阅读情况,既是学情的调查,也通过学生之间的交流互动,达到资源共享的目的。同学们写到黑板上的书名,等于自己开出的阅读书单,这些来自同学推荐的好书,能调动大家的阅读热情。同时在教室里以组为单位建立个性化的小书架,为好书交流提供了平台,为同学们利用闲暇时间阅读提供了资源。

（二）晒一晒我的小书屋

1.同学们交流自己所了解的名人书斋。然后老师出示自己的书房,让大家猜一猜,在吊足学生胃口后,隆重介绍自己的书房——逸心斋。阐释"逸心斋"的内涵:亲近好书,沐浴在书香中,修身养性,岂不快哉!

2.同学们上台展示自己的小书房。可以是长辈的书房,也可以是自己的家庭小书架。

设计意图:如果想让每一个同学能爱上阅读,不仅仅要建设好书香班级,更要推进"书香家庭"的建设。让同学们展示自己的家庭书房,旨在了解学生家庭的阅读情况,引导学生参与"书香家庭"的建设,让"小手拉动大手",使更多的家庭能够放下手机,亲近好书。

（三）给书架、书房起雅号

一是让学生回忆学校里与书有关的地方,它们都有一个典雅的名字。如学校图书馆的名字叫"思贤楼",初中阅览室叫"博文馆",高中阅览室叫"弘毅馆",还有"静心读书吧",学生社团经营的书店叫"墨韵阁"……同学们以小组为单位,给自己本组的小书架起个名字,写在口取纸上,贴在小书架上,并将取好的名字写到黑板上和大家分享。

"聚慧角"——小小的一方书架,是智慧汇集之地。

"藏书阁"——小小藏书阁,大大书香地。

"锦味书屋"——书籍犹如美食,让我们百"吃"不厌。

"学知角"——这是读书的好地方,也是学习知识的最佳场所。

"静阅轩"——安静地阅读,这是最美的休闲方式。

二是给自己的书房起个名字,并阐释自己取这个名字的原因。

设计意图:中国书斋文化源远流长,书斋名号逐渐成为一个人的文字符号、精神符号,甚至是人格符号。书斋名号大都有渊源,有故事,有含蕴,有文化,当然马虎不得,随意不得,书斋名号藏着大乾坤,也可见书斋主人的情志、趣味、境界等。让学生尝试给自己的书房起雅名，将小小的书房变成读书、藏书和培养心智、怡情养性的高雅之地。这样的书架、书房就有了灵魂，也成为心灵与书籍交汇的场所。

（四）课后作业

1. 观察学校的几处开放性书架，看这些地方是否有名字，如果没有，请试着起个名字，并说明命名理由。

2. 书斋名号标示着书斋主人的志趣、品位、好尚，请继续搜集名人书斋雅号，了解他们的个性、品质和人生志向。

设计意图：将课上所学和现实生活相联系，引导学生到生活中学习语文，这样的活动会激发学生的学习兴趣，也会让他们对源远流长的书斋文化具有初步了解。同时，以这样的活动作为我们阅读工程的序曲，增添很多雅趣。

八、链接材料

名人书斋名荟萃。

1. 陆游的"老学庵"。

这是南宋诗人陆游晚年的书屋名称。此名表达了诗人活到老，学到老，生命不息，学而不止的精神。

2. 蒲松龄的"聊斋"。

蒲松龄应试落第后，喜欢请人到书斋闲谈，根据闲谈的故事加工整理写成小说。书斋即"聊斋"。

3. 梁启超的"饮冰室"。

"饮冰"一词源于《庄子·人间世》："今吾朝受命而夕饮冰，我其内热与?"原意就是比喻自己内心之忧虑。当年，梁启超受光绪皇帝之命，变法维新，临危受命，面对国家内忧外患的交煎，梁启超内心之焦灼可想而知，如何解其"内热"，唯有"饮冰"方能得解。所以，他正是借"饮冰"一词，表达自己内心之忧虑焦灼呀！

4. 丰子恺的"缘缘堂"。

1927 年，丰子恺皈依弘一法师，在江湾永义里的寓所举行了仪式。丰子恺请弘一法师为自己的住所取名。尊弘一嘱,丰子恺在小方纸上写了许多他喜欢又可以互相搭配的文字,团成许多小纸球,撒在释迦牟尼画像前的供桌上,拿两次阄,拆开来都是"缘"字,遂名寓所为"缘缘堂"。当即请弘一法师给写"缘缘堂"横额。

5. 纪晓岚的"阅微草堂"。

"阅微草堂"是清朝学者纪晓岚的书斋名,它的含义十分有趣,"阅微"含"见微知著"之意,"草堂"则表达对诗圣杜甫的崇敬之心。他在书斋内潜心阅史,披沥数载,察其细微,写成了《阅微草堂笔记》。

6. 鲁迅的"绿林书屋"。

1924 年,鲁迅寓居北京阜成门外西三胡同,由于鲁迅支持学生运动,被当时的"正人君子"诬蔑为"学匪",因此鲁迅就把自己的书屋命名为"绿林书屋"以反击反动文人对他的诬蔑。

7. 闻一多的"何妨一下楼"。

现代诗人闻一多在云南昆明研究《楚辞》《诗经》时,常常旬日不下楼,故把自己书屋命名"何妨一下楼"。

8. 姚雪垠的"无止境斋"。

作家姚雪垠创作历史小说《李自成》,受到毛泽东的称赞,遂将书屋命名"无止境斋",以示虚怀求索之意。

9. 沈从文的"窄而霉斋"和"小小窄而霉斋"。

沈从文生前有两个书斋号——"窄而霉斋"和"小小窄而霉斋"。20 世纪70 年代初,结束下放生活回到北京的沈从文,离开北京时仅剩的北京东堂子胡同的一间房也被别人当作"战利品"接管,后来费尽口舌才要回。那间房十分简陋,房间原是堆煤的,他只好将其作为居室。这间仅 10 平方米的小屋,既做会客室,又兼工作室。房间里十分阴湿而发霉。沈从文故以"窄而霉斋""小小窄而霉斋"戏称其书室。当时其巨著《中国历代服饰研究》即在此完成。沈从文的好友、诗人黄芜对此十分感叹,曾挥笔写道:"对客挥毫小小斋,风流章草出新裁。可怜一管七分笔,写出兰亭醉本来。"

10. 林语堂先生的"有不为斋"。

林语堂先生的书斋名乍读拗口背时,细品颇有韵味。他自诠道:"如童子所说,有所不为然后可以有为,正可证明物极必反的道理。但是一个人总有他所不为的事。"这里有一点美学味道,此与"知不足""有恒心""知未信"命名的书斋有异曲同工之妙,更显其鲜明的个性。

> 我们一起阅读吧

七年级上册语文必读书目《西游记》

教师的话:《西游记》是一部神魔小说的经典之作,充满了浪漫主义的幻想,也反映了中国封建社会的现实特点。作者塑造了齐天大圣孙悟空、被唐太宗选定前往西天的唐僧、原天蓬元帅下凡的猪八戒和原为天宫的卷帘大将沙僧等个性鲜明的人物。师徒四人历经九九八十一难后终于取得真经,这一路上的磨难引人深。"大闹天宫""三打白骨精"等很多故事在民间广为流传,妇孺皆知。我们在阅读时除了了解故事情节之外,不妨做一些主题探究,比如:孙悟空被迫戴上金箍,一路上斩妖除魔保护唐僧,选择取经到底值不值得? 师徒四人在取经大业中谁的功劳最大? 各路神仙和妖魔使用的武器都是什么? 或者梳理研究一下孙悟空和唐僧之间的情感变化,你也可以大胆地想象,试着创作一段精彩的取经路上发生的新故事……

悟空西行之路值不值

孙悟空西行之路值不值? 孙悟空在西行之路上经历了各种危险、磨难,多次被师傅和师弟误解,但是我认为这次西行是非常值得的。

因为他被唐僧救出五指山后,他完完全全可以回花果山自由自在地在享受生活,但他却随着唐僧去西天取经。我想这一点是为了报答唐僧和天宫里的众神们,也是他修行路上的第一步。

在去往西天取经的路上,孙悟空看到了妖魔鬼怪装扮成的人,一棒子上前就给打死了,但是唐僧肉眼凡胎不知真假,再加上猪八戒煽风点火,唐僧念起了紧箍咒,使悟空头疼得厉害,唐僧这样对他,他却忍了,我认为他忍得值了。从他的肆意妄为大闹天宫,到取经路上的忍耐和坚持,他在成长,在修行,在成为一个更好的自己。西行路上,他看尽繁华世界、沧海桑田,也经历了痛苦磨难,看到了劳苦大众,他甘心保护坚定虔诚、慈悲为怀的唐僧,一路坚持到底。

悟空随唐僧取经也不是为一己之私,而是为了普度众生、造福人类,悟空的修行已不单单是个人的修行,而是全人类的修行。在花果山自由自在地生活是轻松的、容易的,去西天取经是困难重重、历尽艰险的,孙悟空的能力强,胜任了这个取经的工作,实现了自己应有的价值,为这个世界变得更加美好出了一份力量。

我认为他舍去了自由的时间,凭自己的能力为这个世界作出贡献,这太值得了。我想,孙悟空一定庆幸自己随唐僧去取经而且没有中途离开唐僧,让自己的生命变得如此有意义。所以我认为孙悟空西行对于他自己、对于唐僧、对于整个神界、对于整个人类,都一定是值得的。

(崔宇淇)

我看悟空的紧箍咒

紧箍咒是什么?不就是一个套在头上,一碰就会让人头痛的铁圈吗!可是我却不这么认为,现在我就说一说这孙悟空的"囚笼"——紧箍咒。

孙悟空的紧箍咒不是与生俱来的,在他大闹天宫和守护师傅的前几回时,孙悟空并没有戴他的"囚笼",头上并没有紧箍咒。但是那时他为所欲为,谁的话也不听,而且口出狂言,说他要做玉皇大帝,从当时的表现就知道他天生桀骜不驯,无法无天,浮躁散漫。为了限制束缚他的劣性,菩萨给他戴上了紧箍咒。有了紧箍咒后,他就不得不变得温顺,遇事隐忍。他知道不听话就会被念紧箍咒,头痛欲裂难以忍受。所以他变成了乖猴子,师傅的好徒弟。

既然只有紧箍咒,能够管住孙悟空,那么为什么在最后孙悟空的头上的紧箍咒却没了,自然脱落下去了呢?我认为紧箍咒只不过是一种虚象而已,真正让悟空戴紧箍咒的不是别人,而是他自己,因为他生性顽劣才需要束缚,但是当他经历过多次的劫难,经过艰难困苦的洗礼,悟空已经改变了,他变成熟,内心已经十分安静,不再需要外界的束缚和限制。所以紧箍咒有和没有都一样,也就没有存在的必要了。

现实中的我,也是一个孙悟空,能争好斗,文武双全,内心浮躁,而我的头上也有一个紧箍咒,那就是学校的校规校纪,在一开始我对学校的规矩很是反感抵触,但是当我读了西游记,分析了悟空的紧箍咒来与去,使我真正明白了,需要变的不是规矩,而是我的行为规范,自己要去躁守静,才能真正变得优秀。

让我们一起,克制住自己的心魔,让内心安静下来,宁静以致远,我们自然就会变得更加优秀,头上自然也就没有了紧箍咒!

（黄义镔）

沙僧也重要

在《西游记》中有一支取经队伍,他们历经九九八十一难,只为取回真经,而沙僧就是其中一员。

沙僧可能是我们在读《西游记》时最容易忽略的角色,但在我心目中他却是西游记中最重要的。

沙僧原来是天庭玉皇大帝的卷帘大将,只因为他有一天一不小心失手打破了琉璃盏,触犯了天条,被贬下了凡间。这还不说,他每七日还要受飞剑穿胸百次的酷刑。

在流沙河中基本上要啥没啥,下了人间又需要吃喝,河里没有那就从外面找呗。虽然被贬下了凡间,但人家修为可还在啊!于是因为打破了个琉璃盏就被贬下尘世的"前"卷帘大将就开始在流沙河里兴风作浪,危害一方,吃过路人。后经观音点化,赐法号为悟净,一心归佛,同八戒、悟空一同保大唐高僧玄奘法师去往西天拜佛求取真经。

沙僧长得特别的"凶",书中描述说其:"一头红焰发蓬松,两只圆睛亮似灯。不黑不青蓝靛脸,如雷如鼓老龙声。身披一领鹅黄氅,腰束双攒露白藤。项下骷髅悬九个,手持宝杖甚峥嵘。"但沙僧这个人的德行顶好顶好的,俗话说:"不可以貌取人。"还真是。

沙僧不像猪八戒那样贪爱美色,在西游记的第二十三回三藏不忘本,四圣试禅心的情节中,老妇人欲把其女嫁给师徒四人,八戒闻得这般富贵,这般美色,他却心痒难挠,坐在那椅子上,一似针扎屁股,左扭右扭的,忍耐不住,人家沙僧却一点儿都不动容。话说,都曾是天将,咋差别就那么大呢?

沙僧就像取经队伍里的黏合剂,是其大师兄、师父和二师兄之间的和平大使。他维系着取经队伍的和睦。孙悟空和猪八戒在西行的一路上剑拔弩张,因为沙僧才缓和了许多。沙和尚从不说散伙一类的话。四十回连悟空也想散伙,反而沙僧劝大家不要散伙,意志坚强。

沙僧从来不埋怨路途遥远,是一个十分任劳任怨的苦行僧。在去西天的取经队伍中,沙僧一直是干体力活的那一个。一路上抬扁担的都是他,却一句埋怨的话语都没有;沙僧从来不给他人派活,自己发现有需要干的就自己默默地干了,总是把自己分内的事做得非常好。

有人说:"用人就用沙和尚,做人就做沙和尚。"我觉得此话说得很好。

(谷染香)

悟空的泪水里有些啥?

"噙泪叩头辞长老,含悲留意嘱沙僧。一头拭进坡前草,两脚蹬翻地上藤。上天下地如轮转,跨海飞山第一能。顷刻之间不见影,霎时疾返旧途程。"这是三打白骨精章节中,悟空被赶走时的一个情景描述。

悟空的泪水中饱含着忠诚,他三次慧眼识破了白骨精的妖计,并将它一棒打死,却被唐僧误会,因为那白骨精迷惑众生的奸计凡人肉眼根本无法辨识,再加上八戒的谗言,唐僧一气之下就将悟空赶回了花果山。他看似残忍的一举一动,实际上都是他对承诺护师一路周全的行动。

悟空的泪水中饱含着不舍,一路上师徒经历了大大小小的各种磨难与艰辛,酸甜苦辣咸,他们都尝了个遍。有福同享,有难同当,他们是对方最亲近的人。一路上相互扶持,一起成长。他看似洒脱地离开,实际上是难过的暂别。

悟空的泪水中饱含着感谢，那个曾经被压在五指山下五百年的泼猴，被一位来自大唐的高僧拯救后，有了发自内心的改变，从原本一个放荡不羁的山大王，变成了一个一心向善的佛家人。他看似少见的泪水，实际上是他心里那道最柔软的坎儿。

俗话说得好："男儿有泪不轻弹，只是未到伤心处。"悟空是一位英勇善战，有智有谋的英雄，可师傅一直是他最尊重和喜爱的人，他的眼泪总是为唐僧而流，足以看出他的深情。他的眼泪里也包含着他的改变啊！

悟空的眼泪教会了我，要在生活中诚实守信，在交往中尽可能地去帮助别人更要感谢每一位帮助自己的人！

（谢灵熙）

第二节　"开卷有益"大家谈

一、设计意图

阅读能给人着上高雅的人生底色。阅读很重要，这是毋庸置疑的，但现在除了纸质版书籍，网络阅读的人群日益增加。阅读渠道多了，书籍的质量也存在着参差不齐的情况，把握不好就会误入歧途。开什么卷才有益？怎样开卷才有益？在初入中学时，有必要对学生进行引导。本课通过辩论的形式和案例分析的方式，引导学生正确处理阅读中的问题，让学生学会选择书籍，并能合理规划阅读时间，引导学生"与好书相伴"，真正做到"开卷有益"。

二、教学目标

一是通过"纸质书籍好还是电子书籍好"的主题辩论活动，让学生认识到两者之间的异同,能辩证认识两者的优劣,根据个人情况做出科学的选择,尽可能做到阅读纸质书籍。

二是通过"开卷有益"和"开卷未必有益"的主题辩论活动,引导学生重视书目的选择并合理规划阅读的时间。

三是通过案例的方式,让学生寻找最美阅读者,引导他们关注并审视自己的阅读生活,做"最美阅读者"。

三、教学重点

通过"开卷有益"和"开卷未必有益"的主题辩论活动,引导学生重视阅读书籍的选择并合理规划阅读的时间,养成良好的阅读习惯。

四、教学难点

引导学生把握好阅读电子书的度,既享受电子阅读的方便快捷,又能避免它带来的负面影响,尽可能多阅读纸质书籍。

五、教学准备

提前将辩论题发放给学生,让他们提前思考并准备。

六、教学时间

1课时。

七、教学过程

(一)课前小调查

1. 你现在正在阅读的书籍是_____。

2. 你采用的阅读方式是(　　)

A 纸质书 B 电子书 C 两者相结合

设计意图:了解学生的阅读情况和阅读方式,充分了解学情,为后面的活动做铺垫。同时,教师也提供了一次交流阅读书目的机会,能了解学生喜欢阅读的书目,为今后的阅读指导提供依据。

(二)辩论

1. 辩题一:纸质书籍好还是电子书籍好。

结合上边的小调查,将学生分为正反两方进行辩论,学生做出选择后,进行自由辩论。

虽然是自由辩论,但老师一定要发挥主导作用。让学生们认识到,随着时代的发展,喜欢电子阅读的人呈递增趋势,但有些同学迷恋于电子书籍,由此会带来一些不良影响,教师一定要引导学生认识电子书籍在方便阅读的同时,也存在的明显的不足。一是长期盯着屏幕看,眼睛容易造成损伤,可能导致视力下降;二是电子屏幕具有一定的辐射性,容易对我们的健康造成一定影响。纸质图书没有这些担忧,可以随时阅读,而电子书则需要充电或者购买电池,而且电池对环境的污染目前都没有好的办法解决。也就是说电子图书(包括电子书)的维护费用并不比纸质图书便宜多少。

设计意图:学生中喜欢电子阅读的同学比较多,但问题也显而易见,尤其是网络信息比较复杂,家长不容易管控,处理不当会让学生误入歧途。但对学生的教育宜疏不宜堵,通过辩论,让学生在了解电子阅读和纸质阅读的利弊,并了解学生阅读的方式,进行有针对性地指导,在潜移默化中引导学生阅读更多的纸质书籍。

辩题二:"开卷有益"和"开卷未必有益"。

学生自愿报名,组成正反两方,进行一次小型辩论会。

设计意图:"开卷有益"是人人皆知的道理,但随着时代的发展,我们面对的书籍内容日益丰富。学生要会选择书籍,开好卷有益,看不良书籍贻害无穷,做个"会选书的阅读者"。学生会选择阅读的时间也很重要,不会合理安排时间从而影响学习的例子屡见不鲜。通过辩论,学生能够互相探寻解决之道,正确处理阅读过程中出现的问题。

(三)谁是"最美阅读者"

老师出示以下案例,让学生从中挑选出"谁是最美阅读者"。

小佳是个"红楼梦迷",上中学的她,对红楼梦中的复杂的人物关系和作品主题有着深刻的理解。因为喜欢,她常常阅读到深夜,作业也不写,有时还把门悄悄反锁看书。爸妈见到小佳每天很晚才睡,以为老师留的作业太多,导致她写不完,就和老师联系这才知道孩子在阅读研究《红楼梦》。

小昊最近迷上了鬼故事小说,经常从街头报亭买这类书看。小昊妈妈发现后,最初没有当回事,后来发现孩子经常晚上熬夜,看后因为惊恐又不能好好睡觉,影响了第二天的学习。小昊妈妈看到他买这类书就扔掉,小昊将书籍带到学校看,老师发现后对他进行劝说,但他听不进去,每天都是萎靡不振。

小帅喜欢老师推荐的《骆驼祥子》,他读完后非常喜欢老舍的语言风格,又阅读了《四世同堂》《二马》《牛天赐传》。年级开展的读书交流会,他以"走近老舍的京味儿文学"为主题进行了交流,获得了极大的成功,成为同学们眼中的"老舍通"。

小奕经常在网上阅读网络爱情小说,有时出现一些链接,她会点开看,发现有些不良内容,但她执迷不悟,不但自己读,还将网站推荐给同学。后来,她还模仿这些不良作品,自己"创作",把自己写得不健康的小说发给同学们看。

设计意图:以上案例都是发生在我们身边的真实故事,在指导学生该"开怎样的卷"和"该怎样开卷"之后,结合身边的案例,让学生分组讨论分析,交流看法,以此审视自己、警诫自己。对开卷的书目、开卷的时间以及方式,会有更加深刻而清醒的认识。

（四）课后作业

1.制定自己阅读小计划

表 3-1　七年级第一学期阅读计划

七上必读名著推荐	《朝花夕拾》	《西游记》		
七上自主阅读推荐	《白洋淀纪事》	《湘行散记》	《猎人笔记》	《镜花缘》
自选书目				
主要的阅读形式				
主要阅读时间				
需要老师哪些帮助				

设计意图:结合课上所学,针对个人的实际情况,制定自己的个性化阅读计划,将课上活动得到的一些启示要加以体现,科学规划,对本学期的阅读做出统筹规划,正确处理好阅读和学习等关系。"好读书,读好书"让阅读成为习惯!

八、链接素材

中国作家谈读书

读书必须如蜜蜂一样,采过许多花,才能酿出蜜来。

——鲁迅

人类千百年以来保存智慧的手段不出两端:一是实物,比如长城等;二是书籍,以后者为主。在发明文字以前,保存智慧靠记忆;文字发明了以后,则使用书籍。把脑海里记忆的东西搬出来,搬到纸上,就形成了书籍,书籍是贮存人类代代相传的智慧的宝库。后一代的人必须读书,才能继承和发扬前人的智慧。人类之所以能够进步,永远不停地向前迈进,靠的就是能读书又能写书的本领。

——季羡林

书籍是炎夏的凉阴,是严冬的炭火,是治狂医骄的良药,是灵魂的伊甸园。但愿天下无尽书,化作生生世世伴。

——叶文玲

一本本书,为人生打磨出一个个亮面,古人说:"腹有诗书气自华。"一个人肚子里有了书,这个人就有了华光。我们必须让自己成为发光体,才能与世界的灿亮接壤。

——星云大师

你想美好吗?你就读书吧。不需要花费很多的金钱,但要花费很多的时间。坚持下去,持之以恒,优美就像五月的花环,某一天翩然而至,簇拥你颈间。

——毕淑敏

阅读是对一种生活方式、人生方式的认同。阅读与不阅读,区别出两种截然不同的生活方式或人生方式。这中间是一道屏障、一道鸿沟,两边是完全不一样的气象。一面草长莺飞,繁花似锦,一面必定是一望无际的、令人窒息的荒凉和寂寥。

——曹文轩

费尔巴哈说:"人就是他所吃的东西。"至少就精神食物而言,这句话是对的。从一个人的读物大致可以判断他的精神品级。一个在阅读和沉思中与古今哲人文豪倾心交谈的人,与一个只读明星逸闻和凶杀故事的人,他们当然有着完全不同的内心世界。我甚至要说,他们也是生活在完全不同的外部世界上,因为世界本无定相,它对于不同的人呈现不同的面貌。

记得上大学时,我认识一个图书管理员,他对我说,通过借书卡上的借书记录,就知道读者将来有没有发展前途,说得神乎其神,就像会算命一样。借书最多的和最少的,都不会有很大的发展前途。只有对读书加以选择,并在一段时间内阅读同一方向书籍的同学,将来最有可能成功。所以,在一定意义上说,读什么书就决定了成为什么人。

——余秋雨

对于年轻人而言,最好的老师就是阅读。年轻人的阅读应该分为几种类型。一是精读;一是泛读。人类的阅读浩如烟海,就算从刚具备阅读能力开始一直到白发苍苍,也读不到其中的万分之一,在这种情况下把阅读分为精读和泛读就非常重要。对那些已经被确认为经典的读物,我们应该认真读;对于现在的网络作品,一目十行地浏览一下,大概知道在讲什么就可以了。

——莫言

在当下青少年中提倡经典阅读,还有某种迫切性。青少年时期,读不读书,读什么书,都不是小问题。现在我们这两方面都出了问题。首先是不读书:一方面是在应试教育的压力下,除了课本和应考复习资料以外,没有时间、精力,也无兴趣读其他任何"与考试无关"的书,老师、家长也不允许读;另一方面,如果有一点课余时间也耗在影视和网络阅读上。——我并不反对影视和网络阅读,并且认为影视和网络确实提供了阅读的新的可能性,扩大了人们的视野,而且其明显的愉悦性对青少年具有巨大的诱惑力,这都是应该充分肯定的,但其局限也是明显的:有可能削减,以至取消了深度阅读和个性化阅读,因此如果以影视、网络阅读代替经典文本阅读,就会有很大的问题。这里还有一个读什么书的问题。像鲁迅所说,胡乱追逐时髦,"随手拈来,大口大口地吞下"的阅读——这颇有些类似今天的"快餐式阅读",吃下的"不是滋养品,是新袋子里的酸酒,红纸包里的烂肉":当下中国读书市场上这样的"新袋子""红纸"包装,实在是太多了,没有经验的青少年特别容易上当,但吃下去的却是"烂肉""酸酒",仰赖这样的"快餐"长大,是可能成为畸形人的。鲁迅因此大声疾呼:"我们要有批评家。"给青少年的阅读以正确的引导。"经典阅读"正是这样的导向:要用人类、民族文明中最美好的精神食粮来滋养我们的下一代,使他们成为一个健康、健全发展的人。

——钱理群

我们一起阅读吧

七年级上册语文推荐阅读《猎人笔记》

教师的话：

阅读经典，让我们能够跨越时空，了解久远的历史，认识当时的社会，弥补因年代久远而无法了解过去的缺憾，同时也会对作品中表现出来的思想感情，爱与恨，善与恶，美与丑也会产生共鸣和思索，甚至得到心灵的震撼和洗礼。《猎人笔记》是俄罗斯文学家屠格涅夫的成名作。它由二十五个独立成篇的故事组成，记录了从1847年到1849年间"我"的狩猎活动，它也是一部记述十九世纪中叶俄罗斯农村生活的随笔集。书中揭露了农奴主的残暴和农奴的悲惨生活，作者也因此被放逐。该作品体裁风格多样，语言简练优美，可谓散文化小说、诗化小说的典范。别林斯基评价该作品是"从一个前人所不曾有过的角度接近了人民"。

阅读它，你会了解那时那地那些人民的生活状态，也会走近一位伟大的作家，并会对他肃然起敬！

学生阅读感悟分享：

通过《猎人笔记》透视俄国的农奴制度

《猎人笔记》中有一句名言："你无论怎样喂狼，它的心总是向着树林的。"就像人类一样，无论在什么时候，我们也总是向往着无边无际的自由，总想在牢笼的束缚下闯出一片自己的天空。

《猎人笔记》的作者是俄国的屠格涅夫，他身为贵族，却深深地仇恨着俄国日渐兴盛的农奴制度。他借助书中的猎人形象揭露了俄国沙皇统治下广大农奴遭受农奴主残酷奴役的压迫，和农奴制的黑暗与残酷。文章中句句透着对农奴主的不满和厌恶，字字流露出对奴隶们的同情与慰藉。

在草莓泉一章中，出现了一位老庄稼汉，文中有一段对他的外貌描写："我回头一看，看见一个五十来岁的庄稼汉，他满身尘土，穿着布衫，脚上蹬着树皮鞋，肩上挎着一只背囊，搭着一件外衣。他走到泉水旁，干渴难忍地把水喝了个够，然后稍稍站起身。"这位文中出现的老庄稼汉是作者和杜曼出猎时在草莓泉旁遇见的弗拉斯，他是在莫斯科当马车夫的菲利普的父亲。文中有一段他与杜曼的对话，内容令人心寒。"到哪儿去啦？"杜曼问他。"到莫斯科去了一趟，去找老爷。""找他干什么""有事求他。""什么事求他？""求他把我的代役租减轻些，或者让我服劳役，让我住到别的地方去也行……我儿子死了，现在我一个人付不起。""你儿子死了？""死了。我那死去的儿子，"庄稼汉沉默了一会儿又说，"在莫斯科当马车夫，说实话，是他在替我缴纳役租。""难道你现在是缴代役租的？""那你家老爷怎么说？""老爷怎么说？他把我赶出来！他说，你竟敢直接来找我这种事有管家管着；他说，你先把欠的租还了再说。他发了好大的火。""那么你就回来了吗？""我就回来了。我本来想打听一下，我那死去的儿子有没有留下什么东西，可是毫无结果。我对他的东家说：我是菲利普的父亲可是他对我说：'我凭什么知道你是他父亲？再说，你儿子什么也没留下；他还欠着我的债呢。'我只好走了。"庄稼汉带着苦笑对我们说了这段经历，好像说的是别人的事，可是他那双眯细的小眼睛里噙满了泪水，嘴唇哆嗦着。

这段关于贫苦农民的描写揭露了老庄稼汉的家庭背景和他最近的经历，表面写的是老庄稼汉和儿子，实际是在衬托沙皇统治的黑暗和残忍。在农奴制的统治下，农民和奴隶成为农奴主和地主们肆意虐待、任意摧残灵魂的靶子，在压迫和抑郁下苟且偷生。书中类似的描写有很多，都大同小异，多是批判奴隶制的内容。为什么身为贵族王室的屠格涅夫如此同情农奴。他本该是暴行的实施者，本该是残暴无情的奴隶主，为何却对农奴们起了同情之心？

原因是他的母亲对农奴仆役十分专横残忍，常对他们施以酷刑。所以在屠格涅夫小时候,他那幼小的心灵就对黑暗的农奴制度产生了深深的憎恶。而他把他对农奴制度的不满和憎恶写进了他的作品中,用精神抗议,用文字去打败黑暗的社会,用言语去温暖那些受害的可怜的、无助的人类。屠格涅夫的厌恶,更是突出了沙俄统治的腐朽衰败和农奴制的压迫。在人们的不懈努力下,俄国终于解除了农奴制的枷锁,让人民获得了自由。让所有的"狼",随心回归树林。

(杨佳宁)

了解万恶的农奴制

——《猎人笔记》读后感

《猎人笔记》是俄国作家屠格涅夫对 19 世纪中俄罗斯农村生活的一部随笔集。此书主要描述农奴制的邪恶,以及屠格涅夫对底层人民的怜悯。本书最可贵之处不仅在于暴露农奴制的黑暗与残酷,还歌颂了劳动人民的优秀品德。

在《猎人笔记》中屠格涅夫是以一个猎人的面貌出现的,而按常理来说他难道不也是一个半地主半农奴制的人吗?成为农民的救世主的主要原因有以下几点:首先,他的母亲是富裕的地主,极其专横任性,而他母亲这种过分行为让屠格涅夫产生了愤慨和抗议。而这种愤慨就成为他创作《猎人笔记》的动机之一。其次,在一八三八年,屠格涅夫到德国柏林大学学习时结交了两位德国著名的哲学家并共同研究批判地主专制,受到很大影响。再次,1843 年,他结识了好友别林斯基。在他的帮助下屠格涅夫发展了对黑格尔唯心主义哲学的批判态度,使他的作品现实主义倾向更强。综上三点,屠格涅夫发表了著名的《猎人笔记》。

而且其中《总管》一篇中有一段让我记忆深刻:他用相当严厉的语气问一个侍从"为什么酒没有温?"侍从慌了,站在那里,呆若木鸡,脸色也白了。阿尔卡奇·巴夫莱契盯着他,目不转睛,平静地说:"我可爱的人,我在问你呢!"这个不幸的侍从站在原地,浑身发软,手里搓着餐巾,一句话也不说。阿尔卡奇·巴夫莱契低着头,皱起眉头,沉思地看着他。"啊,我亲爱的朋友,对不起",他含笑地说一边用手友好地拍了一下我的膝盖,然后又把目光停留在那个侍从身上,沉默了一会儿,他加了一句:"唔,出去吧。"说时,他扬起眉毛,按了按铃。走进来一个黑头发、低额头、眼浮肿和脸色阴沉的胖子。"关于费道尔……的事情要处理一下"阿尔卡奇·巴夫莱契泰然自若地说着。"是,老爷,"胖子答应了一声,便出去了。

读了很多遍,我脑中浮现书中的每一个场景。虽然这段文中没有说到侍从的下落,但通过对这个青年地主举止言谈以及对侍从的轻蔑表现可以得出侍从一定会遭受侮辱、挨打甚至会摧残至死亡。而且通过"相当严厉""盯""泰然自若"的细节描写可以看出年轻地主做这种事已经习以为常,毫无怜悯之心。而在后文,猎人(屠格涅夫)也表达了对这群地主的厌恶和怨恨,以及对底层人民的关怀和心痛。充分反映出他对农奴制的憎恶与愤恨。

随着《猎人笔记》的发行以及工业革命的发展,万恶的农奴制终于被掀翻。而历史也让我们牢记劳动人民善良、坚忍的可贵精神,让我们感谢屠格涅夫,一个富有正义感的"猎人"!

(白佳艳)

第三节 古人言,励志书

一、设计意图

如何面对中考,这是每一个升入初三的学生心中要思考的问题,用什么样的心态迎接中考,以什么样的方式走过这一年。在开学第一课,通过学习《劝学》《送东阳马生序》《励学篇》三篇文章,帮助学生打开心灵之门。借鉴古人的学习方法,学习古人的学习态度,提高自身的思想境界,认识到勤奋、专心对学习的重要性。所选的三篇文章中其中《劝学》《送东阳马生序》是八年级的学习内容,这次重读,重点要把握作者传递出来的学习方法;《励学篇》是补充材料,通过诵读,辨析,讨论了解学习的意义。

课标中对文言文教学的要求,在学生能借助注释和工具书理解内容的基础上,进行比较阅读,在不同文本中形成对学习的认识;初三下学期,学生在学习文言文方面已经有了较为扎实的基础和较好的语感,在已有的学习成果基础上加深对主题的理解,同时联系自身的学习生活,形成对学习的正确认识,让拼搏精神成为他们人生的宝贵财富。

二、教学目标

一是借助注释和工具书理解《劝学》《送东阳马生序》和《励学篇》的内容,了解作者对待学习态度和渗透的学习方法;

二是运用比较法,分析三个文本,进一步理解学习的意义。

三是研读古代读书人的人生追求,通过继承与批判的阅读方法,形成自己的认识,树立理想与目标。

三、教学重点

通过阅读《劝学》《送东阳马生序》和《励学篇》,向古人探寻学习方法,进一步理解学习的目的。

四、教学难点

运用批判性思维,在理解古代读书人的人生追求基础上,形成对现代社会有价值的思想的认识,并内化为自己独特的见解。

五、教学准备

课件、学生提前预习三篇文章,能读顺,读准。

六、教学时间

1 课时。

七、教学过程

（一）课堂导语

1. 说"文"解"字"

老师活动：在黑板上书写"態"字，问题：猜猜这个繁体字念什么？

学生活动：猜字，并说出理由。

老师解释：这个字念"态度"的"态"，提问：为什么"态"的繁体字这样写？熊——象征着力量大——心——从心，从能——好的心态拥有强大的力量因此有了这样的名言：态度决定一切。

改变态度，便能改变生活。一个人的态度，决定他的高度。

设计意图：通过汉字演变，激发学生进入课堂的兴趣，同时引起学生对"个人心态"与个人成长关系的思考。

2. 面对即将到来的中考你拥有怎样的心态呢？

学生可以自由回答。

3. 古人面对艰苦的学习过程也有自己的态度，譬如：诸葛亮曾这样告诫儿子"非学无以广才，非志无以成学"；刘向有诗云"少而好学，如日出之阳，壮而好学，如日中之光"；书法家颜真卿叮嘱我们："黑发不知勤学早，白首方悔读书迟。"孟母三迁更是成为千古佳话。今天我们就共同组建一组文本，去聆听古人关于读书的教诲。

设计意图：引入正题，让学生将学习内容与生活联系起来，渗透学习内容及学习目的。

(二)读古人言,明古人意

1.自主阅读三篇文章,熟悉文章内容。

文章一:《诫子书》·诸葛亮 ·三国时期

夫君子之行,静以修身,俭以养德。非淡泊无以明志,非宁静无以致远。夫学须静也,才须学也,非学无以广才,非志无以成学。淫慢则不能励精,险躁则不能治性。年与时驰,意与日去,遂成枯落,多不接世,悲守穷庐,将复何及!

文章二:《送东阳马生序》·宋濂 ·明

余幼时即嗜学。家贫,无从致书以观,每假借于藏书之家,手自笔录,计日以还。天大寒,砚冰坚,手指不可屈伸,弗之怠。录毕,走送之,不敢稍逾约。以是人多以书假余,余因得遍观群书。既加冠,益慕圣贤之道 ,又患无硕师、名人与游,尝趋百里外,从乡之先达执经叩问。先达德隆望尊,门人弟子填其室,未尝稍降辞色。余立侍左右,援疑质理,俯身倾耳以请;或遇其叱咄,色愈恭,礼愈至,不敢出一言以复;俟其欣悦,则又请焉。故余虽愚,卒获有所闻。

当余之从师也,负箧曳屣行深山巨谷中。穷冬烈风,大雪深数尺,足肤皲裂而不知。至舍,四肢僵劲不能动,媵人持汤沃灌,以衾拥覆,久而乃和。寓逆旅,主人日再食,无鲜肥滋味之享。同舍生皆被绮绣,戴朱缨宝饰之帽,腰白玉之环,左佩刀,右备容臭,烨然若神人;余则缊袍敝衣处其间,略无慕艳意。以中有足乐者,不知口体之奉不若人也。盖余之勤且艰若此。

文章三:《励学篇》·赵恒 ·宋

富家不用买良田,书中自有千钟粟。

安居不用架高楼,书中自有黄金屋。

娶妻莫恨无良媒,书中自有颜如玉。

出门莫恨无人随,书中车马多如簇。

男儿欲遂平生志,五经勤向窗前读

(1)借助注释和工具书理解文章和诗歌内容。

(2)小组合作,疏通文义,理解内容。

设计意图:理解文意是讨论的基础,三篇文章中两篇都是已经学习过的文章,在这一节课中,属于"温故",阅读难度不大。《励学篇》内容简短,通俗易懂。这部分设计为学生自学,小组同学间答疑解惑。

（3）课堂交流

问题1:《诫子书》中作者阐述的观点是什么? 从哪几个方面论述?

问题2:《送东阳马生序》作者写这篇文章,讲述自己的求学经历,赠送同乡后学,主要表达什么?

问题3:作者认为读书的目的是什么?

明确:《孙权劝学》:此文既记叙了吕蒙在孙权劝说下开始学习,之后大有长进的故事,也赞扬了孙权、吕蒙认真学习的精神,并告诫人们学习的重要性。

《送东阳马生序》作者在这篇赠言里,叙述个人早年虚心求教和勤苦学习的经历,勉励青年珍惜良好的读书环境,专心治学。文中生动而具体地描述了自己借书求师之难,饥寒奔走之苦,并与太学生优越的条件加以对比,有力地说明学业能否有所成就,主要在于主观的努力,不在天资的高下和条件的优劣。

《励志篇》是勉励人将书读好了,或者是读好书。

设计意图:考查学生通读后的学习效果。

(三)比较异同,寻读书意义

1. 课件展示

《孙权劝学》(司马光)《送东阳马生序》(宋濂)《励学篇》(赵恒)。

小组合作,依据自己的理解,表达自己的看法,同时倾听小组其他人员的看法,进行调整补充,然后完成任务卡。

表 3-2　任务卡

文本	被劝者	价值取向	劝学艺术
《送东阳马生序》			
《孙权劝学》			
《励学篇》			

设计意图:这三篇文章在内容上有一定联系,作比较阅读,寻找三篇文章的相同点和不同点.学生通过填写表格,做比较分析、比较理解,在研究中准确迅速地提取信息,从而获得对作品的深入理解。

2. 小组汇报交流

《送东阳马生序》送被劝者是晚辈马生;宋濂价值取向是苦学成才、乐学成才;作者是以自己作为例子进行劝说的,劝说的艺术是现身说法。

《孙权劝学》被劝者是吕蒙,他是大臣,价值取向是读书有益,孙权以自己为例证明读书有益处,这种劝说的艺术也是现身说法。

《励学篇》被劝者是读书人,价值取向是勤奋读书可以获得世俗名利,劝说时作者没有拐弯抹角,而是直接提出读书会获得功名利禄的观点,这种劝说是一种直白的劝说。

3. 你是否赞同三种读书的价值取向,思考、讨论,表达个人看法

设想 1 不赞同:读书不能只是为了追名逐利,读书还可以提高自身的素养,开阔自己的眼界。读书是在社会中寻求服务的价值,能为他人贡献自己的力量,并能提升自我修养。

设想 2 赞同:读书可以改变命运,穷人家的孩子通过读书,让自己生活得更好,这一点在现实社会中有的。

教师引导:《送东阳马生序》作者在这篇赠言里,叙述个人早年虚心求教和勤苦学习的经历,勉励青年人珍惜良好的读书环境,专心治学。文中生动而具体地描述了自己借书求师之难,饥寒奔走之苦,并与太学生优越的条件加以对比,有力地说明学业能否有所成就,主要在于主观努力,不在天资的高下和条件的优劣。《孙权劝学》以对话为主,开始仅以"蒙乃始就学"一句加以概括,至于他读了哪些书,又是如何用功的只字未提。但后文中吕蒙二人的谈话,只用一句"与蒙论议"来交代两人谈论的话题,吕蒙的哪些见解让鲁肃起敬的都略去不写。在这样简洁而传神的描写中我们可以感受到通过孙权的劝学,吕蒙学有所成。可见人应当好学、只要肯学习就会有进步。

但是在《励学篇》中,几句诗告诉我们读书带来的利益:书中自有千钟粟、书中自有黄金屋、书中自有颜如玉。如果不需要"千钟粟""黄金屋""颜如玉"是不是不需要读书了呢?

设计意图:建立开放而有活力的语文课堂是我们的责任。这道题目的设计更关注学生的阅读体验及学生的感悟和思考。同时老师的补充也是对学生的指导、引领和点拨。

4. 在现代富足的社会生活中,我们读书的意义在哪里

(1)读书和个人发展的关系。

在《平凡的世界》中,有一段话:"书籍可以把他从沉重的生活中拉出来,使他的精神不致被劳动压得麻木不仁。通过不断地读书,他认识到,只有一个人对世界了解得更广大,对人生看得更深刻,那么,他才有可能对自己所处的艰难和困苦有更高意义的理解;甚至也会心平气和地对待欢乐和幸福。"

(2)读书与社会的关系。

梁启超说:"少年强则国强。"少年靠什么强？靠知识,靠文化,靠意志品质,知识、文化、意志品质从何而来,从读书而来;所以,中国的青少年,爱国就要有强国的志向,强国需要大家的努力,怎么努力,该读书时多读书,多掌握知识、文化,多锻炼良好的意志品质,小而言之,是为了个人将来的生活更加美好,大而言之是爱国的具体表现。周恩来总理在青少年时就发出"为中华之崛起而读书"振聋发聩之言。

5. 小结

读书可以让自己变得更加强大,在收获知识的同时,收获能力,个人获得了幸福,改变了生活,同时也会为社会创造价值。你所获得是因为你对社会的贡献是社会反馈给你的,所以《励学篇》所提到的"千钟粟""黄金屋""颜如玉"只是一个代指,我们可以理解为美好的生活,但是我不同意最后一句话"男儿欲遂平生志,五经勤向窗前读"读书不能只读"五经",男儿的"平生志"也不应只是改变自己的生活,应该有更远大的理想抱负。相反,宋濂所提到的"学业能否有所成就,主要在于主观努力,不在天资的高下和条件的优劣"的观点值得我们借鉴。

强调阅读和生活的关系。在领悟三篇文章内涵的基础上,进一步讨论从中获得有意义的人生启示。同时对古代糟粕思想进行批判,引领学生有新的认识。

(三)回归现实,提升自己

1. 重新认识"态",谈谈学习后的体会.

2. 九年级是毕业年,在这一年中,中考将检验大家的学习业绩,那么我们这

一年是不是就是为了获取中考分数而努力奋斗？

小结：中考固然重要，但这只是你学习路上的一环，中考结束，还需要你脚踏实地地走入新的学习之旅，为此学习宋濂"以心中有足乐者，不知口体之奉不如人也"，我们现在是将"苦学"变为"乐学"，享受学习，才是学习者的最高的境界。

（四）课堂小结

活动以一首新改编的新时代的《励志书》："学习之旅伴一生，广开视野增才干。青春奋斗正当时，志高向远展宏图。"

八、素材链接

古人是如何劝学

古人向来重视学习，读书，为了劝人多学习，读书，他们绞尽脑汁，说了许多关于学习，读书的道理和好处，可谓巧言妙语，字字珠玑，不仅对古人有用，对现代人也大有裨益。

劝学

孟郊

击石乃有火，不击元无烟。

人学始知道，不学非自然。

万事须己运，他得非我贤。

青春须早为，岂能长少年。

解读：石头击打才会有火花，不击打的话，一点烟都没有。他的意思是告诉我们：人也一样，只有多学习，多读书，才能掌握知识，知识不会自己从天上掉下来。除了学习和读书，我们还要多思考，多实践，只有这样知识才能变成自己的。青春转瞬即逝，抓紧时间学习、读书吧。

唐朝颜真卿在《劝学》中说："三更灯火五更鸡，正是男儿发愤时。"他的意思是告诉我们："人生是短暂的，我们应该倍加，珍惜每一分每一秒，努力学习，努力读书。"

南宋陆游在《寒夜读书》里讲述了自己的学习、读书经历："韦编屡绝铁砚穿，口诵手抄那计年。不是爱书即欲死，任从人笑作书癫。"用来系书的绳子都断了好几次，铁做的砚台都被磨穿，又是口诵又是手抄，坚持了许多年。我爱书胜过了自己的生命，即使别人笑我书癫也无所谓。这是作者以身作则，从侧面给人警醒。劝诫人们，要热爱读书。

清代的萧抡谓也写过这样一首诗："人心如良苗，得养乃滋长；苗以泉水灌，心以意义养。一日不读书，胸臆无佳想。一月不读书，耳目失精爽。"这首诗举例了读书的益处与不读书的坏处，建议人们要热爱学习，读书要持之以恒，并将其道理表达得淋漓尽致。

名著链接：

对一个小说人物的定义，不能脸谱化，或者格式化，如果那样就会削弱学生阅读的思维发展，为此课堂上开展批判性阅读，是从新课程发展的需求出发的。批判性思维能使学生真正地"进""出"文本，提高阅读理解能力。在阅读教学中教师要提供批判空间，启发学生的批判意识，教师要精心进行预设，奠定批判基础，确定批读重点，把握批判方向，只有这样才能培养学生的批判性阅读意识和能力。下面这篇就是在学生独立思考后写下对简·爱的看法，但是学生的看法又比较片面，为此进一步引导学生阅读材料，在不否定的前提下，让学生在学习中形成新的认识。

学生阅读感悟分享：

《简·爱》，爱并不简单

初读《简·爱》，我欣赏的人有两个半，阿黛尔、黛安娜，那半个人则是幼年的简·爱，阿黛尔的淳朴善良，给予童年简·爱以亲人一般的温暖，黛安娜则是简·爱在洛伍德学校活下去的勇气，是她孤独无助时，一个最可依靠的怀抱，没有这样两个人，简爱灰色的生活会更加黯淡。而小说讲述了简·爱的成长史,但我为什么独独喜欢幼年的简·爱呢?

幼年的简·爱的经历是令人同情的。父母在她婴儿时就去世了,喜爱她的舅舅也撒手人寰,留在一个受人嘲讽、哪怕是家里的佣人也不会给她一点点尊重的人家。但看到她的反抗,她那倔强不屈的样子,我心里升腾的不是同情之心,而是佩服——即使在那样恶劣的环境中长大,她也能找到活下去的力量,领悟到"反抗"才能获取尊严,正直坚韧的她从不向外界压力低头,这样对坏人不一味宽容顺从,敢于反抗的思想是超越时代的思想。她骨子里有一种对自由的渴望,更有人与人不分贵贱,彼此平等,在这样的思想支持下,她欣然离开了那个冰冷的贵族家庭,走向了一个未知的,但她认为美好的世界,虽然后来这个世界,也让她遍体鳞伤。

所有的欣赏随着后来情节的发展,而发生了变化。成年后的她变了!

爱情迷惑了她的双眼,让她变得感性,变得缺少自己的个性,她死心塌地地爱上了罗切斯特,即使后来罗切斯特向她忏悔,他假装爱慕英格拉姆小姐,只是故意使她嫉妒,使她难受。这样的话在我听来是多么的虚伪。我无法理解,她怎么容忍得了一个大她二十岁的男人这样矫揉造作,向十几岁的孩子耍着手腕;我无法理解,她为什么对一个比她多出至少二十年社会经历、做得到轻而易举欺骗她的男人,突然的求爱没有任何警惕;我无法理解她为什么毫不怨恨一个已有妻子却理直气壮向她求婚的人;更无法理解她为什么不直接拒绝圣约翰的一切无理要求甚至还觉得自己做错了……这是她的"长大""成熟"吗?不!我认为不是,我觉得她变"软弱了",开始把社会世俗的标准作为自己的标准,开始成为一个普通的毫无个性的女子,那个童年倔强、不屈服的简·爱没有了,那个在罗切斯特表白时能说出"您以为我穷,不好看,就没有感情吗?告诉你吧,如果上帝赐予我财富和美貌,我会让您难以离开我,就想我现在难以离开您。可上帝没有这样做,但我的灵魂能够同您的灵魂说话,仿佛我们都经过了坟墓,平等地站在上帝面前"这样掷地有声话语的简·爱没有了!

我有些失望,但又不甘心,再读、再读,寻找各种评价,我终于知道,就是这一小点不同,才造就了独特的简·爱,让我体会到她的爱并不简单。

列夫·托尔斯泰说:"《简·爱》表达出的思想,即妇女不甘于社会指定她们的地位而要求在工作上以及婚姻上独立平等的思想,在当时是不同凡响的。"当时是什么时候? 我疑惑。查询资料,我知道,作者创作《简·爱》时的英国已是世界上的头号工业大国,但英国妇女的地位并没有改变,依然处于从属、依附的地位,女子的生存目标就是要嫁入豪门,即便不能生在富贵人家,也要努力通过婚姻获得财富和地位,女性职业的唯一选择是当个好妻子、好母亲。当时的女性要想独立自主,会被认为违背了正当女性气质,还会受到男性的激烈攻击,所以简·爱的诞生,是对一个时代的宣战。作者夏洛蒂好伟大,她塑造的简·爱,让女性在文学中也有了一席之地。这就是所说"想要影响时代,首先要被时代所接受"。简·爱做到了当时一个"正常的、值得赞赏的人"的所有要求,她才能让当时的人们认为她的反抗是勇敢,而不是大逆不道。为此,她要温顺、和善、她要在"叛逆"与循规蹈矩中犹豫挣扎、她要为她不符合世俗眼光的行为自责、她要在一切关键时刻表现出她心地善良……

可是,她还是一往无前。夏洛蒂·勃朗特创造出简·爱,是要简·爱做燎原的星火、以一个"柔弱"女子的力量撼动一个时代的人的思想! 为了让世界更好、为了我们不用再受受过的苦、为了以后的人一出生就拥有和男性一样平等的地位。

幼年的简·爱是简·爱的内在,长大的简·爱是夏洛蒂为了让世人接受她、让她从世人心中改变世人而包裹的外衣。也许历史局限让夏洛蒂认为简成年后所做的一切都是正常的、应该的,但是我更愿意相信,夏洛蒂的心里住着一个真正不顾世俗、自由自在、风风火火,可以没有任何限制地跑、跳、翻滚可以让一切改天换地的简·爱。

简·爱已经住在我们心里。

我们是生活在一个幸福的时代,享受亲情之爱,友谊之情,再长大些,还可以追求自由的恋爱。我们所获得的这些,是无数个夏洛蒂们,无数个拥有自由思想的人们,一小步、一小步,走出来的平等之路,愿这条路越走越宽,让更多人能追求属于自己的幸福。

(买凌玫)

第四节　新学期,从学会阅读开始

一、设计意图

在碎片化阅读时代,阅读的时间越来越少,对八年级的学生来说阅读愈显得重要。学习科目的不断增加,学习任务的不断加重,教师如何指导学生有效阅读迫在眉睫。开学第一课,从如何阅读八下语文整本书开始,帮助学生认识已掌握的阅读技能的价值,介绍几个阅读技巧,提高阅读信心,开启新学期的愉快之旅。

二、教学目标

一是浏览语文八年级下册目录,知晓结构体系、内容,文言诗词及名著阅读。

二是介绍几个可供选择的阅读技巧。

三是提高阅读信心。

三、教学重点

一是浏览语文八年级下册目录,知晓结构体系、内容,文言诗词及名著阅读。

二是介绍几个可供选择的阅读技巧。

四、教学难点

一是掌握几个可供选择的阅读技巧。

二是提高阅读信心。

五、教学准备

一是学生课前预习整本语文书,初步进行梳理。
二是准备工具:铅笔、纸、空白卡片、计时器。
三是熟悉的阅读材料,例如喜欢的杂志或者报纸。

六、教学时间

1课时。

七、教学过程

(一)七嘴八舌大话新书

八年级的我们,对语文教材构成体系已经不陌生。那么,这节课就一起来聊一聊这位既熟悉又陌生的朋友吧!熟悉是从哪些地方看出来的?陌生又是从何谈起呢?

学生讨论后得出结论:熟悉的是每册六个单元,每个单元包含阅读和写作两大板块,不同单元穿插口语交际、综合性学习、名著导读、课外古诗词诵读等栏目(让学生画思维导图,形成整体认识)。陌生的是第三单元为事理说明文,第四单元为学习演讲词、撰写演讲稿、举办演讲比赛。

设计意图:在开学第一课上,开卷有益从熟悉教材开始。让学生们翻看一下课本,整理目录,对语文学习的内容有清晰而完整的认识,有利于学生在学习时抓住学习重点,明确学习的目标和方向。

(二)你说我议明主题

每个单元前,都有对本单元介绍的导读文字,它不仅让我们知道本单元文章编排的主题,还具体明确提出本单元我们在阅读中要达成的训练目标。以及举例介绍事物说明文和事理说明文区别。

设计意图:在浏览教材目录后,带领学生翻开每一单元的单元导读。六个单元,每个导读介绍了单元的主题,明确了阅读训练的要点和技巧。其中,着重介绍本学期的新朋友"说明文",这一初中生必需掌握的应用文阅读及相关知识。

(三)引向纵深话阅读

同学们,我们通过刚才环节,梳理语文书的结构,让我们对整本书有了清晰的了解。通过阅读目录和单元提示,知晓每个单元主题和训练的目标。可是,我们在日常生活、学习中都有很多要阅读的地方:翻开教科书,需要阅读;打开手机,需要阅读;商场购物,也会阅读。那么,我请问大家你有哪些阅读障碍呢?

在提高阅读能力的过程中,你可能存在一些阅读的障碍。自由发言,请同学们谈自己以往阅读中出现的障碍问题。教师明确:

第一个原因:态度。

学生填空:我是一个(　　　)的读者。(可供选择的词语有:速度慢的、懒惰的、不读书的、喜爱阅读的、昏昏欲睡的、死气沉沉的……)

第二个原因:缺乏阅读训练。

向学生提问:你进行过阅读训练或者参加过提高阅读技能的培训吗?

第三个原因:要读的东西太多。

我们每天要读的东西太多了。除了所学科目,还要读一些名著,有时也要上网了解新闻等,还有其他自己喜欢阅读的内容。

设计意图:俗话说:"知己知彼百战不殆。"要想让学生学会阅读,提高阅读速度,提升阅读质量,那就要让学生先认识到自己在以往阅读中可能存在的阅读障碍。因为学生从小到大在阅读方面,无论是来自父母,还是老师,都存在这样几种误区:必须一个字一个字地读或必须大声读或用手指着阅读或你必须彻底理解你读的东西,不能囫囵半片等。这些固有的阅读观念和阅读习惯影响着学生阅读速度。因此,本环节重点让学生加强阅读训练。

（四）高效阅读献妙招

师：同学们，下面我将重点给大家介绍几种阅读速度的小妙招，来帮助大家提高阅读信心。我将快速阅读比作赛车，你不必先成为一个赛车迷，才能成为一个阅读高手！

第一招：空白卡片法。

师：请同学们拿出事先准备好的空白卡片。你平时读书时，把空白卡片放到阅读的什么地方？

有的同学把空白卡片放在阅读页的下面。

有的同学把空白卡片拿在手中。

有的同学不知所云，不知往哪里放。

……

师：有的同学使用过空白卡片，有的同学没有使用过。现在来教大家一种提高我们阅读速度的方法。请以往使用空白卡片的同学记住，当我们阅读时，习惯把卡片放在正在读的那一行的下面，但这是不合理的。想象一下：你为什么挡住眼睛将要看的东西而留下已经看完的东西？这是一个低效、被动的阅读习惯。所以正确的阅读方法是让空白卡片覆盖已经阅读的内容，留出将要阅读的内容。

操作训练：请拿出你准备的杂志、报纸，或者翻开新书，采用此方法。一边阅读一边根据自己的阅读速度向下移动卡片。

第二招：视线摇摆法。

师：阅读时头不要移动，只移动双眼；沿着每行横着读，而不是向下读；边读边理解。

阅读材料如下：

本练习	的目的	在于训练
帮助眼睛	左右移动	的小肌肉群
不正确的	阅读习惯	时常导致
这些肌肉	不规律	又低效

地运动。试着让你的眼睛按照每行移动三次的节奏运动。试着感受使眼睛移动的六块小肌肉的轻微拉动。有些短语很短其他的更长些。这是有意的。不同的人看到的每行宽度各不相同。在这些练习中试着将一眼看到的所有单词看作一个组合。眼睛注视每个字词组合的中间点。有时你会感到你的视野范围似乎拉宽了。那就太好了!也有时短语太短了。我们需要追求越来越宽的字词组合。这样你的眼睛就会一次性捕捉到越来越多的词语试着连续几天每天阅读这个练习两三遍。每次阅读时记录下你花费的时间你很快就会掌握这个要领。当你看每个短语时不要让眼睛"滑过"或者"掠过"而是看短语的中间部分。有力地、迅速地瞥一眼。一次看全了。然后继续往下看再往下一直这样,直到练习的最末尾。现在,你花了多长时间来阅读这一段?把时间记录下来。

师:现在,大家已经尝试并理解了这个联系,现在让我们再读一次上文,这次只求速度,不求理解。(示意计时员)各就各位,预备,开始!

第三招:双手并用法。

师:双手并用法是使用双手食指作为阅读加速器的方法,用来帮助你集中注意正在读的一行文字,同时又引导你继续向下读。具体要领,左手食指对准一行文字的开头,右手食指对准一行的末尾,这样双手间就是一行完整的文本。你的手里必须空无一物。阅读时,从左到右,再从右到左快速移动视线,慢慢地、不停地向下移动手指到一行的左右两端。你可以使用关键词法,或者上面练习中的意群法辅助阅读。当你越来越熟练时,手指移动的速度可以加快。

阅读文本:鲁迅《社戏》片段。

第四招:"地图"阅读法。

师:阅读前使用"阅读地图"是指使用"预览"的方法。预览是有意识地、专门地在真正开始阅读前,通读整篇阅读材料的方法。这种精心的阅读过程让你可以熟悉作者的写作框架,从而在开始前就掌握阅读的方法。本学期,我们学习的说明文单元采用阅读"地图"法,将收到事半功倍效果。

1. 让我们先来了解"阅读线路图"。

#	旅程名称——题目
	旅程出发地点——引言段
§	沿途城市——副标题
T	沿途小镇——每段首句
–	各条道路——每个段落
<	旅游目的地——概要或者结束段
(?)	旅程是否完成——结尾问题

2. 阅读第二单元第一篇《大自然的语言》,采用"阅读线路图"的方法

　旅游名称——《大自然的语言》

旅程出发地点——引言段(1—3):由一年四季丰富的物候现象的描绘,引出物候和物候学。物候现象就是"大自然的语言"。

　　　沿途小镇——

1)物候观测对农业生产的重要性→纬度

2)说明决定物候现象来临的因素→经度

< 　　　旅游目的地——结束段:研究物候学的重要意义

设计意图:本环节介绍四种阅读策略,目的在于通过四种方法的介绍,让学生认识到提高阅读速度是有方法可循的。对学生而言,阅读是他们必须做的事情,而不是喜欢做的事情。很多学生认为自己是个读书速度慢的孩子,或者阅读能力很差。通过以上几个妙招,教师告诉学生练习是提高阅读速度的重要方法。

（五）快乐阅读扬帆行

如何真实有效提高阅读速度?

1.持之以恒地练习。让每一名同学根据今天老师介绍的四种提升速度,依据自身情况,选择其中一种,或者两种制定每天的阅读训练计划。训练计划,可以利用微信小程序中的小打卡,或者采用"晓黑板"软件,全班同学进行挑战21天,30天,60天。每天具体评比方案:

21天阅读训练小达人	
姓名:	时间:
阅读内容:	(《钢铁是怎样炼成的》等名著,或课本内容、杂志等)
提速小妙招:	
监督人:	(家长或者同学)
阅读时限:	
自我评价:	
监督人评价:	

2.利用一个学期的时间,我们将高效阅读进行评比。学期初安排每天3分钟阅读专项训练,每天利用手机公示每名同学打卡情况,每星期评选出优秀同学,进行积分奖励。21天后,积分排名前10名同学,可兑换小礼物。

设计意图:"良好的开端是成功的一半",开学第一课,教会学生如何阅读。挑战21天打卡,以打卡提高学生阅读速度,以兑换奖品提高学生阅读兴趣,让成长看得见、摸得着。这样,教师能有效激发学生积极参与度,让学生投入阅读比赛活动中,提升阅读能力。

（六）课下作业

1. 制定 21 天挑战速度阅读打卡计划。

2. 邀请同学,或者家长加入提速打卡阵营,想想在打卡中可能遇到的问题,及如何解决这些问题。

设计意图:每一项活动的开展,都不是一帆风顺的。学生多年形成的固有的阅读习惯已经根深蒂固。因此,在这个环节中,同学之间,父母和孩子之间,谈一谈如何根据计划执行活动,把自己可能存在的问题进行思考、汇总、及采取什么样有效的方法克服困难。如果每天没有完成,怎样进行补救或调整计划。

八、链接素材

名人的读书方法

张溥七录法。明代文学家张溥,年幼时天资不佳,记忆力较差。虽然还算得上勤奋好学,但读过的书,过后便忘了。他很是苦恼,曾经气得用拳头擂自己的脑袋,大骂自己是笨蛋。不过,他并不因为自己天资较差而气馁,仍然刻苦攻读,孜孜以求。并且根据自己"笨"的特点,想出了一个"笨"办法:每阅读一篇新的文章,都工工整整地将它抄在纸上,一边抄一边在心里默诵。抄完后高声朗读一遍,并不将它保存起来,而是立即投进火炉里烧掉。烧完之后,再重新抄,重新读。这样连续 7 次,一篇文章就等于读了 14 遍,不说滚瓜烂熟,但其主要内容总是记住了的。这样长年累月地读书、抄书是很辛苦的,张溥的手磨起了老茧,一到冬季,冻裂淌血,钻心般的疼痛,但他仍然坚持不懈,多年如一日地下他的"笨"工夫。

他还将自己的书房取名为"七录书斋",以自勉自励。功夫不负有心人,经过多年的努力,张溥终于成为有影响的文学家,写出了《五人墓碑记》等名作,并编辑了《汉魏六朝三百名家集》等有价值的书籍。

老舍的"印象"法。老舍说:"我读书似乎只要求一点灵感。'印象甚佳'便是好书,我没工夫去细细分析它……。'印象甚佳'有时候并不是全书的,而是书中的一段最入我的味;因为这一段使我对全书有了好感;其实这一段的美或者不足以破坏了全体的美,但是我不管;有一段叫我喜欢两天的,我就感谢不尽。"

鲁迅的"跳读"法。鲁迅先生认为:"若是碰到疑问而只看那个地方,那么无论到多久都不懂的,所以,跳过去,再向前进,于是连以前的地方都明白了。"这种方法是对陶渊明的"不求甚解"读书方法的进一步发挥。它的好处是可以由此节省时间,提高阅读速度,把精力放在原著的整体理解和最重要的内容上。

华罗庚的"厚薄"法。华罗庚主张读书的第一步是"由薄到厚"。就是说,读书要扎扎实实,每个概念、定理都要追根溯源、彻底清楚。这样一来,本来一本较薄的书,由于增加了不少内容,就变得"较厚"了,这是"由薄到厚"。这一步以后还有更为重要的一步,即在第一步的基础上能够分析归纳,抓住本质,把握整体,做到融会贯通。经过这样认真分析,就会感到真正应该记住的东西并不多,这就是"由厚到薄"这样一个过程,才能真正提高效率。

杨振宁的"渗透"读书法。杨振宁教授认为既然知识是互相渗透和扩展的,掌握知识的方法也应该与此相适应。当我们专心学习一门课程或潜心钻研一个课题时,如果有意识地把智慧的触角伸向邻近的知识领域,必然别有一番意境。在那些熟悉的知识链条中的一环,则很有可能得到意想不到的新发现。至于那些相关专业的书籍,如果时间和精力允许,不妨拿来读一读,暂弄不懂也没关系,一些有价值的启示,也许正产生于感动之中。采用渗透性学习方法,会使我们的视野开阔,思路活跃,大大提高学习的效率。

八年级下册语文必读阅读《钢铁是怎样炼成的》

教师的话："人最宝贵的是生命。它给予我们只有一次。人的一生应当这样度过：当他回首往事时不因虚度年华而悔恨，也不因碌碌无为而羞愧。这样在他临死的时候就能够说：我已把我整个的生命和全部精力都献给最壮丽的事业——为人类的解放而斗争。"在国民经济恢复时期，保尔又一次次地面临死亡的威胁，但他始终没有丢失生活的勇气与战胜未来的力量。"战斗下去"或是"立即死亡"成为伴随保尔毕生的选择。让我们一起走进保尔，去聆听他讲述生命的意义。

学生阅读感悟分享：

钢铁是怎样炼成的
——读《钢铁是怎样炼成的》

20世纪，一篇脍炙人口的小说将钢铁精神推向了文学的舞台。

保尔·柯察金，《钢铁是怎样炼成的》中的主人公，钢铁精神的代表，这样的精神是在不同的条件下炼成的。

因为被迫辍学，保尔在一家车站食堂烧起了铜壶。他比任何人都要勤奋——他不想失业，但他看不惯普罗霍尔欺辱其他女工，因而发生了纷争。不断地工作，使他筋疲力尽，忘记了流水的水龙头——他失业了。因为这两件事，在保尔的心中燃起了工人阶级的斗争意识——布尔什维克共产党。

钢铁在不断地教导下炼成。费奥多尔·朱赫来，坚强的布尔什维克，他对年轻的保尔讲述了严峻的生活的真理，将保尔推上了革命的道路。朱赫来教会了保尔与资产阶级斗争的方式，因而使保尔战胜了小公子列辛斯基。朱赫来神圣、高大的形象，是革命中保尔所敬仰的。

　　钢铁在不断地磨难中炼成。在一次抢救木材时,保尔受了重伤。但是,坚强的保尔活了下来,脚伤刚好一点,勉强能走路时,便又准备离开家。他的母亲极不情愿,想要他留下来,而他却说:"为了共产主义事业,我必须离开。我要参加到战斗的行列。"受尽磨难的保尔爬了起来,但繁重的工作让他的身体彻底垮了下去——全身瘫痪、双目失明。

　　钢铁在百般的照料下炼成。全身瘫痪、双目失明的保尔悲痛欲绝,但是保尔和他的妻子达雅以坚强的毅力克服了悲剧命运的打击,他准备走上文学革命的道路。他指导达雅参加革命,同时自己在达雅的照料下开始写作。保尔战胜病魔,以惊人的毅力完成了作品《暴风雨中所诞生的》,他又以笔为戈重新回到了战斗英雄的行列中。

　　钢铁是在不断的压力下、不断的教导下、不断的磨难中、百般的照料下诞生的。人的一生应该怎样度过才会有意义?像保尔这样,将共产主义发扬光大,凝聚钢铁精神,铸就英雄人格。

(张俊熙)

读《钢铁是怎样炼成的》的点滴感受

　　《钢铁是怎样炼成的》是一本很感人的书,这本书的主人公是保尔。这本书是一本红色书籍,讲述了保尔的故事……

　　保尔在学校搞了一个恶作剧,结果被开除,只好找个工作。他在食堂工作,一干就是一天一夜,受尽欺负,不久又被开除了。后来保尔加入了共青团。他每天带着自己的队伍去修铁路。一条新修的路基从车站的石头货台一直延伸向森林。一大帮密集的人群在路基周围劳动。他们用力地挖着土,铁锹碰着石头,铿然作响,铁器相碰发出沉重的撞击声。那时是冬天,大地就像盖上了白色的地毯。可保尔还穿着一件单衣,为了国家和人民,他们选择了第一线,选择了奉献,用自己的身体乃至生命,在艰苦的环境中默默付出着。

　　不久,保尔生了一场重病,做了手术,直到能站起来的时候就要求加入工作。看到这里,我被保尔打动了,他生了病,能站起来就要去工作,体现了保尔为人民服务的精神。

保尔加入共青团时,减少了工作量,但还身体依然不舒服,后去医院检查,原来保尔因为没有休养好就加入工作,连大脑都有问题了!

保尔只能回家。他的病一天比一天严重,直到保尔瞎了,看不见东西了。可是保尔不灰心:难道这就是我的命运吗?于是,保尔在朋友的帮助下,用生命写成小说《暴风雨所诞生的》。

保尔是为人民服务的,他面对看似无法逾越的困难,用一颗坚持而勇敢的心将它打败。历经困难的蜕变,才会获得新生,寻找到为之奋斗的目标。

保尔能做到的,我怎么做不到? 我想,我还是太追求安逸了,面对困难我会畏缩,面对批评我会反驳,面对挑战我选择逃避,我为什么就不能像保尔那样英勇顽强,有自己崇高的理想追求,我想此刻,我真该好好反思自己了。

(高博智)

第五节　好书有约——制订学期读书计划

一、设计意图

以同伴的好书推荐、老师寒假推荐的阅读书单和本学期必读的名著书目作为阅读范围,让学生在学期伊始规划好自己本学期的阅读内容,以计划督促自己每天阅读,从而养成阅读的好习惯,让读书成为一种生活方式。

二、教学目标

学会制订一份完善的可行的读书计划。

三、教学重点

学习制订一份读书计划。

四、教学难点

学习制订一份完善的可行的读书计划。

五、课前准备

给学生打印好制订计划的表格与材料。

六、教学时间

1 课时。

七、教学过程

（一）导入

新的学期开始了，"一年之计在于春，一日之计在于晨"，一学期读书之计在于语文开学第一课。上节课我们听了许多同学给我们推荐的好书，想必一定激发了其他同学跃跃欲读的念头。寒假里，老师也给大家推荐了一个阅读书单，限于时间的关系，许多同学想读的还没有读到。部编教材里要求必读《骆驼祥子》《海底两万里》。在有限的时间里如何保证阅读的数量与质量，就需要提早做规划。初中语文课程标准对 7 至 9 学段学生关于阅读标准第 12 条这样表述："学会制订自己的阅读计划，广泛阅读各种类型的读物，课外阅读总量不少于 260 万字，每学年阅读两三部名著。"这节课，我们就来一场好书有约之旅，一起制订、交流与完善本学期的读书计划。

（二）确定本学期要读书目

教师发表格，每个学生填写表格。（此环节也可以在课前完成）

表 3-3　必读书目表

必读书目	《骆驼祥子》 字数约　　万字			《海底两万里》 字数约　　万字		
选读书目 （至少两本）	《　　　》 字数约　万字	《　　　》 字数约　万字	《　　　》 字数约　万字	《　　　》 字数约　万字	《　　　》 字数约　万字	

（三）初步制订的阅读计划。

教师提阅读要求：课标规定 7 至 9 学段的学生"养成默读习惯，有一定的速度。阅读一般的现代文，每分钟不少于 500 字。"七年级学生每天要坚持阅读 20 分钟，即每天的阅读量不少于一万字。一周按 5 天阅读来做计划，一学期按 4 个月制订计划，完成至少 80 万字的阅读量。

教师发月计划表，学生按阅读要求填写计划表。

表 3-4　阅读计划表

月份	阅读书目	完成情况（字数、章节）	自己或家长对我的阅读评价（五星评价）
第一周			
第二周			
第三周			
第四周			

小组交流自己的计划表，互相提出需要改善的以及保证计划执行落地的意见。选出优秀代表在全班展示自己的计划表，并说明自己选读这些书的原因，以及落实自己的计划。根据交流，学生修改并完善自己的阅读计划表。把计划表贴在自己的书桌上。

我们一起阅读吧

推荐书目《红岩》

教师的话：

罗广斌和杨益言创作的优秀长篇小说《红岩》，自 1961 年 12 月《红岩》由中国青年出版社正式出版，迄今在该社已印刷了 170 多次，它激励、影响了无数中国人，被誉为"共产主义的奇书"。

在书中你可以看到地下工作者伪装为侦探传递情报等跌宕起伏的情节，也可以看到无数意志坚定、宁死不屈、大义凛然的共产党人，也可以感受到狱中友人相互激励、舍己为人的深厚情谊，当然也会看到叛徒特务的丑陋狡诈。在读这本书时，你可以分析一个个伟大的英雄人物，或者可以透过他们的话语和故事探究红岩精神，或者研究《红岩》中的诗歌、对联，讲述一下诗歌、对联传递了怎样的精神力量。

学生阅读感悟分享：

看解放前夕，感悟红岩精神
——"红岩精神"研究报告

《红岩》这部书讲述了重庆解放前夕，在"中美合作所"、渣滓洞这些国民党反动派的牢房里，以许云峰、江姐等为代表的共产党人，面对国民党反动派的酷刑折磨，用信仰、忠诚和坚强意志，与敌人斗争到底，让敌人一筹莫展、无计可施。他们牺牲自我，指引其他同志成功越狱，用生命谱写了一首胜利之歌。

红岩精神是什么？我想通过书中中国共产党员震撼人心、感人至深的故事展开分析。

许云峰是重庆新市区委书记，他广纳贤才，善于发现和引导优秀青年，发展他们加入共产党，壮大革命力量。在他的组织发动下，党的工作有了很大起色。他警觉果断,能敏锐地识别风险,在听完陈松林的叙述后果断做出撤离书店决定,保全了重庆地下党的主要力量;他意志坚定,面对敌人的威逼利诱,他坚决保守党的秘密;他舍生取义,最后关头,用双手挖出生命通道,他没有自己逃脱,把生的希望留给了更多的同志。

江姐,一位机智勇敢、大义凛然、宁死不屈的女中豪杰。她从点滴细节中发现甫志高已经叛变,她护住组织秘密并及时掩护其他同志撤离,保住了党组织秘密和后备力量;她意志坚定,当看到丈夫不幸牺牲,首级被敌人悬挂示众时,仍强忍悲痛,继续完成党交给的任务;她大义凛然,面对敌人各种酷刑折磨,始终勇敢抗争,宁死不屈。

刘思扬出身于地主家庭,本可以享受荣华富贵,却早早投身革命,为了革命理想信念散尽家财;他坚守信念,宁肯放弃亲友的营救,拒绝接受反动派的"廉价自由",绝不背叛革命和党组织。

华子良一位忍辱负重、默默付出十五年的无名英雄。他有执着的信念,这种信念让他在敌人眼皮底下装疯卖傻、深藏不露,与敌人斗智斗勇,在狱中发挥了至关重要的作用,最终他的联络帮助同志们成功越狱。

是什么,使许云峰视死如归、大义凛然?是什么,使江姐在反动派惨无人道的折磨下仍然坚贞不屈,始终保持共产党员的钢铁意志?是什么,使刘思扬放弃富豪家庭,为掩护同志们安全越狱,倒在用鲜血染成的红岩上?又是什么,使华子良在被关的十五年内,牢记党的指示,装疯卖傻,麻痹了敌人,为同志们成功越狱创造了条件?我想一定是信仰,是革命先辈对党的信仰,对党的热爱与忠诚,对成立新中国的坚定信仰,对人民的热爱。许云峰、江姐、刘思扬、华子良以及和他们一样的共产党人,他们坚强勇敢、顽强不屈、顾全大局,牺牲了自我,用精神和坚定的信仰筑成铜墙铁壁,最后打败反动派,成就新中国的胜利!这是多么强大的力量啊!我想这就是红岩精神!

生活在当下的我们,一定要珍惜眼前的幸福生活,要铭记革命先辈们为了我们现今的美好生活付出的牺牲。学习他们执着信仰,学习他们乐观的精神,学习他们顽强不屈的品质。哪有什么岁月静好,正是像《红岩》中许云峰、江姐一样的革命先辈们替子孙负重前行,用鲜血和生命换来了我们当下的幸福生活。

红岩精神需要我们传承,尤其在当下,中国正面临着严重的病毒疫情,医护人员发扬红岩精神,冲在抗击病毒的最前线,不顾安危,舍己救人!我坚信,只要我们坚持信仰,相信党的领导,牢记红岩精神,全国人民众志成城,共同抗击着病毒,就一定会战胜疫情,渡过难关!

(刘博)

红岩英雄许云峰

鲜血和生命铸就的红岩精神究竟会不会褪色?当我拿起《红岩》这本书时,答案已经揭晓。红岩精神代代传,革命英雄不能忘。读完这本书,许云峰这位优秀的共产党员给我留下了深刻的印象,他成为我心中的英雄。

1916年,许云峰出生于江苏省江都区。幼年时,因生活所迫,不得不中途辍学,到本地的一个钱庄当学徒。1931年"九一八事变",他积极投身到抗日救亡的洪流中。1938年5月,许云峰加入中国共产党,投身革命工作。1939年春,许云峰担任中共川东特委青委宣传部部长。

1940年,调任重庆新市区委书记,他带领新市区党的工作,取得了很大的进步。作为一个进行过长期地下斗争的领导人,他一出场,就显示出他高度的政治敏感。沙坪书店里,陈松林的卧室里增添了一套盥洗用具,郑克昌抄袭的诗歌以及书店的变化,他仔细地观察思考后感觉到不安和危险,当机立断撤销这处联络站,转移人员,停开区委的一个会议。甫志高叛变,带领特务突然出现在茶园的时候,许云峰为了掩护市委书记李敬原,挺身而出,迎着叛徒走去,表现了他顾全大局、独当危难,赴汤蹈火的英雄气概。

不幸被捕后,许云峰被押往国民党军统的渣滓洞、白公馆。在监狱中与狡猾的特务头子徐鹏飞面对面的斗争中,他沉着冷静,巧妙地把敌人引入错误的判断,保护了同志和组织,显示出他非凡的胆识和过人的机智。每当有危险的时候,他作为狱中中共秘密支部的核心成员,就鼓励大家:"越是关键的时刻,我们越要叫敌人知道,共产党人是不可动摇的。"

1949 年 11 月 27 日，重庆解放前夕，蒋介石下令对狱中的革命者进行血腥大屠杀。许云峰从容就义，年仅 33 岁。《红岩》书中对于许云峰英勇就义前的细节描写死亡，对于一个革命者，是多么无用的威胁。他神色自若地蹒跚地移动脚步，拖着锈蚀的铁镣，不再回顾鹄立两旁的特务，径自跨向石阶，向敞开的地窖铁门走去。他站在高高的石阶上，忽然回过头来，面对跟随在后的特务匪徒，朗声命令道："走！前面带路。"面对着步步逼近的鬼门关，许云峰没有表现出丝毫的害怕，他蔑视敌人的一切，革命信念让他更加坚定，即使海枯石烂、天崩地裂，也不会动摇。

是什么给了许云峰如此强大的力量，又是什么让他的革命意志如此坚定？是坚定的共产主义信念，是为国为民的远大理想，是争取自由美好的向往，许云峰这位英雄诠释了什么是红岩精神。我想红岩精神已经是我们中华民族重要的组成部分，是历史留给我们的宝贵精神财富，更是精神瑰宝。红岩英雄也会继续激励我们中学生积极进取，承担起振兴中华的历史重任。

（王晓睿）

第六节　发现你的美——学习阅读一本好书的方法

一、设计意图

本课旨在让学生在阅读过程中养成边阅读边思考的好习惯。通过学习圈点批注、摘抄赏析法发现与积累好的词、句与段，感受作品的语言美，通过提出问题、归纳与整理问题，形成问题专题研究意识，深入研读作品，感受经典的魅力，激发阅读的兴趣，使学生爱上阅读。

二、教学目标

学会用圈点批注、摘抄赏析法阅读作品;学会建立问题意识,在阅读过程中提出问题,带着问题进行阅读与研究。

三、教学重点

学习圈点批注与摘抄赏析法阅读作品。

四、教学难点

学会建立问题意识,在阅读过程中提出问题,带着问题进行阅读与研究。

五、课前准备

学生已有的名著阅读经验。

六、教学时间

1课时。

七、教学过程

(一)导入

很多同学有没有这样的经历,一本书读完后过不了多久就忘得差不多,留下那点模糊的印象甚至连基本的故事情节都难以叙述清楚;同学们还有没有这样的感受,从小到大,我们读了太多的书,可依然学不好语文,阅读理解的题目得不了分,作文的语言苍白枯燥让人没有阅读的兴趣。如果有,大家有没有想过为什么?

学生自由表达。

教师提炼原因:缺少语言赏析与积累、缺乏阅读时的深度思考。今天,这节课,老师就给同学们支支招。

（二）学习圈点批注法

1.教师课件显示过去同学的名著阅读的圈点批注,学生进行点评。

设计意图:以同伴的学习方法作为引领,可以建立学生的亲切感与信任感,引发学生学习他人学习方法的兴趣,使本节课读书方法的指导落地。

3.教师结合七下教材74页《骆驼祥子》批注示例讲解什么是圈点批注法及其意义:圈点是古人读书的一种方式,用在字句旁边加圆圈或点,表示语句精彩或重要。这种读书方法可以凝聚阅读的注意力,便于复习、巩固、查考,也是一种治学的方式。

宋代大学者朱熹每读一遍书都用不同颜色的笔进行勾画,从而把思考引向精神境地;金圣叹对《水浒》的评点;毛宗岗对《三国演义》的评点;脂砚斋对《红楼梦》的评点,都是中国古典小说批评史上的经典。

设计意图:以教材中的例子和历史的名家圈点批注为例,可以使学生对此种读书法更加信服,从而提高学习效能。

3.学生阅读七下教材74页"运用圈点批注法,要注意以下几点"内容后,用圈点批注法对75页至77页中任意一段进行阅读,上台展示自己的批注,学生之间互相点评。

设计意图:"纸上得来终觉浅,绝知此事要躬行。"教师教授学生方法,重要的是让学生运用方法。当堂运用方法可以及时发现问题,解决问题。

（三）学习写阅读笔记

1.教师课件显示同学的自主阅读笔记本。学生进行点评。

2.教师讲解阅读笔记本记什么:好词(生动形象的二字词/四字词;自己不懂的词);佳句赏析(描写生动形象的句子/情感真挚,情绪饱满;议论精辟,思想深刻的抒情议论);思想火花(读书时启发与感悟)。

教师重点讲解如何进行佳句赏析,并出示名著阅读《骆驼祥子》中一段句子,带领学生进行佳句赏析。学生从七下教材 75 至 77 页中任选一处佳句进行赏析,进行课堂交流。

设计意图:同(二)。

(四)针对问题写读书研究报告

教师以此为例让学生谈谈同伴阅读名著带给自己的启发,并板书梳理问题专题研究的方法:提出问题(边读边提)——归纳整理核心问题(读后)——确立问题研究方法——研究的情况(结合名著内容进行分析)——得出研究结论。

设计意图:本环节目的是让学生建立阅读过程的问题意识与研究意识。有了问题意识可以驱动学生边阅读边思考,解决读书无所得的问题,有了研究意识可以驱动学生阅读过程以自主、合作与探究方式深入地阅读与思考,在研究中体验作品的价值,体验阅读的成就感。

(五)总结思考适合自己的读书方法

(六)链接材料:《名人谈读书》

世界上许多名人之所以成功,与他们善于读书有关。读书有成效,不仅取决于读什么,而且决定于怎样读。著名的学者们是怎样读书的呢?以下介绍几位名人的读书方法,供大家参考学习。

1.白寿彝的"研读"法

著名史学家白寿彝认为:"读书之读,似应理解为书法家读帖读碑之读,画家读画之读,而不是一般的阅览或诵习。"

2.冯亦代的"角色"读书法

冯亦代说:"我在看书时,每逢看到好处,不免自己的身心也进入书中的'角色'。好像演员在舞台上演戏,演到好处,不由得为所饰剧中人的'角色'左右。"

7. 余秋雨的"畏友"读书法。

散文家余秋雨提出："应该着力寻找高于自己的'畏友'，使阅读成为一种既亲切又需花费不少脑力的进取性活动。尽量减少与自己已有水平基本相同的阅读层面，乐于接受好书对自己的塑造。我们的书架里可能有各种不同等级的书，适于选作精读对象的，不应是那些我们可以俯视、平视的书，而应该是我们需要仰视的书。"

8. "一二三"读书法。

伟大的物理学家爱因斯坦总结出的"一总、二分、三合"读书法，可资借鉴。

一总：先浏览书的前言、后记、序等总述性部分，然后认真地读目录，以便概括地了解全书的结构、内容、要点和体系等，这样便可对全书有个总体印象。

二分：在读了目录后，先略读正文，这不需要逐字读，要着重对那些大小标题、画线、加点、黑体字或有特殊标记的句段进行阅读，这些往往是每节的关键所在。你可以根据这些来选择自己所需的内容来细读。

三合：在翻阅略读全书的基础上，对这本书已有具体印象，这样再回过头来细读一遍目录和全书内容，并加以思考、综合，使其条理化、系统化，以弄清其内在联系，达到深化、提高的目的，进一步深入领会初读时所不能领会的许多东西。这一步很重要，人们往往在这一步不得要领时，看过的书一扔，便算了事。

9. 五步读书法。

SQ3R 读书法是英语 Survey、Question、Reod、Recite、Review 五个词的第一个字母，分别代表"浏览、发问、阅读、复述、复习"五个学习阶段。国外一些教育学家和心理学家认为，这种读书法符合人们读书中的一般思维规律，有助于理解书本内容和增强个人记忆力。

五步读书法过程如下：浏览：这是读书的第一步，当拿到一本书后，首先应概要地读一读该书的提要、目录，以便对该书有个大体的了解。发问：这一阶段，要读书中各章节的标题以及章节承上启下的内容，一边粗读一边提问。这样可以激发学习兴趣，促进自己的钻研。阅读：如果说浏览、发问敲开了书本知识的大门，阅读则是登堂入室。阅读就是从头到尾细读，对重要、难解部分反复读。在阅读过程中，要做到眼到、口到、心到、手到，也就是边读、边思考、边圈点、边画杠杠。要尽可能将自己原有的知识和新知识结合起来，写眉批写心得，做读书笔记。以保存"知识印象"。复述:即"回忆印象",如俗话说的"过电影"。离开书本。回忆书中的内容,看自己发问题目是否获得了正确的理解。这是自我检查学习效果的方法,也是巩固记忆的手段。复习:一般在复述后一二天内进行,隔一段时间再重复一次,可以巩固已有的知识,又能温故而知新,从中获得新的体会。

> 我们一起阅读吧

七年级下册语文推荐书目《哈利波特与死亡圣器》

教师的话:

《哈利波特》是英国作家 J. K. 罗琳的奇幻文学系列小说,描写了主角哈利·波特在霍格沃茨 7 年学习生活中的冒险故事。语言轻松幽默,贯穿全书。读者跟着哈利一块儿长大,感同身受。小说从儿童文学过渡到青春文学,陪伴着很多读者度过了人生中的一段重要的时光。《哈利波特与死亡圣器》是此系列的最后一部,我们在读书过程中可以关注小说的主题,探讨善良和邪恶、爱和拯救、忠诚和背叛,也可关注在跌宕起伏的情节中,人物的性格的多面化。

学生阅读感悟分享:

《哈利·波特与死亡圣器》读后感

读完了《哈利·波特与死亡圣器》这本书,合上书的那一刻,闭上眼睛,心中久久不能平静。哈利抱着小精灵多比痛哭、伏地魔为了魔杖杀了斯内普、哈利与伏地魔最终的对抗……书中每一幅描绘的画面无一不呈现在我的眼前,在心中激起层层波浪。

我认为《哈利·波特与死亡圣器》是一本探讨善与恶的书。书中人物众多,有正义、善良对哈利的拥护者;也有邪恶、贪婪的食死徒。他们之间发生的斗争惊心动魄。其中食死徒中的首领——伏地魔,则是一个十分邪恶的人。他有着强大的黑魔法,野心勃勃,有强烈的不公待遇的思想。他把人分等级,纯血统巫师高贵,而不会魔法的人类就十分低贱。他不管他人的死活,视人命如草芥,为了统一世界,成为世界霸主可以不惜一切代价。

善良与邪恶不能共存,两者相遇时,必有一方倒下,不可能和解,必定会发生战争。哈利便是善良的代表。他的心中充满着友谊、亲情与爱。他是正义的,面对伏地魔的逼迫,他从未妥协,而是坚持正义,顽强地与伏地魔斗争。

在这本书中,代表正义的哈利与黑暗势力的领袖伏地魔同时站在战场上。伏地魔虽然有着十分强大的魔法,但哈利有着正义的品质。一个正义的人与一个黑暗势力交手,即使力量没有足够强大,但是足以击溃黑暗。因为善与恶之间,存在一条分界线,只有光明的一方才能把握胜局。伏地魔死了,这个令无数魔法师发指的人败在了一个孩子身上,这并不稀奇,因为光明总会打败黑暗。就算黑暗势力再大,也挡不住正义的人的进攻。

当今的社会,有人为了钱财名利而不择手段。读完《哈利·波特与死亡圣器》后,我真切地明白了,这个世界上有没有什么黑暗是不重要的,重要的是正义的存在,并且自始至终坚定地支持正义且内心善良的人。不论黑暗有多么庞大,多么可怕,那终归是一时的,取得胜利的永远是正义,是光明。

世界上总有一个分界线,一边善,一边恶。但终究,哈利打败了伏地魔,我相信善良定能打败邪恶、打败黑暗。这,就是善的力量。

(宋心雨)

《哈利·波特与死亡圣器》读后感

一本好书,谁能不爱呢?《哈利·波特与死亡圣器》是 J. K 罗琳创作的哈利·波特系列中的最后一部,也是最经典,最精彩的一部书。

这本书精彩的描写部分和扣人心弦的情节深深地吸引着我。伏地魔已经染指霍格沃茨魔法学校,占领了魔法部,控制了半个魔法界,形势急转直下。哈利在罗恩、赫敏的陪伴下,不得不逃亡在外,隐形遁迹。为了完成校长邓布利多的遗命，一直在暗中寻机销毁伏地魔魂器，但是伏地魔也早已开始了阻止哈利的行动，并派出众多食死徒。然而，伏地魔未能如愿以偿，魂器不可能战胜纯正的灵魂。哈利赢得了这场殊死较量的最终胜利。哈利·波特虽然差点身亡，最后神奇地死而复生，所有的秘密都已揭晓。

故事中有着大量的悬疑和大段的描写，会让人激动不已，仿佛自己的心被故事情节勾着，让你陶醉其中、无法自拔。当我读到斯内普之死，我心痛不已；当我读到魔法铁三角闹不和，我叹息痛恨；当我读到哈利与伏地魔对抗时，我激动紧张；当读到伏地魔被杀，魔法界和平的时候，我感到十分高兴……作者用微妙的表现手法，让我们置身于这奇幻的魔法世界，和哈利一起，骑着飞天扫把，挥舞着魔杖，口中念着咒语，并肩作战，感受爱与友谊的伟大力量。

本书或者说这个系列的作品，有一个主要的线索，那便是"爱与选择"。邓布利多的手下以及教授对邓布利多的爱与信任；魔法铁三角之间的友谊与爱；哈利决定一个人去对抗伏地魔时的勇气以及他对大家的爱……

读完这本书，我对生命和爱有了新的看法与认识。纳威隆巴顿说过："人总是会死的，但哈利并没有真正地死，他永远活在我们的心中。"原来，死不可怕，可怕的是赖活着。"人固有一死，或轻于鸿毛，或重于泰山。"邓布利多说。真正决定我们是什么样的人不是我们的能力，而是我们的选择。而哈利与伏地魔有着截然不同的选择。伏地魔为了自己想长生不老，制造魂器；而哈利则为了父母，为了魔法世界，选择与伏地魔放手一搏。所以我认为哈利的"死"，重于泰山，而伏地魔的死，轻于鸿毛。同时，我又一次感受到了爱的伟大、无私、美丽。我们很幸运地每天生活在这种伟大、无私、美丽之中：母亲的一句嘱托，兄妹的一句祝福，老师的一句教诲，朋友的一句鼓励，对手的一句赞美或是来自陌生人的一个微笑都包含着关心、信任、友好、热情，这便是爱啊！

爱最普通却又最伟大。书中，他让哈利战胜伏地魔，一次又一次地死里逃生；而现实中，他能让我们，感受到幸福，无所畏惧，战胜任何困难！

（高鹏贺）

第四章 求知篇：学习点亮人生

在中学语文教育中，知识是道德的基础，道德为知识提供方向，两者相辅相成，共同构成学生成长的坚实基石。知识不仅滋养着学生的智慧，更为德育提供了丰富的内容和载体。通过学习，学生不仅能够获取知识，更能够培养正确的世界观、人生观和价值观。

中学语文作为一门综合性强、涵盖面广的学科，为学生提供了广阔的学习天地。在本章中，我们将通过不同的教学方法，激发学生的学习兴趣，让他们感受知识的魅力和德育的力量，让学习点亮人生。

本章内容将引导学生发现语文学科的独特魅力，激发他们的学习热情。通过走近鲁迅等文学巨匠，让学生领略到文学作品的深刻内涵和思想价值，培养他们审美能力和批判思维；通过作文训练，锻炼学生的表达能力和创新思维，让他们在写作的过程中感受创作的乐趣；通过阅读科普作品，学生会拓宽自己的知识视野，培养科学精神和探索精神；通过小说阅读，让学生沉浸在丰富多彩的故事情节中，感受人性的复杂与美好，培养他们的同理心和共情能力。

我们相信，通过这些教学方法，学生将会更加热爱学习，积极探索未知的世界。同时，他们也将在学习的过程中不断提升自己的德育水平，为未来的成长奠定坚实的基础。让我们一同走进知识的殿堂，点亮学生的人生之路。通过中学语文教育的引领和激发，让学生在学习的过程中感受知识的魅力和德育的力量，为他们的未来成长注入源源不断的动力。

第一节　我爱你,语文

一、设计意图

语文是重要的基础学科,但语文教学长期存在着"高耗低效"的现象,致使一些学生摸不清语文学习的门路,享受不到语文学习的乐趣,对语文的情感总是"想说爱它不容易"。形成这种情况固然有多方面的原因,但老师有责任和义务通过自己的努力,让学生爱上语文。因此,通过这节课,在初步了解学生语文学习的现状的基础上,老师用自己对语文的热情来带动和激发学生对语文学习的热情,引导学生初步了解中学语文学习的一些方法和途径,全面提升语文综合素养。

二、教学目标

一是通过老师的下水作文,在老师和学生之间架起一座情感桥梁,既促进师生情感的交流,也激发学生对语文学习的热爱之情。

二是通过"我心目中的语文"的口头交流,了解学生语文学习的现状和对语文学科的认知,使今后的语文教学有的放矢。

三是利用课本的目录,初步了解中学七上语文课本的内容组成,并交流与之相关的学习方法。

三、教学重点

利用课本的目录,初步了解语文课本的内容组成,交流与之相关的学习方法。

四、教学难点

唤起学生对语文学习的热爱之情，激发学生对语文学习的兴趣。

五、教学准备

提前打印：老师下水作文《和你在一起》以及学生的优秀作文。

六、教学时间

1 课时。

七、教学过程

（一）导入

猜猜"你"是谁？老师将自己的文章《和你在一起》，念给同学们听，让大家猜一猜文中的"你"是谁。

和你在一起

还记得那是一个美丽的夏天，我轻轻地走进校园，开始了和你相依相伴的日子。趟过岁月的河流，不知不觉间，我们竟携手走过了近三十个年头。回首和你一同走过的日子，我真的很幸福！

不怕你见笑，刚认识你时，我胆怯地打量着你，心里满是迷茫，竟不知怎样才能熟悉你，怎样才能把你介绍给教室里那些眼里满是渴望与好奇的孩子。一个和蔼的老教师帮助了我，是他当了一回"月下姥"，偷偷地教我怎么和你打交道。于是，我不再怕你，带着你，我走进了教室，走进了孩子们。而你，似乎也偏爱我这个羞涩而勤奋的姑娘，让我在一次次领导听课和考试排名中脱颖而出,在三里五乡有了小名气!

也许是怕我懒惰,怕我和你熟悉了以后就不思进取,你调皮地耍起了"七十二变"神功。在二十多年里,你一次次改头换面,让我目不暇接,无所适从。是你,逼着我学习学习再学习,我必须挑灯夜读,我必须不停奔跑,只有这样,才能跟得上你! 否则,我会被你无情地抛弃!

"无情"的你有时也会徇私舞弊,私下里给我一些特权。我可以借着你的照顾,窥探学生的一些小秘密。日记本、作文本、积累本……虽然我的案头常常是作业如山,可我却乐在其中,因为那些本中有学生不经意间流露出的心情故事,有他们只想和我诉说的秘密心事……这时,我就会向你幸福地微笑,感谢你允许我做了一次次"心灵侦探"!

"娴静少言"的我,喜欢身居斗室,足不出户。可你偏偏是个"野心家",喜欢包罗万千,喜欢海纳百川。于是,和你在一起,我可以思接千古,和古人对话:我羡慕陶渊明的恬静;喜欢李白的飘逸;敬佩苏轼的旷达;甚至还梦想着和辛弃疾纵马扬鞭,驰骋疆场……和你在一起,我可以心游万仞:我可以领略塞外的苍凉古道,也可以欣赏江南的流水人家,可以一睹埃及金字塔的神秘风采,还可以聆听巴黎圣母院的悠远钟声……你就像一个不知疲倦的探险家,带领着我不停地探索,让我的心灵由一无所有,变得富饶而充实!

二十多年的相濡以沫,你依然年轻,而我早已青春不再。二十多年的携手同行,这份情感足以抵御风雨,历尽沧桑! 心中又想起那首歌:"就算一切从来,我也不会改变决定,我选择了你,你选择了我!"

我爱你——(　　　　)

学生猜测后,公布答案:我的语文。

设计意图:

通过老师的下水作文,设置悬念,学生边听边看边猜测,极大地调动学生的兴趣,逐渐拉近师生之间的情感,老师对语文的热爱之情也在潜移默化中感染着学生。何为语文? 有时候可以简单地定义为——我即语文。语文老师的言谈举止,语文老师的低吟浅唱,就是对语文的诠释。所以,通过这个环节,学生们会喜欢上语文老师,也会喜欢上文中的那个"你"!

(二)定义"语文"大接力

语文,在你心目中是一个怎样的学科? 结合自己小学六年学习语文的体验,试着给"语文"下个定义吧。

在学生回答前,先出示老师和已经毕业的几位学长们对"语文"的定义,让学生先感受一下。然后再出示叶圣陶先生的权威解读。

初一语文备课组老师:

语文是"蒹葭苍苍,白露为霜"的诗意;是"路漫漫其修远兮"的求索;是"先天下之忧而忧"的情怀,是绵亘无尽的文化之脉,是我们心灵栖息的精神家园。让我们在语文的世界里且行且吟且沉醉!

语文是在喧嚣的世界里,让我心灵宁静的一门学科。——刘佳宁

这是一门通过文字,让我们认识世界,提高我们审美的学科。——夏艺榕

语就是口头语言,文就是书面语言。把口头语言和书面语言连在一起说,就叫语文。——叶圣陶

设计意图:

通过这个活动,让大家畅所欲言,了解学生对语文学科的认识以及目前学习的现状。这相当于一个现场调查,直观地了解哪些学生擅长语文学习/热爱语文学科;哪些学生对语文学习有畏难情绪;哪些学生对语文学科的特点、性质是否有个比较清晰的认知。但因为学生年龄尚小,不一定能用专业的术语来介绍语文学科,所以学生的表达可以"不拘一格",自成流派。老师在学生表达之前可出示几个范例,用意即在此。最后结尾用叶圣陶先生的话给"语文"一个最权威的解读。

(三)轻轻掀开你的面纱

学生翻看七年级上册语文,先看课文的目录,了解本册语文的体系、架构,了解语文学习的内容。

学生交流并明确:本册书共六个单元,每个单元由阅读和写作两部分组成,其中第二单元、第四单元和第六单元各安排了一次综合性学习。还包括必读名

著《朝花夕拾》和《西游记》和推荐阅读的《猎人笔记》《白洋淀纪事》《镜花缘》等名著导读以及课外古诗词诵读。

设计意图:有句话说:"我们走得太快,却忘记了为什么出发。"很多时候,我们天天上语文课,却很少认真地翻阅课本的目录,对课文有个全面的了解。在开学第一课上,抽出一点时间,让学生们安静地翻看课本,整理目录,对语文学习的内容有个清晰完整的认识,避免支离破碎地窄化语文学习的范围,也能对"语文"有具体而明确的认识。

(四)我是( )学习的小行家

结合课文内容的不同板块,让学生结合自己的情况分析,哪个部分是自己最擅长的,以"我是"我是( )学习的小行家进行学法交流。

设计意图:将"语文"分为阅读、写作、综合性学习和名著阅读等几个板块,让学生结合自己的所长进行介绍。不一定要求专业和精深,主要是消除同学之间的陌生感,激发他们展示自我的愿望,也消除一部分同学对语文学习的畏难心理,初步了解一些语文学习的方法,便于老师全面了解学生的语文学习现状,找到今天教学的起点。

(五)课下作业

教师要求学生在七上语文课本目录页的第三页空白处,给自己写一段开学寄语,勉励自己学好语文。

设计意图:"良好的开端是成功的一半",以写开学寄语的形式,让学生自我激励,让他们带着信心,开始学习的新旅程。

八、链接材料

名家谈语文学习

要打好基础，不管学文学理，都要学好语文。因为语文天生重要。不会说话，不会写文章，行之不远，存之不久。

——华罗庚

对于古书的学习都是要求做到从头至尾背得烂熟之后，才可以丢掉不读，才可以开始一种新古书的诵读的。尽管早年我所背诵的东西，并不都是我所能理解的；但由于我儿时的记忆特强，这些背诵的东西到后来随着知识的增长和理解力的提高，以往不理解的东西有理解力，并且像刻在心上的一样忘不了，可以烂熟于心地背诵，这对于我后来的学术研究工作，真可以说是受用无穷。

——敏泽

少年时的博闻与强记，是增加、丰富知识的最好时光。我记得那时旧式人家，有门联、厅堂联、书房联、字屏及匾额。写的都是名句格言等，朝夕相对，自然成诵。有时还了解了这些文人学者的成就和身世。至今，老家的许多联屏，我还能背得一字不差。

——陈从周

我没有仔细了解过现在老师讲课的方法，不过也听到一些情况。比方讲一篇文章，首先就用很多时间介绍作者、作者生平，然后讲时代背景，最后才讲文章本身，文章本身又大谈什么主题，什么描写的手法，我认为这是不合适的。应该从写文章的角度，从语言的角度多讲，而不是讲那些作者生平、主题、艺术手法之类的东西。最重要的就是要教会学生能写现代文，不是要把学生造就成文学家……语文课最要紧的是，一定要从语言的角度来教。

——王力

语文课的使命是什么？我觉得有两个，一个是母语的听说读写能力，中国文化保存在什么地方？就保存在用母语记载的书里，语文教学是母语训练，让你成为一个文化上有根的人，这是很重要的。另一个就是人文素质的培养，包括心灵的感受能力和独立思考的能力,"听说读写"背后是"感"和"思"。其实母语训练和人文素质的培养是分不开的,共同的途径都是阅读和写作。

——周国平

我们一起阅读吧

七年级上册语文推荐书目《湘行散记》

教师的话:

"山头一抹淡淡的午后阳光感动我,水底各色圆如棋子的石头也感动我。我心中似乎毫无渣滓,透明烛照,对万汇百物,对拉船人与小小船只,一切都那么爱着,十分温暖地爱着! 我的感情早已融入这第二故乡一切光景声色里了。"《湘行散记》由11篇散文组成,在如画般优美的湘西的山光水色中,在辰河水手、码头市民、商人士兵、民俗风情于一体的生活图景中,种种人事物的描述反映了湘西地区发展的时代面貌和历史遗留的印记,流露出作者对生命、历史、社会、人生的独特感悟。

阅读这部作品,我们可以采取细读品评的方式,去研究作者细腻的文字之中包含的对生命的感悟,对历史文化的思索,对自然环境与社会环境的描写。在细细品读中,你会慢慢发现在湘西那粗犷雄强而又古朴苍凉之中依然有温暖心灵的力量。

《湘行散记》读后感

读《湘行散记》,我感受到沈从文对历史、时间、命运的庄严思考。"当黄昏薄暮,落日沉入大地,天上暮云为落日余晖所烘炙,剩余一片深紫时",让我们翻开《湘行散记》,阅读沈从文笔下的湘西风情。

全书的背景是沈从文的故乡——湘西。这里有粗犷淳朴却随时可能被淹死的水手,有多愁善感却成为妓女的妇人,有年近耄耋却还为生活拼搏的老纤夫。沈从文轻描淡写地写下了一个个底层小人物的悲惨命运。

在《桃源与沅洲》中，沈从文记录下了当时的桃源县城："那地方的桃花虽不如何动人，竹林却很有意思。如椽如柱的大竹子，随处皆可发现前人用小刀刻画留下的诗歌。"讽刺了当时"风雅人"的行为。"货物品质平平常常，价格却不轻贱"讽刺了奸商的黑心，而妓女能"维持许多人生活"甚至能"促进地方的繁荣"，可见当时社会的黑暗。那些迫不得已成为妓女的人们透支自己的生命去挣钱，当他们病倒时，"就上街走到西药房打针，六零六、三零三扎那么几下，或请走方郎中配服药，朱砂、茯苓乱吃一阵"，直到病倒了，才"罄其所有请和尚安魂念经，再托人赊购副四合院棺木，或借大家一副薄薄板片，土里一埋也就完事了"。看似轻描淡写，实则表达了作者对妓女悲惨命运深深的同情与怜悯。那些在河上生活的勇敢水手们，"上滩时一个不小心，闪不知被自己手中竹篙弹入乱石激流中，泅水技术又不在行，在水中淹死了，船主方面写得有字据，生死家长不能过问。掌舵的把死者剩余的一点衣服交给亲长，说明白落水情形后，烧几百纸钱，手续变清楚了"。水手死得不明不白，写出了作者对现状深深的无奈与悲哀。是什么造成了这些人悲惨的命运？是人们的软弱和安于现状，还是社会的黑暗与动荡，抑或政府的腐败无能？或者是命运的安排？无论怎样，我们能给予那个时代的，只有深深的哀思。

《鸭窠围的夜》描写了鸭窠围刚下完雪的宁静的夜晚，寒冷的夜中传来阵阵羊叫："什么人家吊脚楼下有匹小羊叫，固执，而且柔和的声音，使人听来觉得忧郁。"这只羊几天后便要被宰杀过年用，将死的，被命运掌握的羊都如此执着，反观那些安于天命的人呢？鸭窠围人家的吊脚楼里，被贴了一些大小不一的红白名片，"他们如今也许早已死掉了，水淹死的，枪打死的，被外妻用砒霜谋杀的，然而这些名片却依然将好好的保留下去。也许有些人已成了富人名人，成了当地的小军阀，这些名片却仍然写着催租人、上士等等的街头……"平静的语气下，满怀物是人非之感。人生聚散如河衔岸，久久不绝，却又东逝不回。时间真是个古怪的东西，东流逝水，叶落纷纷。时间使英雄美人成尘成土，又使多少傻瓜笨蛋变得又富又阔。"世间何物催人老，半是鸡声半马蹄"。

《一九三四年一月十八》沈从文乘坐小船去往辰州，回到故乡。"这个河码头在十六年前教育我,给我明白多少人事,帮我作过多少幻想,如今却又轮到它来为我温习那个业已消逝的童年梦境来了。"的的确确,这河水过去给我的是"知识",如今给我的却是"智慧"。"知识"指做人的道理,而"智慧"是对历史的思考。"知识"是死的,"智慧"是活的!沈从文认为文字写成的历史,只不过告诉我们"另一时代另一群人在这地面上相斫相杀的故事",真正的历史从生活中来,从辰河清澈的流水中来!虽然"这些东西与历史似乎毫无关系,百年前或百年后都仿佛同目前一样。他们那么忠实庄严地生活,担负了自己那份命运,为自己,为儿女,继续在这世界中活下去。"辰河两岸的人们,在历史的清流中被忽略。但正是这样一个个底层小人物,像一滴滴水一样汇聚成了历史的长江大河!"历史对于他们俨然毫无意义,然而提到他们这段千年不变无可记载的历史,却使人引起无言的哀戚"那历史学者不屑于记载千百年来辰河不变的人与自然的斗争,他们是被历史忽略的人,他们身上发生的事不值得一提,但他们仍然忠实庄严地活着,多么令人感动!

"命运""时间""历史"。沈从文的《湘行散记》被这三个词贯穿始终。辰河上的水手、纤夫、妓女,是命运捉弄着他们吗? 从《箱子岩》中对划龙舟的描写,表达了沈从文对辰河人民"哀其不幸,怒其不争"的情感。辰河上的小人物们,被历史忽略,但他们记得自己是谁,忠实庄严地活着!

《湘行散记》的每一篇文章都流露着沈从文对人性的思考,辰河上既有勇敢淳朴的水手,为生存拼搏的纤夫,但也有什长这样"溃烂着乡村居民灵魂的人物。"在那个风雨飘摇的乱世,沈从文流露出对故乡物是人非的忧虑与悲悯情怀,但更多的是对现状的无奈,他无法改变水手和妓女的命运,《湘行散记》像一股清流无法冲去当时社会的黑暗,但足以温暖我们的心田。

带有瑕疵的美
——品《湘行散记》

《湘行散记》顾名思义,描写湘西景与人的作品。由于我也算是半个湖南人，对那里山水环绕的环境，自带诗意的吊脚楼，以及当地那些"小桥流水人家"富有小情调的特别生活，我无不熟悉。所以，湘西的景，已经美到了我无法给予评价的云端，我唯一关心的，是当时湘西的人情世故。

犹如拥有一扇门要先得到对应的钥匙，我想真正把《湘行散记》融化在血液中，就要先了解这本书的作者——沈从文。我没有去网上搜集大量的、冰冷冷的资料，我知道那未必会有多大用。真正了解作者，不是盲目地对资料进行扫荡，而是在字里行间寻找作者的身影，与其进行心灵的碰撞。有温度的交流，才是最有意义的。

通读文章后，我总算对沈先生有了些见识。不仔细研究，是不会懂得他的喜好的。不大礼貌地评价一句，沈从文对欲扬先抑法的狂热，恐怕已是病入膏肓了。明明想夸赞屈原的才华，却几次三番用"疯疯癫癫"来形容他，直让我带着疑问看到沈从文细致描写《九歌》时才明白"疯疯癫癫"其实是沈从文对屈原与众不同的赞赏。第二篇文章中沈从文想用《桃花源记》表达对桃源的喜爱，却让我读着觉得颇有微词。

不过大多方面，沈从文还是可敬可爱的。他出生在那样一片贫穷而无多少闲钱买书的缺乏文化的天空，却能用自己的力量，在这一片天空上描绘出一道绚丽的彩虹。不说别的，就看这本书。在沈从文眼里，景色是无与伦比的美丽，犹如"日头落尽云影无光时，两岸渐渐消失在温柔暮色里，两岸看船人呼喝声越来越少，河面被一片紫雾笼罩，除了从锣鼓声中尚能辨别那些龙船方向，此外已别无所见"这种迷茫的夕阳西下，总能打动我。还有另一种美，看不懂的美。文中有些大段哲理是我翻来覆去也不能心领神会的，但我坚信看不懂也是美的，如冰心奶奶那些风花雪月的散文一般。就如《鸭窠围的夜》中"一切光，一切声音，到这时节已为黑夜所抚慰而安静了，只有水面上那一分红光与那一派声音。那种声音与光明，正为着水中的鱼和水面的渔人生存的搏战，已在这河面上存了若干年，且将在接连而来的每个夜晚依然存在，我弄明白了，回到舱中以后，依然默听着那个单调的声音。我所看到的仿佛是一种原始人与自然战争的情景。那声音，那火光，都近于原始人类的战争，把我带回到四五千年前那个'过去'时间里去"。虽然我未读懂，但这是疑惑的美（虽然我不知道这是不是阿Q精神)我知道倘若我懂了,便会是巨大的震撼。由此,给未来一个美的期待吧!

书中有句话:"我对他的印象虽异常恶劣,想起他就是一个可以溃烂这乡村居民灵魂的人物,不由人不寄托一种幻想。"把一个乡村比作人体,每一个人比作一个细胞。一粒病毒侵入体内,有那么多良性细胞与之做斗争,最后这粒病毒却无限扩张,吞噬掉整个躯壳,留下一阵恶臭。为什么这本身微乎其微的病毒能那么威力四射呢?就如当年日本帝国主义侵占中国,一边是黑恶势力的膨胀,一边是良好思想主义复兴无望,大多数的百姓都是随遇而安,苟全性命则满足。思想战斗一旦开始,结果可想而知,说到底,还是中国旧社会的腐败不堪。

沈从文让我懂得了当时濒临思想崩溃的中国,我想知道,他写这本书的初心,到底是想纪念湘西的人与景,还是像鲁迅一样,想讽刺所谓正人君子的特别作风。

第二节　走近鲁迅

一、设计意图

部编版教材中从散文《阿长与〈山海经〉》《藤野先生》,到名著导读《朝花夕拾》;从小说集《呐喊》中的《故乡》《社戏》《孔乙己》,到杂文《中国人失掉自信力了吗》,可以看出鲁迅文章具有举足轻重的地位。八年级,承前启后阶段,如何引领学生全面、立体地走近鲁迅、认识鲁迅、读懂鲁迅呢?新学期,我们设计开学第一课《走近鲁迅》,以"校园中鲁迅"为主题,来一次文化巡礼。

二、教学目标

一是了解鲁迅少年时期和青年时期,包括日本留学等读书的故事。

二是了解鲁迅兴趣爱好,及少年时期、青年时期、日本留学时的思想变化。

三是搜集材料,开展"我眼中的鲁迅"专题研究。

三、教学重点

一是了解鲁迅少年时期和青年时期,包括日本留学等读书的故事。

二是了解鲁迅兴趣爱好和每个阶段的思想。

四、教学难点

收集材料,开展"我眼中的鲁迅"专题研究。

五、教学准备

一是查阅书籍及网上搜集相关鲁迅资料。

二是划分小组,每个小组完成一项活动主题的资料汇总。

六、教学时间

1 课时。

七、教学过程

(一)引出话题,引起关注

冰心说:"成功的花儿,人们只惊艳它现时的明艳,然而当初她的嫩芽,浸透了奋斗的泪泉,洒遍了牺牲的血雨。"今天,我们走近鲁迅,了解一代文豪的校园生活,探寻他成长背后的故事吧。

鲁迅十三岁时,他的祖父因科场案被逮捕入狱,父亲长期患病,家里越来越拮据,他经常到当铺卖掉家里值钱的东西,然后再在药店给父亲买药。有一次,父亲病重,鲁迅一大早就去当铺和药店,回来时老师已经开始上课了。老师看到他迟到了,就生气地说:"十几岁的学生,还睡懒觉,上课迟到。下次再迟到就别来了。"鲁迅听了,点点头,没有为自己做任何辩解,低着头默默回到自己的座位上。第二天,他早早来到学校,在书桌右上角用刀刻了一个"早"字,心里暗暗地许下诺言:以后一定要早起,不能再迟到了。

设计意图:以鲁迅"早"字故事开篇,激发学生的学习热情,引发思考:我们关注榜样"浸透了奋斗的泪泉,洒遍了牺牲的血雨"。一次巡礼,一次探寻,以榜样引领我们的成长。

(二)专题分享,分组汇报

全班分为五个小组,由组长安排,派同学上台大屏幕展示鲁迅求学经历、故事,职业生涯及故事:

1. 鲁迅在百草园

百草园占地面积约两千平方米,是鲁迅幼年时玩耍的地方,百草园里虽无明显界线,却有大园小园之分。小园在北,占地较小,向西北角突出,面积约为大园的四分之一,有门通向东咸欢河,河沿筑有河埠,积肥农船便可在此靠岸,运走周家草灰和粪肥。大园在南,占地较大,西边有一垛长达四十四米、高约一米的泥墙,作为与西邻梁家后园的分界线。在泥墙的南端,即与鲁迅家后门墙角接壤处,有块刻有梁界两字的界碑。这块界石和这垛被鲁迅称为有无限趣味的短短的泥墙至今仍留存如故。

这个荒芜的园子,不仅瓦砾成堆、杂草丛生,而且有树木、蔓藤和飞鸟虫兽,是孩子们游玩的好地方。鲁迅儿时和他的小伙伴们就经常来此玩耍嬉戏,或采紫红的桑葚和酸甜的覆盆子,或捉蟋蟀、玩斑蝥,有时挖何首乌的块根,有时摘木莲藤的果实,夏天在树荫下纳凉、听蝉鸣唱,寒冬在雪地上捉鸟雀。百草园的动植物,有可看的,有可听的,有可玩的,也有可吃的,对儿童来说真有许多乐趣。即使现在"紫红的桑葚,酸甜的覆盆子,光滑的石井栏,高大的皂荚树……"

感悟:鲁迅从百草园走来,踏上探求新生活之路,吹响了唤起民众的号角;后人向百草园走去,追寻先生走过的足迹,生发无限的情思,汲取了奋力进击的精神营养。

2. 鲁迅在三味书屋

三味书屋是当时绍兴城里著名的私塾,鲁迅先生童年时曾在这儿学习。寿镜吾老先生之孙寿宇先生在他写的文章中则是这么说的:"我不止一次地从我祖父寿镜吾的口中,听到解释三味书屋的含义。祖父对'三味书屋'含义的解释是'布衣暖,菜根香,诗书滋味长'。"

鲁迅曾经在三味书屋生活了7年。作者写《从百草园到三味书屋》选取几个片段:一是知识渊博,但拒绝回答"怪哉"一类的问题;二是教学认真,不断增加教学内容,读书很投入,但不太束缚也基本上不体罚学生。从学生来说,一是敬慕老师的渊博,喜欢提问,愿意了解新知;二是一有机会便跑出去玩,寻找读书以外的乐趣;三是趁老师读书入神,在座位上做各种游戏、画画等。

感悟:鲁迅先生在三味书屋的读书经历看似好像失去自由,但其实在枯燥的四书五经生活中依然能保留学习中趣味追求,例如偷偷印写山海经的人物,跟同窗们一起趁老师不在玩捉迷藏等。

3. 鲁迅在江南水师学堂(矿路铁路学堂)

鲁迅在江南水师学堂读书,第一学期成绩优异,学校奖给他一枚金质奖章。他立即拿到南京鼓楼街头卖掉,然后买了几本书,又买了一串红辣椒。每当晚上寒冷时,夜读难耐,他便摘下一颗辣椒,放在嘴里嚼着,直辣得额头冒汗。

由于维新变法潮流的激荡,学校里看新书的风气日盛。这时,鲁迅也不顾封建顽固势力的反对和指责,兴致勃勃地广泛阅读了许多有关维新派的报章杂志,包括西方资产阶级的社会科学和自然科学著作。特别是他深入钻研严复译述的宣传介绍西方资产阶级民主思想的《天演论》后,便如鱼得水,迅速接受了在当时有很大进步意义的"进化论"思想,初步形成了革命民主主义的世界观。

感悟:鲁迅先生冲破封建束缚,为追求新知识,尤其是进化论及资产阶级民主主义思想对他的影响,表现出他探求真理的强烈欲望。

4. 鲁迅在仙台医学专门学校

一次教师讲完后,还没到下课时间,便放了几段时事幻灯片子,映出的是不久前刚结束的日俄战争的故事:日军抓了一个中国人要枪毙,说他做了俄国间谍,刑场四周来了很多身强力壮的中国人在看热闹……这时,有的日本学生狂呼"万岁",有的斜着眼睛看着鲁迅,议论说:"看看中国人这样子,中国一定会灭亡。"面对此情此景,鲁迅浑身像火烧一样,再也坐不住了,他猛地站起来,夹起书本愤然走出教室。

鲁迅被这件事深深触动了,看来医学并非一件紧要的事情,即使体格如何强壮,还不是被帝国主义者抓去杀头? 要想改变人们的精神,首推文艺。提高人们的思想觉悟,把人从沉睡、麻木状态唤醒,激发人们的爱国热情。没过多久,鲁迅离开仙台医学专门学校,到了东京,联络了许寿裳等志同道合的朋友,积极筹办文艺杂志。

感悟:鲁迅先生毅然放下了许多人梦寐以求的那把泛着金属光泽的手术刀,毅然拿起了那搁在书桌上的落满了灰尘的笔。他抖落稿纸上的尘,奋笔疾书,振臂呐喊……从此,鲁迅和他灾难深重的祖国一起同呼吸、共患难。

5. 教师鲁迅的职业生涯

鲁迅于1926年9月4日至1927年1月16日任教于厦门大学。一次,鲁迅先生曾到一家理发店理发。理发师见他衣着简朴,心想他肯定没几个钱,理发时就一点也不认真。对此,鲁迅先生不仅不生气,反而在理发后极随意地掏出一大把钱给理发师——远远超出了应付的钱。过了一段日子,鲁迅又去理发,理发师见状大喜,立即拿出全部看家本领,"慢工出细活"地理发。不料理毕,鲁迅掏出钱来一个一个地数给理发师,一个子儿也没多给。理发师大惑:"先生,您上回那样给,今天怎么这样给?"鲁迅笑笑:"您上回马马虎虎地理,我就马马虎虎地给；这回您认认真真地理，我就认认真真地给。"

厦大国学研究院负责人以学校经费困难为由，提出削减国学院一半经费的计划。教授们纷纷表示反对，负责人一听立即摆出校长架势，傲慢地说："关于这事，不能听你们的。学校的经费是有钱人拿出来的，只有有钱的人，才有发言权！"话音刚落，鲁迅立即站起来，从口袋里掏出两个银币，"啪"的一声，摔在桌上，说："我有钱，我也有发言权。"

感悟：面对以穿着、打扮判断一个人的社会地位，决定待客之道的理发师，鲁迅选择用幽默和智慧巧妙地教育；面对势利之徒，鲁迅选择敢于直言，公开说他人不敢说的话。

设计意图：五个小组，以时间为线，以空间为轴，串联起鲁迅从少年、青年到后来任教厦门大学的读书、学习、工作的故事。学生们以小组形式分享的同时，能够对鲁迅先生有一个全方位、更立体、更鲜活的了解。

（三）三位恩师，引领成长

1. 启蒙老师寿镜吾：寿镜吾先生是一位博学、方正、质朴、温和的老师，给童年的鲁迅带来了一点宽松自由，给了年少的鲁迅一个自由驰骋的空间。寿先生为鲁迅的发展奠定了坚实基础，是鲁迅最重要的启蒙老师。

2. 革命家章太炎先生：章太炎是革命家，也是学者。他教过鲁迅说文解字，鲁迅的文字功底有一部分是受章太炎的影响，鲁迅被尊为革命家，其革命思想也受到章太炎的影响。

3. 在日本留学时的藤野先生："他的对于我的热心的希望，不倦的教诲，小而言之，是为中国，就是希望中国有新的医学；大而言之，是为学术，就是希望新的医学传到中国去。他的性格，在我的眼里和心里是伟大的。"他的人格感动了鲁迅，鲁迅后来能有很多日本朋友，没有纠结于两个民族曾经的仇怨，不能不说有藤野先生早年的影响。

设计意图：每个人的成长都离不开老师，鲁迅也不例外。不同时期，不同老师，他们都如一颗璀璨的明星引领着、激励着鲁迅的成长。学生们通过搜集鲁迅恩师资料，透过在鲁迅成长中恩师对其影响，让他们也能感悟自己成长中如何看待曾教过的老师。

（四）格言警句,激励你我

推荐鲁迅格言警句,让学生们选择其中一条谈一谈自己的理解:

1.时间就像海绵里的水,只要愿挤,总还是有的。

理解:时间对每个人都是公平的,学会利用好零散时间,比如可以利用洗手时背单词,利用课余时间请教同学问题,利用睡前阅读一页书。

2.其实地上本没有路,走的人多了,也便成了路。

理解:"希望"的有无取决于实践,消极等待,绝无希望可言;努力争取,希望才能实现。

3.哪里有天才,我是把别人喝咖啡的工夫都用在了工作上了。

理解:这句话的含义是,争取每分每秒努力,花别人几倍的工夫,几倍的时间,才能做得比别人好。

（五）"我眼中的鲁迅"专题分享

鲁迅先生,可谓家喻户晓的人物,从小学课本中的《少年闰土》,初中课本中的《藤野先生》《孔乙己》,高中课本中的《祝福》,我们都在学习鲁迅的文章,多方面认识着他。那么,鲁迅到底给你留下什么印象呢? 下面,我们来一次专题探究"我眼中的鲁迅"吧!

我眼中的鲁迅

提起鲁迅这个对于中国人民而言无比熟悉又无比自豪的名字,每个人都会有不同的看法。在他的弟子萧红眼中,鲁迅先生有着博大的胸襟、丰富的感情和高贵的情操;在他的妻子许广平眼中,鲁迅先生有严有慈,刚正不阿。但在我的眼中,鲁迅先生更是以笔为戎,是一位与反革命,封建主义坚决斗争的战士。

鲁迅先生从未向反动势力低过头。1926 年 8 月,作为北京大学讲师,他不但没有对爱国学生进行限制,反而义无反顾地站在这些学生的身边,给予他们支持。在遭到反动军阀当局的通缉后,鲁迅先生并没有低头,而是转战厦门,他没有放下自己的武器,而是继续笔耕不辍。1927 年 10 月,随着蒋介石的南京反革命政府一手缔造的四·一二惨案以及之后武汉政府的妥协与归顺并执行七·一五惨案，使共产党以及国民党左派惨遭杀害，鲁迅先生对于这个失去孙中山先生的国民政府无比失望，他毅然决定辞去自己在厦门的工作，举家迁至上海，以上海复杂的政治环境为掩护，军事缓冲地带以安身，不管是帝国主义，反动势力，都没能磨灭他那颗革命的心灵。

除了为革命事业作出的贡献，鲁迅先生还一直尝试着改变国民思想的事业。自鲁迅先生决定弃医从文，他便一直没有停止与封建思想的斗争，不管是作为北京大学、中山大学的讲师为青年学生指点迷津，还是多年的写作，自1915年开始的新文化运动似乎让鲁迅看到了成功的曙光。这项旨在改变国民思想来解救中华民族的运动的确对近代中国影响深远。其中，鲁迅的著作更是起到了不言而喻的作用。中国历史上第一篇白话文小说《狂人日记》，对人吃人的制度进行猛烈的揭露和抨击，奠定了新文化运动的基石。之后的几年时间，他又陆续出版了《呐喊》《坟》《热风》《彷徨》《野草》《朝花夕拾》《华盖集》《华盖集续编》等专集，表现出爱国主义和彻底的民主主义的思想特色。其中，1921年12月发表的中篇小说《阿Q正传》，是中国现代文学史上杰出的作品之一，他用第一视角的描绘方式，将一个封建主义中无知的男性长工，在近代中国纷乱世事中的悲惨下场叙述得那么真实，那么让人痛心疾首，其实在鲁迅先生那颗坚定的心中，也有着对无数同胞深陷疾苦的悲痛与忧虑。

鲁迅先生绝不是平凡的，从他决定放弃自己学医救国的梦想，拿起从未接触过的笔开始，便注定了他的一生要经历无数坎坷，受到无数不公平的对待，甚至迫害。可最终的结果大家也都知道，鲁迅先生不但没有退缩，甚至在一次次挫折中坚定地斗争，用他并不高大的身躯和整整一生鞠躬尽瘁、死而后已。

在如今大部分人的眼中，鲁迅先生已经不光是一个伟人，一名先烈了，它更像是一种信仰般的存在，用"鲁迅精神"激励着我们。在我的眼中，鲁迅先生，早已不只是鲁迅先生！

（王天翔）

六、链接材料

名人学习小故事

1. 林则徐对联立志。

林则徐小时候就天资聪慧,地方文人找林则徐的父亲对对联,出上联"鸭母无鞋光洗脚"让林则徐的父亲对下联,在旁边玩耍的小孩子林则徐抢先应对下联"鸡公有髻不梳头";林则徐和同学们爬到海边山崖上,老师出题:我们站在山上看大海,请你们做一副对联,要求上下联中分别含有"海"字和"山"字,当时年龄最小林则徐立刻答道:"海到无边天作岸,山登绝顶我为峰。"

2. 周总理外交故事。

一位美国记者在采访周总理的过程中,无意中看到总理桌子上有一支美国产的派克钢笔。那记者便以带有几分讥讽的口吻问道:"请问总理阁下,你们堂堂的中国人,为什么还要用我们美国产的钢笔呢?"周总理听后,风趣地说:"谈起这支钢笔,说来话长,这是一位朝鲜朋友的抗美战利品,作为礼物赠送给我的。我无功受禄,就拒收。朝鲜朋友说,留下做个纪念吧。我觉得有意义,就留下了这支贵国的钢笔。"美国记者一听,顿时哑口无言。

3. 马云"我习惯了被拒绝"。

马云考大学失败三次,考高中失败两次。被问及"这些被拒绝"的经历对其人生是否产生影响时,马云坦然笑答:"影响就是我习惯了被拒绝。我复读了3年,参加过30多次面试,都以失败告终。我参加警察的招聘,5个人里录取了4个,我是唯一被拒绝的。甚至后来参加肯德基服务员的面试,24个人面试,录了23个人,我又是唯一被拒绝的。我向哈佛大学递交过10次入学申请,每次都毫无例外地被拒绝。"

4. 科比的"凌晨四点的洛杉矶"。

自从科比进NBA以来,长期坚持早晨四点起床练球,每天都要投进一千个球才算结束。因此,当有记者问科比为什么能那么成功时,科比反问道:"你知道洛杉矶早晨四点的样子吗?"记者摇头。"我知道每天洛杉矶早晨四点的样子。"科比说,他的成功完全出于他的勤奋,当大多数人都还在睡梦中时,他早已出现在湖人队训练场了。

八年级上册语文必读阅读《傅雷家书》

教师的话:世上有一座桥,这座桥便是成长的桥。它是父母用自己的青春为子女搭起的一座生命之桥,是用希望和奉献搭起的一座通向成功和幸福的桥梁。傅雷和他的夫人就为他们的儿子搭起了这座桥梁。《傅雷家书》是傅雷先生及其夫人写给儿子傅聪、傅敏的180多封家信,在信中,父子俩一起讨论艺术,研究乐曲的内涵,交流对事物的看法。

学生阅读感悟分享:

因材施教,振兴中华
——读《傅雷家书》有感

在当今社会,许多拔苗助长的教育方式相继出笼,但那些施教者有没有想过,我因材施教了吗?

今天,因材施教应该成为教育的主流。《傅雷家书》的作者傅雷不像有些家长实行虎妈狼爸的政策,他在社会动荡不安的大背景下,他不仅忧国忧民,为整个人类命运而担忧,他还将国家振兴的希望寄托在孩子身上。他因材施教,教学相长,与梁启超的思想不谋而合,故今日之责任,不在他人,而全在我少年。少年智则国智,少年强则国强,少年独立则国独立,少年自由则国自由。

几十年后的今天,我仍被傅雷的精神所感动,难道不是因为,时光荏苒,岁月积淀,他的教子理念远胜过当今残酷的棍棒教育吗?可能有人会说,我的教育是为了让孩子少走弯路,让他更优秀。但不是每个孩子都会被培养成功,当他变成一个不独立、不交际、叛逆的人时,您又会怎么想。您把孩子从一团泥土烧制成一个非常薄的透明细瓷,如果一不小心粉碎,您还有从头再来的机会吗? 面对这样的结果,您想到像傅雷那样因材施教了吗?

深处种菱浅种稻,不深不浅种荷花。傅雷的儿子傅聪所热爱的音乐,就是傅雷播下的种子,难道这种爱好是棍棒所逼出来的? 其实我们都应该明白一个道理,那就是因材施教。只有培养不同的爱好,才能全面发展,为中华之崛起而努力。

傅雷先生的家书中有对艺术的讨论,有对青年人的教诲,有对儿子思想的灌输,又有自我的忏悔,他想让儿子成为一个对社会有益的人,从而实现自己的人生价值。

回望历史长河,投其所好,各尽其能的人物比比皆是,老子不问世事,直钻道学;孔子周游列国,传播儒风;庄子梦做蝴蝶;陶潜隐居山野;屈原报国无门,投江而亡。他们都是中华文化的一颗颗闪亮的星,实现了自己的人生价值。

为中华之崛起而读书,投孩子所好,播撒理想的种子,因材施教,助力孩子的成长,振兴中华。

(王建地)

第三节　和同学们一起玩作文

一、设计意图

作文教学是语文教学的半壁江山,然而如何把作文课上好? 如何让作文课朴实、平实、充实、真实、丰实? 创新模式,滚动快速作文应运而生。由浅入深、由易到难、由简单到复杂,由单项到综合的顺序,安排并实施作文教学过程。新学期,教师要编好作文教学计划,开学第一课要排兵布阵布置好,避免一学期作文教学出现"应急课""随兴课""任务课""放羊课"。

二、教学目标

一是认识作文新模式——滚动快速作文。

二是完成小队文化建设。

三是了解滚动快速作文的环节及流程。

三、教学重点

一是了解什么是滚动快速作文以及滚动快速作文的特点。

二是班级划分小队,初步小队文化建设。

三是介绍滚动快速作文每个环节及操作流程。

四、教学难点

掌握滚动快速作文的各个环节及操作流程。

五、教学准备

一是滚动快速作文专用稿纸。

二是教具准备:每个学生准备两支色彩不同的笔和草稿纸、计时器、小组台签等。

六、教学时间

1 课时。

七、教学过程

(一)认识新朋友,了解滚动快速作文

老师下发文章《给同学的话》,念给同学们听,让大家认识作文新朋友——滚动快速作文。

亲爱的同学们:

新学期开始啦,我们又聚到一起,开始了快乐的写作之旅。在旅途中,你将邂逅一位新朋友——滚动快速作文,它将和你结伴而行,领着你一路欣赏美丽的作文风景。

下面,我要隆重推出一种高效快乐作文方法——滚动快速作文。它会让你不再为写作而头疼,不再为无话可说烦恼,也许会让你因此爱上写作,放飞心灵,追逐梦想。

滚动快速作文,是一种根据班级化教学的特点创新设计的作文课堂组织法。它要求班级的每个同学,每一次作文训练,都在连续的两节课堂上,利用滚动快速作文课堂训练专用稿纸,就写作题材或文本互不相同的多题作文,在审题、列纲、谱写、修改、相互点评等各个环节,展开队与队之间的竞赛,共同完成一次又一次的作文训练任务。这样,每一次作文训练主题通过作文任务在队与队之间的滚动,作文的目标要求会随着任务的滚动而逐步提高,强化作文训练的及时反馈,从而扎实、可见地提升参与课堂作文竞赛的全体同学的作文能力。

滚动作文有七个环节:一是主题回回新。内容是单元的写作要求提示,也是每个单元的纲领,让你一看就知道这次作文课要写什么内容。二是选题次次巧。帮助学生根据单元的主题要求,从"滚动快速作文谱系表"各选项中选择词语组合后快速拟题。三是提纲段段精。根据题目快速构思,确定所要表达的中心思想和段落大意,谋篇布局,安排好文章结构层次。四是谱写篇篇秀。文章是学生原创写作,是优秀习作的展示,是范文典范的引领,是为你能学习他人之长来拓展自己思维和方法而设计,也是为你学会怎样点评同伴习作而设计。五是点评句句实。文章都有三个同学的评语、评分,一个老师的总评语及等级。

学生点评是学会撰写评语的示范,让你评价同学习作有针对性;教师点评观点鲜明,有理有据,你也可以借鉴学习。六是病文升格。对学生原始写作中存在的问题或不足做了评析后再修改升格的作品展示。它用表格的形式让你有比较的学习,也是对同学们能自评和点评同伴文章做的示范。七是练习闪闪亮。将前面的选题、列纲等方法学以致用,作为拓展而设的巩固练习。

滚动快速作文采取竞赛式作文课堂管理机制。游戏规则是以 10 分制考评,以团队为单位开展比赛,强调合作意识。快速列提纲比赛、快速谱写比赛、快速点评比赛、快速反思比赛,每个学生都要通过书面语言完成比赛任务,体现了人人参与的原则,保证了课堂效益最大化。当堂比赛,当堂反馈,让你像酷爱体育比赛一样乐此不疲!

滚动快速作文教学模式,采取在学期初把整个学期训练的主题都下发给你,让你在每一次滚动作文中都能学习不同单元内容,在谱写时直接把前一次的作文技巧运用到本次作文当中。每滚动训练一次,作文质量就提高一次,真是"何乐而不为"的一举多得写作模式啊。

设计意图:"滚动快速作文",对于学生来说还是比较陌生的。在开学第一课,以老师"给同学的话"作为开篇,目的是让学生快速了解什么是滚动快速作文,快速作文的流程环节包括什么,以及在一学期里,这种作文教学模式如何玩,都要让学生心中有数。

(二)介绍写作导航,明确写作任务

在本册滚动作文教材中,训练哪些写作主题,哪些思维,哪些技巧,学生要做到心中有数。有了作文计划,大家就可以按照计划,有目的、有针对性、系统地去训练。

我们的课堂作文训练分为大作文和小作文。在一个学期里,我们要完成 6 次大作文训练和 6 次语段训练。在这两种类型的作文中,大作文是根据教材写作单元要求设计的,小作文是根据八年级作文训练重点而设计的。

下表是八年级上册一个学期的训练计划,分为"单元顺序""训练重点""人文主题""写作导航"四项。

"单元顺序"是根据本册课本六个单元而设计的;"训练重点"是本册课本

重点训练并需要同学们掌握的写作技法;"人文主题"指单元训练的思想内容,单元选文都是和主题相关的文章;"写作导航"即写作导引,学生们在导航指导下去写,写成后还要看自己的文章是否达到导航的要求。

表4-1 学期篇章作文训练计划表

单元顺序	训练重点	人文主题	写作导航
第一单元	新闻写作	生活	1. 关注生活,留心并追踪新近发生的、具有社会意义的事件 2. 了解消息的内容要素和结构特点
第二单元	学写人物小传	关爱	1. 围绕人物特点,选择典型事例,安排详略 2. 在叙述一件事的过程中,把握主次和详略 3. 学会细致刻画、概要叙述等多种叙事手法
第三单元	学习描写景物	自然	1. 关注大自然,养成细心观察的习惯 2. 通过定点观察和移步换景的方法,有序地观察和描写景物 3. 从多种感官出发,借助修辞手法,多角度描绘景物
第四单元	语言要连贯	情感体验	1. 保持话题一致 2. 有合理的顺序 3. 注意句子间的衔接过渡,适当运用关联词、提示语或过渡句
第五单元	说明事物抓住特征	建筑动物	1. 通过观察、比较、查找资料等方式,准确概括事物的主要特征 2. 围绕事物特征,合理安排说明内容和说明顺序 3. 锤炼语言,表达准确、简明、严密
第六单元	表达得体	品格志趣	1. 应考虑写作的目的 2. 注意读者对象的特点和应用场合 3. 要注意恰当使用词语和句子

设计意图:赛车手喜欢选择自己熟悉的赛道,作文教学如同赛车,提前预知一学期航行的路线,了解本学期六个单元主题,六个单元作文训练内容,学生可以提前着手准备生活中的素材,为上好习作课做好充分准备。

(三)划分六个小队,初建小队文化

初建班级小队文化。

1. 划分小队依据:对班级人数、成绩情况、兴趣爱好、性别差异、行为习惯等综合调查、座谈,作为划分团队的依据。也可以和班主任教师协商依据班级行政小组划分情况,再适当进行微调。

2. 小队设置岗位。每个小队成员 6 人,设置岗位如队长、副队长、书记官、纪律法官、发言人等。

3. 建设小队文化。分发海报纸、彩笔,设计、图说自己的小组。文化内容包括有小组的队名、队规、口号、队徽,小队人员的分工等。群策群力,制作自己小队的宣传海报,增强团队凝聚力。

4. 小组成员职责

队长规则:小队长要对本队成员做到心中有数,哪些同学最需要帮助?要做到"特别"帮扶。课上要做"四到位"。检查队员的《关键词谱系表》和素材准备是否到位;指导队员快速选题到位;指导队员列提纲到位;督促书写到位。课后"两总结"。总结优点:卷面整洁、字迹工整,优秀提纲,优秀点评,优秀反思,优秀篇章,优秀开头,优秀结尾,生动、富有表现力的语言。总结不足:错误的格式,错别字,潦草的书写,写得不好的提纲,不负责任的点评,不合要求的反思。

团队规则:上课前按小队坐好;要求每个学生都准备好红色笔、蓝色(黑色)笔、铅笔;选好记分员(课代表担任),要求记分员:①做好分数统计;②做好最后排名;③公布三个火箭队和一个蜗牛队。整个活动课堂,团队要统一协调、步调一致,绝对服从队长的指挥,该发言时积极主动大胆发言。当其他队员发言时,要保持安静,学会尊重他人,学会倾听并发现自己的不足。对于出现和自己意见不统一或者争议时,要选择适当时机,保留自己的发言权。

设计意图:滚动快速作文课堂教学是"小组合作学习"这一教学模式的典范运用。因此在新学期伊始要做好分队和建队工作。这样保障在今后的作文教学中,集中学生注意力,释放学生紧张感,增强学生凝聚力,引发学生自豪感,培育学生自信心,检测学生合作效果。

(四)介绍驱动程序,把控好时间

滚动快速作文具体操作流程:每双周进行一次大作文,即篇章写作;每单周进行小作文,即作文片段训练。每次活动前:1. 座位提前分好,每个队成员坐在一起。2. 要求每个学生都准备好红笔、黑笔、铅笔。3. 时钟一个,用于快速作文计时。4.选好记分员(课代表担任)。要求记分员:①做好分数统计;②做好最后排名;③公布三个火箭队和一个蜗牛队。具体操作流程如下:

1. 导入。(2分钟)

2. 多媒体出示竞赛规则(1分钟)

3. 明确任务,发言比赛。(2分钟)

4. 作文指导,朗读比赛。(5分钟)

5. 分发作文新工具,填写比赛。(1分钟)

6. 快速构思,列纲比赛。(4分钟)

7. 快速谱写,文面比赛。(30分钟)

8. 润色文章,修改比赛。

9. 展示作文,朗读比赛。(20分钟)

10. 分工点评,反思比赛。(20分钟)

11. 畅谈收获。各竞赛队说一句话的收获。(2分钟)

12. 揭晓结果,记录员公布分数,公布排名。(3分钟)

设计意图:滚动快速作文把作文流程中的每一个环节都设计成竞赛式,比赛汇报、比赛书写、比赛列纲、比赛谱写、比赛点评、比赛反思,每一位学生都在课堂中平等地接受挑战。一系列的竞赛活动能够激发他们的兴趣,从而积极地到生活中去搜集素材,去观察,去思考,返回课堂去整理,去写作,听说讲评、言谈举止的比赛让他们养成积极主动地思考、回答问题的好习惯,从而让学生学得主动,学得快乐,语文综合素养也在快乐学习中得到提高,生命教育意识落到实处,为学生的未来幸福奠基的思想得到具体体现。

(五)课后作业

1. 小组出台小组文化,制作海报。

2. 各个小组根据任务分工,着手准备第一次滚动快速作文素材。

八、链接素材

滚动作文预习材料

（六）"一字提纲"示例

表4-2　"一字提纲"表

入题	开头	1段:盼(盼望春天的到来)(略)
重点段	主体	2段:醒(春回大地)(略)
		3段:草（春草图）(详)
		4段:花（春花图）(详)
		5段:风（春风图）(详)
		6段:雨（春雨图）(详)
		7段:人（迎春图）(详)
点题	结尾	8段:新(春天像娃娃)(略)
		9段:美(春天像小姑娘)(略)
		10段:壮(春天像青年)(略)

（二）绘制"学写人物小传"关键词谱系表

表4-3　学写人物小传

时间	地点	人物	事情	性格	情感	描写	修辞
幼年	图书馆	爸妈	游泳	活泼	喜	外貌	比喻
童年	小书摊	同学	炒菜	沉稳	怒	神态	拟人
暑假	同学家	老师	弹琴	正直	哀	语言	排比
寒假	家乡	亲戚	下棋	率真	乐	动作	夸张
早上	校园	朋友	骑车	豁达	悲	心理	反问
周末	广场	邻居	滑冰	乐观	恐	环境	对偶
国庆	公园	门卫	比赛	倔强	惊	场面	……
放学	郊外旅途中	教官	扫除	孤僻	赞	正面	
春节	车上	清洁工	班会	文静	恶	侧面	
清明	海边	陌生人	军训	坚强	思	细节	
……	……	……	旅游	善良	荣	……	
			……	……	……		

3. 分工点评方法

表4-4　分工点评方法

点评1	A 审题(8分)	一、是否领会题意(2分);二、是否把握作文题眼(2分);三、是否符合题目的附加要求(2分);四、体裁是否合乎要求(2分)
	B 拟题(6分)	五、标题是否准确(2分);六、标题是否简明(2分);七、标题是否新颖(2分)
	C 立意(16分)	八、立意是否正确(4分);九、立意是否集中(4分);十、立意是否新颖(4分);十一、立意是否深刻(4分)
点评2	D 选材(20分)	十二、是否切合主题(5分);十三、是否符合生活实际(5分);十四、是否具有代表性(5分);十五、是否新鲜(5分)
	E 结构(20分)	十六、开头是否有吸引力(4分);十七、段落层次是否合理(4分);十八、过渡是否自然(4分);十九、结尾是否或有余音或有力量(4分);二十、详略是否得当(4分)
点评3	F 表达(30分)	二十一、是否有错别字(3分);二十二、是否有病句(3分);二十三、标点符号是否规范、准确(3分);二十四、书写是否工整(4分);二十五、字数是否合乎要求(2分);二十六、是否有优美的词语及句子(5分);二十七、是否恰当地运用了修辞手法(3分);二十八、是否恰当地运用了叙述、描写、议论、抒情、说明的表达方式(5分)

我们一起阅读吧

八年级上册语文必读书目《寂静的春天》

教师的话: "以长远悲剧的代价来换取近期利益" 杀虫剂不如说是 "杀生剂"。当《寂静的春天》1962 年在美国问世时,是一本很有争议的书。它那惊世骇俗的关于农药危害人类环境的预言,不仅受到与之利害攸关的生产与经济部门的猛烈抨击,也强烈震撼了社会广大民众。因为在那个时代,根本没有环境保护的概念,整个社会流行的口号就是 "向大自然宣战" "征服大自然" "人定胜天" 等,所以,当这本书推出的时候,这些观点是闻所未闻、惊世骇俗的。因涉及多人的利益,在整个社会引起了非常大的轰动。

读完了这本书,给我们带来哪些思考呢?

学生阅读感悟分享：

《寂静的春天》书评

春天,本该是生机勃勃的。但是,随着工业的日益发达,春天,听不到鸟鸣了,寂静的春天,静得多么可怕。地球,养育了万物的地球啊,它要惩罚无知的人类。

就拿刚刚过去的 2019 年来说,人们更加真切地感受到了气候变化所带来的影响。

水灾时有发生。2019 年,"水城"——威尼斯发生洪灾。洪水泛滥,灾后水位上涨至 1.87 米,是 50 年来最高的水位,当时很多路面建筑都被洪水淹没,损失惨重,洪灾后又遭遇极端低水位,严重缺水;2019 年,格陵兰的冰盖融化破纪录。研究显示,自 1992 年以来,格陵兰冰盖减少 3.8 万亿吨,导致全球海平面上升 10.6 毫米,有研究团队估计,按目前形势发展,到本世纪末,冰盖融化恐将导致每年近 4 亿人面临沿海洪水灾害,威胁人类生存;2019 年,电影《流浪地球》上映。再度引起人们对保护气候和环境的关注,不保护气候和环境,地球也只能流浪;2019 年,"利奇马"台风从浙江登陆,却影响到千里之外的华北、东北等地区。

火灾也不甘示弱。2019 年,云南发生特大旱灾。全省 141 天高温,导致不少烟叶、茶叶、花卉、咖啡、核桃、白糖等遭殃,云南省气象局启动了救助重大气象灾害四级应急响应;2019 年,澳洲突发大火。大火持续了四个多月,媒体报道称约有几万只考拉在这次火灾中被烧死,考拉将面临"功能性灭绝"。大火导致数百亿动物死亡,尸体遍布大地;2019 年,巴黎圣母院突发大火。塔尖倒塌,建筑损毁严重;2019 年,亚马孙森林突发大火。森林燃烧了三个星期,损失了百万绿地……

于是,英国《牛津词典》评选"气候紧急状态"为 2019 年年度词汇。

我们要爱护地球,爱护这个养育了我们的家园。于是,我们施行了一系列措施:节能减排,退耕还林,还牧,海洋休渔,治理污染,计划生育……

然而,环境保护,这个当今世界最重要的一个问题,这在几十年前却仅仅是一些生物学家脑子里的想象,真正使环保越来越受到人们的重视并直接导致后来将环保列入政策法规中确实是世界上第一本将环保作为主题的书——《寂静的春天》。作者卡森在书中预警的自然世界的未来,我们正在一步步见证,解决现实的环境问题仍然任重而道远。他的观点并未过时,相反,他发出的警示可以说是前所未有的紧迫。

这些年来,各国人民也开始重视环境保护,只要我们真心实意、身体力行,每一个人都能够像保护我们的双眼一样保护环境,那么改变我们的未来就还为时未晚,我们一定可以避免鸦雀无声、万马齐喑的寂静春天。

我们要树立"绿水青山就是金山银山"的理念,因为爱护环境,就是爱护我们人类自己。

(张栾)

第四节　科普作品,魅力无穷

一、设计意图

《义务教育语文课程标准(2022 年版)》提出:"要重视培养学生广泛的阅读兴趣,扩大阅读面,增加阅读量,提高阅读品位……"那么,作为课标明确要求的科普书籍以及其他相关作品,不仅向学生普及科学知识,可以让学生准确地了解更广阔的世界,还可以不断激发学生学习科学的浓厚兴趣和求知欲望,使学习更有趣,全面提高学生的科学素养。

二、教学目标

一是了解《昆虫记》《所罗门王的指环》作者及作品主要内容。

二是欣赏名著精彩片段,体会语言文字的特点,激发阅读兴趣,提高阅读能力。

三是体会作者的文笔及其观察力,感受他对大自然与生命的尊重与热爱之情。

三、教学重点

了解科普作品介绍的内容,体会语言文字特点。

四、教学难点

体会作者的文笔及其观察力,感受他对大自然与生命的尊重与热爱之情。

五、教学准备

一是让学生利用暑假时间,阅读《昆虫记》《所罗门王的指环》

二是网上查阅《昆虫记》《所罗门的指环》资料,了解作者背景和作品背景。

六、教学时间

1 课时。

七、教学过程

(一)猜猜他们是谁?

1. 有这样一个人,他用自己的积蓄购买了一处坐落在荒岛上的民宅,并取名为——荒石园。专门喂养、观察各种昆虫,就是这些小昆虫,伴他都度过了生命中最后的 35 年。你们知道他的名字吗?

2. 有这样一个人,他屈着膝,弯着腰,低着头在草地上爬着,一边不时回头偷看,一边大声地学着鸭子的叫声——至于那些小鸭子,那些叫人一看就明白原委的小鸭子,却完全不露痕迹地藏在深深的草里——你们知道他的名字吗?

设计意图:大屏幕展示两段文字,或一生梦想追求的叙述,或一次荒诞幽默的描写,拉开新学期开学第一课序幕,以激发学生学习热情,引发对动物世界的探究。

（二）走进作者的世界

课前布置任务,查资料。让学生搜集作者、作品背景等相关资料,整理后制作资料卡片。

教师指导:作者是什么样的人,取得了哪些成就? 在什么情况下完成作品的? 创作过程中发生了哪些有趣的事情?

1.法布尔的世界

（1）法布尔的生平。法布尔,生于法国,童年在祖父母家度过,7 岁时回到圣莱昂上小学,后因家庭收入拮据被迫辍学当过铁路工人、小贩。虽然生活艰辛,但是法布尔并没有放弃追求知识坚持自学。1870 年,法布尔先进的教学方法惹来了保守宗教人士的批评,被迫辞去教职,一家七口的生活顿时陷入困境,幸得穆勒的周济得以渡过难关。法布尔举家搬到奥朗日埋首撰写科普书、教科书以博取微薄的收入。1877 年跟他一般热爱大自然的儿子朱尔过世,两年后法布尔搬到沃克吕兹省的塞里尼昂。在那里买下一所房子与一块毗连的荒地将园子,命名为荒石园。在那里,他专心观察、实验、著述《昆虫记》。法布尔以92 岁的高龄在荒石园辞世。

（2）法布尔的成就。法布尔一生坚持自学,先后取得企业硕士学位、数学学士学位、自然科学学士学位和自然科学博士学位。曾让诺贝尔文学奖获得者、法国诗人弗雷德里克·米斯特拉尔赞不绝口。法布尔晚年时《昆虫记》的成功为他赢得了"昆虫界的荷马"和"科学界诗人"的美名,他的成就得到了社会的广泛承认。作为博物学家,他留下了许多动植物学术论著。其中包括《茜草专利与论文》《阿维尼翁的动物》《块菰》《橄榄树上的伞菌》《葡萄根瘤蚜》等。作为教师他曾编写过多册化学物理课本。作为诗人他用法国南部的普罗旺斯语写下了许多诗歌被当地人亲切地称为"牛虻诗人"。

（3）法布尔的《昆虫记》。1879 年，法布尔买下了塞利尼昂的荒石园，这是一块荒芜的不毛之地，但却是昆虫钟爱的土地。在这儿，他安静地集中精力思考，全身心地投入各种观察与实验中去；在这儿，法布尔一边进行观察和实验，一边整理前半生研究昆虫的观察笔记、实验记录和科学札记。

设计意图：《昆虫记》是作者自得其乐地观察与写作的成果，看似平平淡淡，但无时无刻不反映出作者珍爱生命、热爱生活的情感，一如其朴实清贫，但宁静美好的乡间生活。他留下的观察记录是不变的，但给读者的思索却是灵活可变的。

2. 劳伦兹的世界

（1）劳伦兹的生平。劳伦兹于 1903 年出生在奥地利维也纳，并就读当地的大学，主攻医学和生物，1933 年获得博士学位。很快，劳伦兹在雁鹅及穴鸟方面的研究扬名国际；1937 年维也纳大学聘请他教授比较生理学及动物心理学。1942 年到 1944 年，劳伦兹在德国当军医，随军到达苏联时被俘。1948 年被释放后，在奥地利艾顿堡成立了"比较行为研究所"。1951 年出任马克思普郎克行为研究所所长，直到 1973 年才卸任。他退休以后，马克思普郎克学会在奥地利北部的阿姆塔区为他设了一个工作站，使他能继续为奥地利科学院的比较行为研究所做研究工作。1989 年，劳伦兹在艾顿堡与世长辞。

（2）劳伦兹的成就。劳伦兹，世界动物行为学研究的开山鼻祖，从大学时代开始，劳伦兹便一直潜心于医学和生物学的研究并获得了博士学位。劳伦兹最为人所称道的是他在动物行为方面的通俗写作，著有《所罗门王的指环》《攻击的秘密》《雁语者》《狗的家世》等。在他的深刻观察以及妙笔生花之下，我们身边的鸭、鹅、狗、鸟、鱼的生活全部鲜活地呈现在眼前，读者可以从中体会科学研究的严谨和趣味，同时也对动物的友情世界及相类似的人类行为本身，产生更深一层的了解，从而体认生命的真谛。

（3）劳伦兹的《所罗门王的指环》。除了学术成就之外，劳伦兹最为人称道的，是他向一般大众描述动物行为的妙笔生花。《所罗门王的指环》是他的第一本通俗文学作品，流传最久，也最为脍炙人口。劳伦兹说："根据史料记载，所罗门王能够和鸟兽虫鱼交谈，而他却需要借助一枚指环。这事我也会，虽然我只能和几种我特别熟悉的动物交谈，但我可不需要魔戒的帮助，这点他就不如我啦! 活泼的生命完全无须借助魔法,便能对我们诉说至美至真的故事。大自然的真实面貌,比起诗人所能描摹的境界,更要美上千百倍。"

设计意图:走进作者的世界,以三个小板块,生平、成就和主要作品,让学生对两位科普作家有了比较深入的了解。当学生在梳理、介绍作家生平、成就及主要作品时,还能有所发现——他们对自己所从事工作的热爱。

(三)认识作品的世界

1.阅读批注评比

(1)好书推荐:向学生推荐自己阅读的科普作品,如《昆虫记》《所罗门王的指环》等。要求语言简意赅,100字介绍整本书。

(2)好书我批:给同学朗读书中自己最感兴趣的精彩语段,并进行点评。

设计意图:做批注是非常好的读书方法。阅读时可以批注自己关注的、感兴趣的知识点,也可以批注自己的感悟、理解、评价或疑难问题。这对了解和掌握科普作品很有帮助。此环节让学生分享自己的阅读批注,聆听他人的批注,提高鉴赏水平。

2.设计手抄报展示

(1)学生展示《昆虫记》《所罗门王的指环》中自己感兴趣的动物,可以从选购、饲养、训练等角度进行介绍,或者介绍其生长养育后代过程中有趣的事情。

(2)学生展示作品中某一个专题知识进行整理、归纳。

(3)思维导图式展示整本书。要求主干清晰,主干下细节详细,重点突出。

设计意图:在初读整本书后,学生对作品有了大致了解,再通过设计手抄报,对阅读内容进行筛选、整合。

3.知识竞赛我参与

(1)出题环节。以小组为单位,在课前提前准备好试题。课上小组汇总讨论筛选有价值的三个问题,定为本组设计的竞赛题。

(2)竞赛试题上报老师,每组选派代表轮流上台抽题。每个小组轮流作答,成员答不出时,其他成员作答,答不出放弃,交由出题小组出示正确答案。

设计意图:和文学类作品相比,科普作品的文学性没有那么突出,但涉及细节较多。针对这样的特点,设计通过知识竞赛来推进学生阅读,引导学生关注文中的细节,加深对科普知识的理解。

（四）欣赏作品语言特色

1.让学生找出《昆虫记》《所罗门王的指环》精彩片段

（1）片段一:当那个可怜的蝗虫移动到螳螂刚好可以碰到它的时候,螳螂就毫不客气,一点儿也不留情地立刻动用它的武器,用它那有力的"掌"重重地击打那个可怜虫,再用那两把锯子用力地把它压紧。于是,那个小俘虏无论怎样顽强抵抗,也无济于事了。接下来,这个残暴的恶魔胜利者便开始咀嚼它的战利品了。它肯定是会感到十分得意的。就这样,像秋风扫落叶一样地对待敌人,是螳螂永不改变的信条。

——摘自法布尔《昆虫记》

（2）在实验开始时,我原和小鸭子一样匍匐在草中,后来我逐渐换成坐的姿势。可是,等我一旦站起来试着带它们走,它们就不动了;它们的小眼睛焦急地向四周探索,却不会朝上方看,没有多久,就像被弃的小鸭子一般,发出细细的尖叫,哭起来了。因此,为了要它们跟着我,我不得不蹲着走,这自然颇不舒服。尤其糟的是,做母亲的水鸭子得时刻不停地叫唤,只要有半分钟的时间忘了"呱格格格,呱格格格"地唱着,小凫的颈子就拉长了,和小孩子拉长了脸一样。要是这时我不继续叫唤,它们就要尖声地哭了。好像只要我不出声,它们就以为我死了,或者以为我不再爱它们了?

——摘自劳伦兹《动物笑谈》

2.比较阅读,发现语言特色

然后在夏季的某一天,伟大的时刻到来了:幼虫沿着植物的茎秆缓慢地向上爬出水面。就像所有需要蜕皮的动物一样,它会长时间趴在那里,然后背部的外皮突然裂开,一只完美的昆虫缓慢地从壳中爬出。要再过几个小时,翅膀才会完全坚硬,这之前会经历一个奇妙的过程:它释放很大的压力排出一种速凝液进入翅脉细小的脉络中。当它的翅膀完全舒展开,你就可以敞开窗户,祝福鱼缸中的这位客人一路好运,祝它在昆虫生涯中一帆风顺。

——摘自劳伦兹《所罗门王的指环》

相反的是,蜂螨幼虫已经美美地享用完了它人生的第一顿大餐,幼虫也茁壮成长,几乎是原来的两倍大了。它的形状也发生了一些明显的变化,背部也裂开了,形成了自己的第二种形状,真正地成了一只简单的甲虫。小幼虫把自己从那个裂缝中解脱出来了,从它身上脱下来一个壳,然后自己就落到了蜂蜜上。那个壳还依然停留在原来的那个小小的"木筏"上。不过,它们在不久以后也都被淹没在蜜浪之中了。到此为止,蜂螨幼虫的历史便这么圆满地结束了!

——法布尔《昆虫记》

提问:你能看到两部作品在描写上有什么不同变化吗?

提示:前一段对蜻蜓幼虫的描写,从"缓慢"地"爬""长时间"地"趴"到"外皮突然裂开",文字准确细腻;而"伟大的时刻""奇妙的过程""这位客人"等词语不仅表现了作者对这小小幼虫的热爱,而且极具感染力。后一段文字中对蜂螨的描写,采用一些不具感情色彩的动词,为读者客观地呈现了蜂螨幼虫在成虫后的变化。

设计意图:科普作品有其特殊的写作目的,其用语必须要求准确。但除了"准确"这一特点,科普作品的语言也会带有作者的不同个人风格,可能是幽默风趣,也可能是文采飞扬。我们要让学生在阅读中欣赏精彩语段进行赏析,更要采用对比阅读引导学生体会科普作品不同的语言特色。

(五)观照自我

1. 专题写作:审视两位动物学家行为,你获得的启示

作者专注于动物行为研究,为了"探求真理",不惜放下人类的"高贵身段",与动物们打成一片。不明原委的人很容易把他的行为视为怪诞或发疯。由此看来,科学工作者不但要承受科学研究的艰苦劳动,还要能忍受人们的误解,这是难能可贵的地方。我们应该认识到科学工作的艰辛,认识到打破世俗观念需要极大的勇气。这一切需要热爱与爱心,洒脱与旷达的胸怀才能实现。

2. 专题探究:动物的爱情

八、链接材料

动物小说经典之作

1. 沈石溪动物小说——《狼王梦》。主要讲述母狼紫岚在一个狂风骤雨的夜晚诞下了五只狼崽,其中四只是公狼崽,一只是母狼崽,但有一只公狼崽因紫岚的疏忽,死于暴风雨中。它一直有一个梦想,希望把自己的后代培养成狼王,因为这个愿望是紫岚死去的丈夫黑桑的心愿。但在残酷的现实面前,它一次次失败,三只小公狼也相继死去,自己也已步入老年。最后,它只能把希望寄托在女儿所产的狼孙身上。为了狼孙的安全,它与一只以前吃掉自己儿子的又想吃掉自己狼孙的金雕同归于尽了。

2. 杰克·伦敦——代表作《荒野的呼唤》。传达了作者丰富的内心世界和积极向上的执着。文章重点刻画了一只处于生命巅峰的狗——巴克。它从南方的文明社会被卖到弱肉强食的北方,一步步地适应、成长,最终重归原始,成为狼群中的"魔犬"。文章充满激情和野性的语言风格与生动紧张的故事情节相得益彰,浑然一体,显示出作者深厚的文学功底。

3. 牧铃——《荒野之王》。金爪儿是一只被人搭救的小隼雕,由于监护人严守不溺爱、不干预的原则,它健康地成长着。然而,就在回归自然的前夕,尚未成年的它被偷猎者诱捕,辗转卖到大西北……为了驯服它,偷猎走私者动用了包括兴奋剂、毒品在内的种种手段,使之变成凶残的杀手、偷猎的帮凶。它在那儿结识了雌雕银脖,并与之结成生死之交。获救后,双雕同被放归保护区,扭曲的天性渐渐复苏。有一次金爪儿误食了偷猎者遗下的激素,在毒瘾发作的疯狂中杀死豹崽,与另一丛林王者老豹结下了仇怨……金爪儿豁达大度,屡次放过前来寻仇的老豹。受到刺激的老豹却认定,只有杀了它,才能争取后代的生存权。老豹舍身为陷阱,欲与金爪儿同归于尽。千钧一发之际,金爪儿机警脱身,并承担起抚育小豹之责……

4. 西顿——《狼王洛波》。《狼王洛波》讲述了一个震撼人心的故事。身体健壮、智慧超群的洛波带领狼群克服重重困难,在与自然界和人类的斗争中谋求生存的故事。洛波威风凛凛,是狼群当之无愧的首领,他不可一世地奔跑在喀伦坡地区,令人闻风丧胆。多少年来,牧人想尽办法抓捕洛波,但均以失败告终。直到有一天,洛波为了拯救心爱的女伴不慎掉入人们设下的陷阱……在挣扎中,洛波的呼救竟未能得到狼群的回应。洛波,这个高贵的精灵,最后在绝望中悲壮地死去。人类不得不对它的智慧表示赞赏,它的生和死都赢得了人们的敬佩。

我们一起阅读吧

八年级上册语文选读书目《寂静的春天》

教师的话:书籍是人类进步的阶梯。读书就是将人类浓缩几千年的科技、文化快速习得的最佳方式,读书能够让你在极短的时间内,掌握大量的科学文化知识,摆脱愚昧和迷信,你不再是一个空白的人,而是通过读书赋予了自己丰富的知识色彩。今天为大家推荐的书籍是《星星离我们有多远》。

学生阅读感悟分享:

《星星离我们多远》心与心的距离

古往今来,夜空清澈,群星争辉。多少人因之浮想联翩,多少人为之向往啊!总有几个传说使我进入无限遐想:每个人离开人世后,都会化作一颗明星,你活着愈精彩漂亮,星星就愈发闪亮!卞毓麟与许多天文学家去研究并编写了这本《星星离我们有多远》。

由诗歌《天上的街市》开篇,引出了牛郎织女的传说,带我们钻进了美丽星空的意境中。万千世界真奇妙!星星也充满了感情,排列舞蹈,无论距离有多远,都能组成自己喜欢的图案。书里面讲了银河系中的星团有上百万颗星星,它们组成了一个团队,就像警察分成几个团队一样,星星们有的离我们远,有的离我们近,星星的亮光看起来越亮,就表示这颗星星离我们越近,星星的亮光看起来越暗,就表示着这颗星星离我们越远,最遥远的星系离我们达一百多亿光年。

人原本就是在星星上出生的,暂时居住在这颗叫作地球的星星上,思考着这颗美丽的星星有多大,是什么模样。随着人类智力的不断提高和科学技术的次次飞升,都为我们了解地球打下了一个厚实的地基。随后我们开始探索第一个中途站,是人类迄今在地球之外留下足迹的星球。再是太阳……人类一步步走向更深、更神秘的太空。宇宙之大是不可估量的,我们正踏步走出太阳系,走出银河系,还将在河外星系留下足迹。宇宙不断膨胀,人类的视野也继续扩大着,而且它将不断地扩大、扩大、再扩大……

一个个伟人为这个事业奋斗着,他们的信念将宇宙探索。这些伟大的发现,都源于科学家的用心、尽心,就像居里夫人说的那样:"我要把人生变成科学的梦,然后再把梦变成现实。"到了 21 世纪人们仍在向银河系发起进攻……他们的成功都是由于提问的心与敢于探索的支持,星星离我们的距离莫于心与心的距离。

如果有机会,请你也看看这本书,一起探索奇妙的宇宙,一起走进这奇妙的天文学。

（朱贝贝）

第五节　小说阅读方法推介会

一、设计意图

小说是最受中学生喜欢的文学样式,但学生在小说阅读时普遍存在两种现象:一是中学生阅读面窄,大多倾向于玄幻、武侠、盗墓类小说;二是阅读质量不高,只追求跌宕起伏、引人入胜的情节。因此,在大力推进整本书阅读的今天,教师有必要对学生加强小说阅读的指导,既能满足他们的情感需求,又能获得精神的愉悦,提高阅读水平,提升文化修养。本节课,通过小说推介会形式,引领大家进行整本小说的阅读。

二、教学目标

一是采取不同手段,激发学生小说阅读的兴趣。

二是通过阅读图式训练,注重学生阅读能力的提升,使学生掌握阅读小说的模式和准则。

三是专题研究,指导学生深入阅读和思考。

三、教学重点

一是采取不同手段,激发学生阅读小说的兴趣。

二是通过阅读图式训练,提升学生的阅读能力,使其掌握阅读小说的模式和准则。

四、教学难点

指导学生专题研究,深入阅读小说,理解并思考小说。

五、教学准备

一是假期前布置观影任务,如《水浒传》《骆驼祥子》等。

二是阅读奥斯特洛夫斯基的小说《钢铁是怎样炼成的》。

六、教学时间

1 课时。

七、教学过程

（一）激发兴趣，一吐为快

教师导入：同学们，老师给大家带来了一组剧照，看谁能在最短的时间内观察出它们出自哪部电视剧？（多媒体出示剧照：《西游记》《水浒传》《三国演义》《骆驼祥子》等）

1. 全班以小组为单位，由组长组织，每名同学聊一聊自己喜欢的小说人物形象，或者讲一讲给自己印象深刻的故事情节。

2. 推选两名优秀同学代表，前台进行全班展示。一名同学谈人物形象，一名同学讲故事情节。

设计意图：作为开学第一课的开篇，不涉及难度较大的问题，只让学生能够有话可说，有感而发，有表达的欲望。"仁者见仁，智者见智"，利用开学第一课的开篇打开学生们的话匣子，激发他们的接下来环节参与的积极性。

（二）熟悉章节，制订计划

师：同学们，大家来谈谈，自己在平时是怎样阅读长篇小说的？

同学1：我会先看前面的导读，或引言。因为引言里面能够知道这部小说主要写了内容。

同学2：我也读引言，不过我还要看一看目录，知道这部小说有多少章节。

同学3：拿到一本小说，我会在扉页写下购买日期，每天读多少页，就在页码处写上日期。

……

师：大家说得都挺好，都有自己的阅读习惯和方法。俗话说："三个臭皮匠赛过诸葛亮。"我们看到很多同学的读书方法值得借鉴和采用。现在，我们一起来汇总一下阅读长篇小说第一步骤，阅读起航规划。

第一步：了解作者，知背景。

有个成语叫"爱屋及乌"，其实这是一种普遍的心理效应。如果我们对小说作者以及作者创作名著的过程产生兴趣,就会大幅提升我们的阅读兴趣,并提高阅读速度。

如《钢铁是怎样炼成的》这部小说的作者是尼·奥斯特洛夫斯基(1904—1936)出身工人家庭,12岁即开始劳动生涯,15岁加入共青团,参加过保卫苏维埃政权的国内战争,做过团与党的下、中层领导工作,是苏维埃"优秀的共产主义战士";后双目失明,在疗养院口授了《钢铁是怎样炼成的》,由他人记录、编辑成书。作者自称1924年以前不太懂俄语,而双目失明前也只上过一年函授共产主义大学;因作品塑造了保尔·柯察金这个有着钢铁般意志的共产主义战士的形象和作家自身经历的传奇品质,《钢铁是怎样炼成的》成为世界革命青年成才的"教科书"和"圣经"。

第二步:阅读章节,定计划。

有一个好的计划,就像有个人在监督你,带你前进。有了阅读计划,提高我们阅读的速度。阅读名著小说,我们看一看章节目录,根据自己的能力和实际情况,制定一个本部小说阅读进程表。

表4-5　名著周阅读计划

星期	阅读起止页数	一句话内容介绍	具体时间	监督人	自我评价
一					
二					
三					
四					
五					
六					
日					

让我们一起制定《钢铁是怎样炼成的》阅读计划吧!小组长负责组织全组同学登记个人情况,课下填写表格进行公布。为了更好地监督大家阅读进度,大家可以利用微信小打卡,或者"小黑板"打卡软件进行阅读打卡。每周小组长进行本组同学阅读情况汇总,在班级微信群进行公示,表扬做得好的同学。

第三步:读书笔记,做批注。

师：不动笔墨不读书，随时写下自己阅读心得，是促进学生理解、提高阅读效率的一种好方法。我们在每天的阅读中，以读书笔记的形式促进阅读，笔记的形式可以是批注、故事内容、精彩片段、问题设计、人物形象理解等。

如《骆驼祥子》读书笔记：

精彩片段：脊背微俯，双手松松拢住车把，他活动，利落，准确；看不出急促而跑得很快，快而没有危险。就是在拉包车的里面，这也得算很名贵的。

赏析：这一段人物描写，从装束、体态、身段，到靠力气吃饭的人所引以自豪的体能、体力以及品性人格都写得很精彩，把一个活生生的祥子呈现在我们面前。对于这份普通的职位，祥子将每个细节与动作都琢磨了，仅仅花了两三个星期工夫就可以慢慢适应研究跑法，说明祥子对这方面还是有研究的，并通过动作细节等方面的描写塑造祥子。

第四步：定期分享，谈心得。

师：分享阅读是一种爱。我们分享阅读，不仅发展了思维能力、语言能力和交际能力，还能促进你和同学之间的友谊。可以在茶余饭后，将阅读感悟分享给父母，他们或者谈他们自己的感悟，拓宽你的理解；或者成为你的最好倾听者，为你的见解点赞。

设计意图：有时不是学生们不爱阅读，而是苦于没有好的阅读方法可以借鉴，并缺乏持之以恒的动力和坚持。整本书阅读怎么做？应该要有明确的目标、完善的计划、精彩的比较、定期地分享这四个步骤，在监督人的督促下，每天的打卡中，在和同学、家人的分钟里，有的放矢，按部就班，阅读习惯也就逐渐培养起来，阅读兴趣也会逐步提高。

（三）梳理情节，搭建框架

阅读一本小说，意味着与文本、作者进行对话。那么，我们如何和小说文本进行对话呢？首先就是要梳理小说故事情节。

1. 提纲式

每本小说都有自己的骨架，阅读小说要能够透过小说的血肉看到骨架。下面，谁给大家展示以往我们阅读的老舍先生《骆驼祥子》的提纲呢？

祥子的"三起三落"如下：一起：来到北平当人力车夫，苦干三年，凑足一百块钱,买了辆新车。一落:有一次连人带车被宪兵抓去当壮丁。理想第一次破灭。二起:卖骆驼,拼命拉车,省吃俭用攒钱准备买新车。二落:干包月时,在一次搜捕中,祥子辛苦攒的钱也被抢去,第二次希望破灭。三起:虎妞以低价给祥子买了邻居二强子的车,祥子又有车了。三落:为了置办虎妞的丧事,祥子又卖掉了车。

2.思维导图式

利用思维导图梳理小说情节,对小说进行归纳和整理。以《钢铁是怎样炼成的》为例:

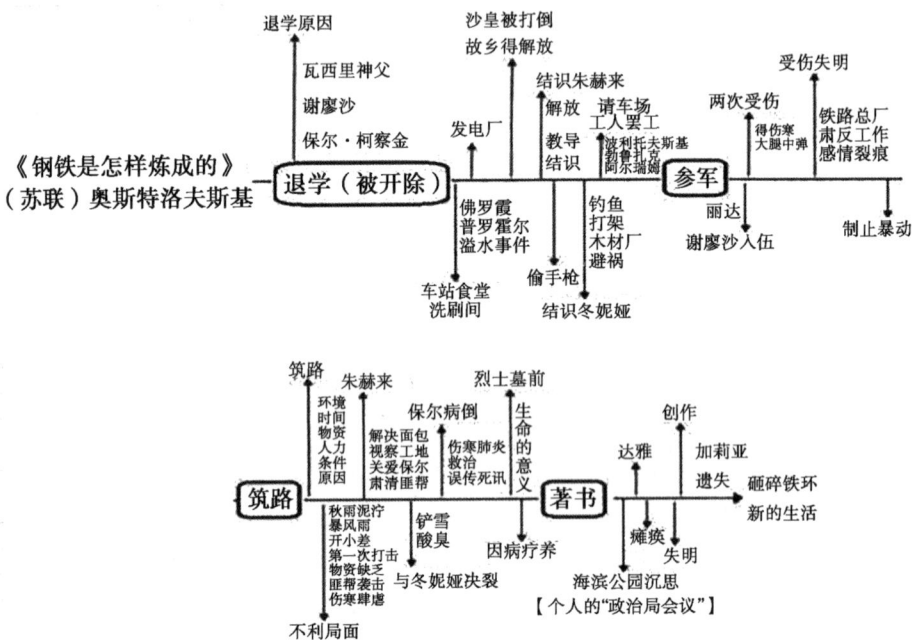

图 4-1 《钢铁是怎样炼成的》思维导图

设计意图:我们阅读完一本书,脑中回荡着的都是曲折的情节或令人震撼的瞬间,可是对故事的理解还是支离破碎的片面认识。因此,在读前的纲领引导,读中的批注感悟,读后的脉络重整、梳理与归纳。以提纲式把握全局,以思维导图式进行回忆,让学生从内容情节上进行准确把握上,也为以后作品的研读铺平道路。

（五）人物关系，形象品析

1.借助思维导图梳理小说中的人物。小说是以塑造人物形象为中心，我们在阅读小说中一定要理解其中塑造的人物形象。我们可以借助思维导图，对小说人物进行梳理。以《西游记》为例梳理人物形象。

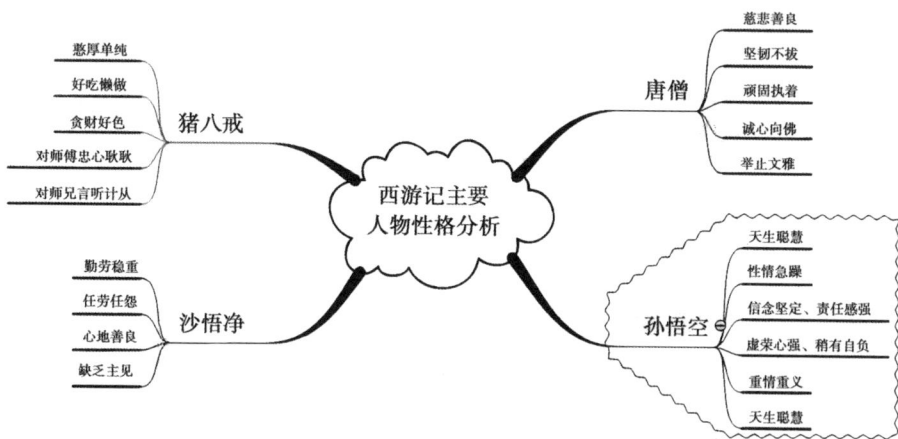

图4-2　《西游记》主要人物性格分析

2.借助情节分析小说人物形象。如阅读名著《钢铁是怎样炼成的》，教师要充分鼓励学生以保尔为人物核心，结合情节分析人物形象。

故事情节：在保尔被送进监狱的时候，遇到了一个同龄人，那是一个漂亮的姑娘，她的每一处都深深地吸引着保尔。那个姑娘是被迫害送进监狱的，无耻的官兵想强暴她。但是，他们失败了，他们受到了姑娘的抵死反抗，最后她被送了进来。姑娘和保尔交谈的时候，发现保尔是一个正人君子，当她想靠近的时候，保尔拒绝了她。

分析人物：坐怀不乱。可以看出保尔对爱情的那种坚贞。

设计意图：小说以塑造人物形象为中心，对小说人物形象的分析定然是小说阅读过程中的重要环节。通过思维导图，我们能够从全局把握整部小说中出现的人物和人物之间的关系。人物的性格特点，都是通过他的言谈举止，表现出来的，因此结合故事情节来分析人物，让我们更能感受鲜活丰满、有血有肉的人。

（六）题材不同，读法不同

师：我们平时都喜欢读小说，来谈一谈你喜欢什么样的小说？（学生回答：历史题材、军事题材、科幻小说、武侠小说……）其实，不同题材小说读法是不同的。下面，老师结合科幻小说和历史小说来谈一谈，希望对大家以后的阅读有所帮助。

1. 科幻小说读法

（1）关注其隐喻性。科幻小说往往包含对现实世界的隐喻，因此我们读科幻小说时，要有意识地发现并理解其中的隐喻。如刘慈欣的《三体》。站在全宇宙的角度，秉承着现代科学精神，以历史学家的口吻讲述了地球往事，包含着深刻的隐喻意义：在主题上，刘慈欣表达了对生命本体的忧思，并试图探寻一条人类文明的救赎之路；在人物上，刘慈欣将其作品中的人物置于极端环境下逼迫人物做出选择，以此隐喻人类在极端环境下的价值选择；在意象上，刘慈欣创作了一系列科学意象以此隐喻人类在宇宙中的渺小，并选取了乌托邦意象以此批判现实。

（2）想象的合理性。科幻小说不是空想，而是以科学为基础的想象，阅读时要理解科幻小说在科学基础上生发的无限想象。《海底两万里》阐述了鹦鹉螺号的动力之源，一个来自海洋的本生电池，一个巨大无比的电动力；也讲述了如何能在海底自由漫步，狩猎和游玩；如何解决在托雷斯海峡的搁浅；又是如何穿越阿拉伯隧道，甚至如何开往南极无人开发区……让我们明白了知识无穷大、科技无极限和冒险的刺激性，感叹探索是留给那些勇敢的人。如今潜水艇以电为主动能，用煤发电，人类登月都变成现实。

2. 历史小说读法

（1）厘清历史史实和文学的关系。阅读历史小说，要厘清历史小说文学虚构和客观史实的关系，明确历史小说的最大价值是其作为小说的文学意义。如《大秦帝国》，虽然作品所写的重大事件、重要人物，基本是以《史记》为依据，但依然更改了部分细节甚至部分人物的出场时间。阅读时要辩证地看待历史小说，不可将小说故事当作历史真实，也不要因为部分历史的失真而忽略了小说的文学价值。

（2）正确看待历史人物和小说中的人物。历史小说是以历史人物形象的塑造为中心,通过完整的故事情节和具体环境描写,广泛地、多方面地反映历史社会生活的叙事性文学载体。作者对故事情节进行大胆虚构,发挥自己的想象力,使小说中的人物形象更加鲜明生动,更具有艺术真实和典型意义。如《三国演义》中曹操的奸雄形象与历史上的曹操的形象是不相同的。

设计意图:题材不同,方法不同,对待态度也不同。此环节目的在于抛砖引玉,引导学生关注在不同题材的文学作品时,要用理性的头脑辩证看待、大胆质疑、深入思考,认识问题不再只局限一种文本,从而提升学生阅读的思辨能力。

（五）深化阅读,专题探究

师:宋代朱熹说:"读书之法,在循序渐进,熟读而精思"。何谓"精思",就是精心地思考,让它的道理好像都出自我的心里所想,对于文章道理有疑惑的地方,要虚心冷静思索,考证、比较,进行专题研究,如人物类,情节类、主题类、语言类。下面,老师就《水浒传》来谈一谈。

人物类——《论〈水浒传〉中的女英雄形象》。《水浒传》中有三位女英雄,都是梁山女将,个个武艺高强,她们分别是扈三娘一丈青、孙二娘母夜叉、顾大嫂母大虫。三位女性格不同,武功各有千秋,结局也是大不相同。她们是怎样的性格,又有怎样的武功,结局怎样?

语言类——《小议〈水浒传〉语言特色》。第一次将白话运用到绘声绘色、惟妙惟肖的程度,使它成为中国白话文学的一座里程碑名著就是《水浒传》。108 个英雄好汉,每个人都有自己的语言特点,通过这些语言,人物的迥异性格被刻画得惟妙惟肖、栩栩如生。选出几个你喜欢的英雄,细读并找出他们具有代表性的语言,筛选出最能体现人物性格的典型语言进行分析性格。

八、素材链接

1. 老舍谈怎样读小说

写一本小说不容易,读一本小说也不容易。平常人读小说,往往以为既是"小"说,必无关宏旨,所以就随便一看,看完了顺手一扔,有无心得,全不过问。

这个态度,据我看来是不大对的。小说之所以能够存在,并不是完全因为它"小"而易读,可供消遣。

读小说,第一能教我们得到益处的,便是小说的文字。世界上虽然也有文字不甚好的伟大小说,但是一般来说,好的小说大多数是有好文字的。因此,我们读小说时,不应只注意它的内容,也须学习它的文字,看它怎样以最少的文字,写出复杂的心态物态;看它怎样用最恰当的文字,把人情物状一下子形容出来,活生生地站立在我们的眼前。况且一部小说,又是有人有景有对话,千状万态,包罗万象,更是使我们心宽眼亮,多见多闻;假若我们细心去读的话,它就是一部最好的最丰富的模范文。

文字以外,我们该注意的是小说的内容。要断定一篇小说内容的好坏,颇不容易,因为世间的任何一件事都可以作为小说的材料,实在不容易分别好坏。不过,大概地说,我们可以这样来决定:关心社会的便好,不关心社会的便坏。这似乎是说,要看作者的态度如何了。同一件事,在甲作家手里便当作一个社会问题提出,在乙作家手里或者就当作一件好玩的事来说。前者的态度严肃,关切人生;后者的态度随便,不关切人生。那么,前者就会教我们一些知识,一点教训,所以好;后者只是供我们消遣,白费了我们的光阴,所以不好。

一部好的小说,必是真有地说,真值得说;它决不求助于小小的技巧来支持门面。所以,我们读一本小说,绝不该以内容与穿插的惊奇与否而定去取,而是要以作者怎样处理内容的态度和怎样设计去表现,去定好坏。假若我们能这样去读小说,则小说一定不只是消遣的东西,而是对我们的文学修养、处世道理都大有裨益的。

2. 汪曾祺小说读法

汪曾祺小说语言朴素而博雅。他有一个坚定不移的信念,"写小说就是写语言"。这不仅指他的语言充分体现了汉语本来的韵味,绝不生造似是而非、没有根基的语言泡沫,还意味着他小说的"哏"主要就隐藏在字里行间,你如果不是像欣赏散文、诗歌那样细吟密咏,而只会看热闹,一目十行贪看故事情节的推进,你就会漏掉汪曾祺小说的主要意趣。好比他安步当车,忘情山水之间,而你则心急火燎,走马观花,赶任务似的"到此一游"。

汪曾祺小说也写文人,如《金冬心》写扬州画派代表人物之一金农,《八月

骄阳》写老舍之死;也写了一些艺术家,如《岁寒三友》《鉴赏家》中的"大画家季
匋民";也写了一些科学家、技术人员和普通干部,如《寂寞与温暖》。但毫无疑
问,他着墨更多的还是底层人民。不过值得注意的是,他笔下的"人民"又并非
一般种田耕地的农民、固定时间地点上班伺候机器的产业工人,而是诸如挑夫、
锡匠、小商小贩、小手艺人、药店学徒、饮食店老板、和尚、杂耍艺人等中国底层
社会特殊的人群。汪曾祺在他们身上更多地发掘了中国人天性中的知足常乐、
勤俭持家、含辛茹苦、乐观向上、善良诚实,尤其是那种百折不挠的"皮实"劲
儿。"皮实"是汪曾祺对他的好友林斤澜小说人物的一个说法,但后来大家似
乎都愿意把这个词回赠给汪曾祺本人。这也算是一段文坛佳话吧。

我们一起阅读吧

八年级下册语文必读书目《平凡的世界》

教师的话:生活在广阔世界的我们,像一粒渺小的沙子,所经历的悲欢离
合、生生死死、贫穷富裕等,在历史的长河中,都属于一些平凡的事情。今天,就
让我们跟随作家的脚步,走进平凡的世界,它虽没有华丽的辞藻、惊险离奇的情
节和惊天动地的场面,我们看到的只是平凡的人生和平凡的故事。

学生阅读感悟分享:

责任
——《平凡的世界》读后感

责任,一个贯穿我们一生的字眼,一盏指引我们一生坐标的航灯。当
我们呱呱坠地,来到这个世间,我们就注定肩负责任。对自己负责,对家庭
负责,对社会负责……
《平凡的世界》一书中的主人公是孙少平,主要内容是以孙少平一家为
中心,讲述少年的成长过程,以及经受生活中的苦难,最终过着平凡却知足

的日子。

在他们一家人身上,我看到每个人心中都有着强烈的责任感。家中年仅13岁的孙兰香,在大人们忙碌时,主动喂猪、捡柴。她默默地做着自己能干的事情,但孙兰香是家中最小的孩子,本该娇惯,她身上也肩负着家庭中的一份责任。

孙少平家中虽然穷,却都十分勤劳。他们不甘如此,辛勤地劳动着。对于劳动的认识,书中这样写道:"一个人精神是否充实,或者说活有无意义,主要取决于他对劳动的态度。"这绝对是一条精辟的理论,在任何时候都不会过时的理论。

劳动是我们的责任,我们要认真对待。孙少平在刚来到煤矿时,那些县社领导的子弟们个个极力炫耀自己的家当,而孙少平却只有一个破黄提包,可半年后,为了解决最起码的吃饭问题,他们以极便宜的价钱向孙少平出售了他们当初所炫耀的东西。孙少平给他们上了生平最重要的一课——如何对待劳动。

作为《平凡的世界》中的主人公,孙少平到底是怎样一个人呢?孙少平是一个坚定目标的人。在饥饿,贫寒中坚持求学。不甘平静地生活在双水村中,追逐心中的梦想,来到了黄原城。他坚持看书、学习。孙少平是一个关爱家人的人。他孝敬父母,关爱妹妹。即使再穷,他也会用润叶给他的一点钱,为奶奶买眼药水。

我在孙少平一家人的身上看到了他们身上的责任。他们都是普通人而身上却展现出了不普通的一面。

"人可以不伟大、人可以清贫,但我们不可以没有责任?"任何时候,我们都不能放弃肩上的责任,扛着它,就是扛着自己生命的追求与信念;扛着它,就是扛起对自己人生的美满与幸福。

(董梦然)

"小"人物

——读《平凡的世界》有感

在那片贫瘠的黄土上，有一群平凡的人。他们守旧、落后、困倦，也许一个政策便能成就或毁掉他们，就像烟波浩渺的海面上随波逐流的船只，没有方向，没有出路，不过是那片平凡的世界里的小人物而已。

《平凡的世界》描述的就是几个小人物的故事，它没有什么曲折的传奇色彩，这些故事在任何一个农村都不是稀奇的事情，可就是这些再平常不过的事情，深深地引起了我的反思，这就是小人物的命吗？

这样的小人物实在是太多了，他们就这么毫无声息地活着，也同样会毫无声息地死去。美国首都华盛顿有着一座"第二次世界大战烈士纪念碑"，石碑上共镶有 500 颗五角星，他们说，那代表着战争中牺牲的将近 1000 位战士。这就是这些"小"人物得到的安葬吗，难道我们还要把一颗五角星剖出一半，才能说这是一位"小"人物给这个世界留下的最后的记忆吗？反观那些"大"人物，他们却可以得到最高规格的礼赞。我们何曾关注过那些"小"人物的发声，又何曾铭记过他们的名字。

在如今这样一个充斥着碎片信息的时代，我们接受着越来越多的信息。而那些小人物会突然被网络暴力推到风口浪尖，在他们心中留下不可磨灭的梦魇。他们明明只是些小人物，只是过着自己的平淡无奇的生活，却突然受到无数的谩骂和无数不公平的虐待。这个世界对他们是不公平的，他们没有好的出身，没有财富，只能依靠自己的努力，在他们自卑的心中，有着无限的恐惧，他们总会遇到这样那样的困难。庆幸的是，少平挺过去了，可是我们有关注过那些就此一蹶不振的人吗？他们的一生可能就此画上了句号。

路遥在后记中写道："希望将自己的心灵与世间无数的心灵沟通。"在他的心灵中，我看到了他的无力感。他也曾因写作风格与潮流格格不入而受到批评，但他也挺过来了，把自己的愁思，把自己遭受的不公，融进了这本小说中，所以，我们最终才能看到一个虽饱受生活的磨难，却依旧乐观面对生活，面对命运的少平。

（王天翔）

第五章　知行篇：研学行万里路

读万卷书，可以让学生获取知识、拓宽视野，培养思维能力和创新精神。它是学生认识世界、理解社会的重要窗口，也是塑造其世界观、人生观和价值观的重要工具。而行万里路，则让学生走出教室，亲身感受大自然的壮丽与人文的韵味，锻炼其实践能力和社会责任感。它是学生接触社会、体验生活的重要平台，也是培养其爱国情感、家国情怀的重要途径。

阅山览水，走读名城，是古人求学的重要方式。在这一过程中，学生通过亲身体验历史遗迹、自然风光和文化古迹，能够深刻理解文学作品背后的历史文化背景，能够在感受美的过程中激发自身的创造力和想象力。通过这样的实践活动，初中生们可以将课本上的知识点与现实世界互相联系起来，使得语文学习变得生动而有意义。

本章通过日常的新闻关注和深入分析，学生们能够了解世界的多样性和复杂性，增强批判性思维能力；通过深入了解家乡的历史文化，培养其对本土文化的认同感和自豪感，是塑造健全人格的重要环节；通过走进不同的城市，观察城市的发展变化，学生可以直观感受到经济发展、城市规划、社区建设等对人们生活的影响。

我们将读万卷书与行万里路的理念融入初中语文教学，不仅可以提升学生的学习兴趣，还能拓宽他们的视野，锻炼他们的实践能力和创新能力。这种教育模式强调了理论与实践的结合，注重培养学生的全面发展，符合新时代教育改革的方向。未来，我们期待看到更多的教育实践探索，让初中语文教学与时俱进，培养出更多具备全面素养的未来公民。

第一节 阅山览水,走读名城

一、设计意图

假期里很多学生都会外出旅行,饱览祖国的大好河山。在开学第一课上,我们给学生搭建一个交流的平台,学生畅谈自己在旅途中的见闻、感受,通过交流,学生认识一座城市,了解一座城市。旅行不仅是游山玩水放松心情,更多是了解一座城市的人文和精神。

推荐给学生名人写名城的文字,通过文字,再读名城。读万卷书,如行万里路。那些文字更能够深深打动我们每一个人,那些文学作品,会深入心灵,影响生命成长。

二、教学目标

一是同学间相互交流,能够说出对某些城市的印象,带给他人有益的启示。
二是通过阅读名家的文字,能够再读城市,领略某些城市的城市精神。
三是通过阅读交流,热爱我们祖国的大好河山。

三、教学重点

通过阅读经典片段,能够读文字、赏文学、品文化。

四、教学难点

能够仿照作家的笔法,写出自己对某一城市的印象,将行走旅行转化为充满生命活力的鲜艳闪亮的文学作品。

五、教学准备

准备助读资料,便于学生上课再阅读。

六、教学时间

1课时。

七、教学过程

(一)导入

我们生活在城市中,闲暇时间都会游逛其他的城市。学习地理知识,我们了解城市结构物产;学习历史知识,我们了解城市的沧桑巨变。城市是人类文明的驿站,是社会发展的日记,是历史演绎的插图,是民族文化的印章,是不同时代的雕塑,是世事人情的传奇……今天大家来说说你了解的城市。

(二)聊一聊,你曾经走过的城市

1.学生活动一和评价

请你和大家交流你所到过的城市,城市的建筑、文化,城市给你的最深刻的印象。

一能清晰地说出城市的名称、自己的旅行经历。二能说出城市给自己留下的最初印象,最深刻的印象。能说出城市的历史、文化、精神。三是倾听的同学能够记录关键信息,若有相同经历,请补充。

2.学生活动二和评价

请你和大家交流你所读过的关于这座城市的诗歌、散文、小说,名人是如何记录这座城市的。

1.能清晰地说出作家作品的名称,作品的关键语句,或者概括故事。2.读文字能评析名人对城市认识、情感。3.听众能够认真记录,若有相同的阅读经历,请补充。

（三）读一读,名家笔下的名城

名家写北京一:

北京像一位尊贵的老人,具有尊贵的老成品格,因为城如其人,各有不同的品格,有的卑污狭隘,好奇多疑;有的宽宏大量,豪爽达观。北京市豪爽的,北京市宽大的,她胸怀新旧两派,而自身依然故我。(选自林语堂《北京颂》)

名家写北京二:

郁达夫写北京:"五六百年来文化所荟萃的北平,一年四季无一月不好的北平,我在遥忆,我也在深祝,祝她的平安进展,永久地为我们黄帝子孙所保有的旧都城。"(选自郁达夫《北平的四季》)

名家写北京三:

这些专拉洋买卖的讲究一气儿由交民巷拉到玉泉山,颐和园或西山。气长也还算小事,一般车夫万不能争这项生意的原因,大半还是因为这些吃洋饭的有点与众不同的知识,他们会说外国话。英国兵,法国兵,所说的万寿山,雍和宫,"八大胡同",他们都晓得。他们自己有一套外国话,不传授给别人。(选自老舍《骆驼祥子》)

名家写北京四:

外婆家的胡同地处北京西城,胡同不长,有几个死弯。外婆的四合院是一所坐北朝南的两进院子,院落不算宽敞,院门的构造却规矩齐全,大约属屋宇式院门里的中型如意门。门框上方雕着"福""寿"的门簪,垂吊在门扇上用作敲门之用的黄铜门钹,以及迎门的青砖影壁和大门两侧各占一边的石头"抱鼓",都有。或者,厚重的黑漆门扇上还镌刻着"总集福荫,备至嘉祥"之类的对联吧。只是当我作为寄居者走进这两扇黑漆大门时,门上的对联已换作了红纸黑字的"四海翻腾云水怒,五洲震荡风雷激"。(选自铁凝《想象胡同》)

读上面的四段文字,分别说说作家是从哪些角度写北京城的?对你有怎样的启发?

1.能分析作者写北京城的角度。2.读说出自己的阅读感受。3.读说出自己的写作启发。

名家写哈尔滨五:

关于"哈尔滨"地名的由来,存在着多种说法。有人说这是由满语"晒鱼网"衍生而来的,还有人说是蒙古语"平地"之意。而俄国人认为,"哈尔滨"是通古斯语,指"渡口"。不管哪一种说法,都可以看出,哈尔滨最初的人间烟火,是游猎民族生起的。这样的烟火,野性、蓬勃、妖娆,生生不息!如果让我给哈尔滨这张名片打上几个关键词的话,我会写:冰雪、教堂、步行街、啤酒、列巴红肠。(选自迟子建《水墨丹青哈尔滨》)

名家写扬州六:

我最早认识扬州,是从诗词里认识的。杜牧的《寄扬州韩绰判官》:"青山隐隐水迢迢,秋尽江南草未凋。二十四桥明月夜,玉人何处教吹箫?"大概是给我以扬州的美好印象的第一首诗。后来读姜白石的《扬州慢》词:"淮左名都,竹西佳处,解鞍少驻初程。过春风十里,尽荠麦青青。自胡马窥江去后,废池乔木,犹厌言兵。"这首词,虽然给我以兵后扬州荒凉的景象,然而,我对扬州的印象却更深了。(选自冯其庸《绿杨城郭忆扬州》)

名家写上海七:

最近在纪念上海成立七百周年,以我国悠久的文化渊源,这七百年是不算很长的,因之古迹名胜要找到很久以前的,上海也并不多见。在我幼时,曾随祖父游览了一些地方。那时在本世纪,靠近西门大境路有一座丹凤楼,沿着城墙脚有十数间屋子,内供关帝和其他神像,有一座石牌坊,其上刻着一副对联:"千江有水千江月,万里无云万里天。"在吴友如画报上,曾有一幅"丹凤守御图",画的就是这个。至于台,较为古老的有万军台,在今新开河畔,这台筑得很高,陡登其上,南黄浦一片浩,桅樯蝟列,大有巴陵岳阳楼朝晖夕阴、气象万千之概。台名万军,顾名思义,大约也因战事而设。(选自郑逸梅《上海最早的楼台亭阁

和园林》)

读上面的三段文字,分别说说作家是怎样从历史的角度描写一座城市的?

1.学生能从多角度分析作家写城市的角度。2.能够从片段中感受写城的角度。

（四）写一写,我心中的那座城

重新回忆自己走过的那座最令自己心动的城市,写城市的人,城市的景,城市的历史,城市的精神?

1.能够写自己真实的所见所闻所感。2.能够从多个角度写城、赞城。3.写后能自读,自改。

小结:每一座城市都有自己的气度和精神。生活在城市中,游走在城市之间,读城,读风物,读历史,读人,读名家眼中的城⋯⋯读书、行走,都滋养我们的才情和智慧,让我们充分享受这美妙无比的中华文化和华夏底蕴。

八、素材链接

推荐书目:《城市与城市文化》《城市的胜利》《行者无疆》

九年级上册语文推荐阅读《聊斋志异》

教师的话:

《聊斋志异》是中国清朝小说家蒲松龄创作的文言短篇小说集。蒲松龄参加科举考试,屡试不第,家里生活非常贫穷。也许是他满腹才学没处倾倒吧,在他四十岁时,《聊斋志异》完成了。这是一部讽刺意味很强的书。书中对当时社会的种种弊端做了尖刻的讽刺:贪虐的官吏,横行霸道的豪强,戕害读书人的科举制度,摧残人性的封建礼教,都是作者讽刺和抨击的对象。《聊斋》的故事,大都是借神话的形式写出来的:人可以变成老虎替兄报仇;小孩子的魂儿附在蟋蟀身上,那蟋蟀就所向无敌;人跟鬼魂可以结为夫妇;花妖与狐女,也都像人一样可亲可爱。"写鬼写妖,高人一等,刺贪刺虐,入木三分"指的正是这些。

《聊斋志异》中的小说大致可分为以下五类:反映社会黑暗,揭露和抨击封建统治阶级压迫、残害人民罪行的作品,如《促织》《红玉》《梦狼》《梅女》《续黄梁》《窦氏》等;反对封建婚姻,批判封建礼教,歌颂青年男女纯真的爱情和争取自由幸福而斗争的作品,如《婴宁》《青凤》《阿绣》《连城》《青娥》《鸦头》《瑞云》等;揭露和批判科举考试制度的腐败和种种弊端的作品,如《叶生》《于去恶》《考弊司》《贾奉雉》《司文郎》《王子安》《三生》等;歌颂被压迫人民反抗斗争精神的作品,如《商三官》《席方平》《向杲》等;总结生活中的经验教训,教育人要诚实、乐于助人、吃苦耐劳、知过能改等等,带有道德训诫意义的作品,如《种梨》《画皮》《崂山道士》《瞳人语》等。

这部短篇小说集之所以能够流传于世,还在于它的艺术特色。小说情节曲折,富于变化。情节力避平淡无奇,尽量做到奇幻多姿,奇中有曲,曲中有奇。小说有精粹而丰富的语言。无论是抒情写景,还是叙事状物,都绘声绘色,人物语言雅中有俗,俗中见雅,雅俗结合,更生动活泼。

推荐阅读:

用心灵走近蒲松龄

一个人沿崂山古径攀缘,直至崂顶。在这与天穹比邻的天界,择石坐定。那沧海波涛,翩飞鸥鸟,尽收眼底;那阵阵经声,缭绕烟雾,也随罡同一起遁入云端。一个人的世界,最易浮想。想到自己离开生我的这片海边热土已近三十余载了,而这些年来,我苦苦求索的精神之旅中,每每徘徊不定时,冥冥中不时有一面容清癯的老者与我直面,让我汗颜。我知道,他就是清代伟大的布衣作家蒲松龄。

我似一颗蒲公英的种子,从海边起飞,降落在鲁中的孝妇洞畔,一待就是三十余年。一旦在这儿扎下了根,就再也不想挪窝起飞了。在淄博,我经常以地主的身份带领外地客人去蒲家庄蒲松龄故居访问。岁月不居,前尘如海。蒲松龄既平凡近来又崇峻旷远的形象,便深深地烙印在我的心灵深处。记不清去蒲家庄多少次,但给我印象刻骨铭心的还是我一人前往的第一次。

第一次去拜谒蒲松龄先生正是"文革"动乱年代,当我听说蒲松龄的墓椁被挖开了时，我的心震颤了，便乘公共汽车到洪山，再沿乡间泥路磕磕绊绊地去了蒲氏墓园。那时墓园没有围墙，老远就能见到几丛高大的古柏下新挖的黄土堆积如丘。走近了，看清墓穴洞开着，只见些许朽木、碎骨、发丝，墓地周遭纸灰飘零，据附近一老者言，这是墓中一部书的残迹。这是一部从未面世的书，是作者临终前叮嘱家人务必与其合葬的一部书。

果真如此，这太可悲了。日后若以现代高科技摄像技术，必将真相大白于天下。先生《聊斋志异》成书后，王渔洋1688年题写了那首著名的《戏书蒲生〈聊斋志异〉卷后》的绝句："姑妄言之姑听之，豆棚瓜架雨如丝。料应厌作人间语，爱听秋坟鬼唱时。"这一年，蒲松龄48岁，离他驾鹤西去，还有27年的人生旅程，作为一生勤奋笔耕的蒲留仙，决不会坐等时光，我想坟前这部"飞天"之作，很可能就是他继《聊斋志异》之后，又一部力作。我想，在写作上，或许会丢掉他惯用的狐鬼花妖的表现形式，而选择直抒胸臆的笔触，既然要去另一世界阅读，就不必再避讳文字狱的加害了。

上述王渔洋"戏书"的绝句，肯定了《聊斋志异》源于民间生活的现实意义和艺术价值，却忽略了作者创作此书的"孤愤"襟怀。蒲松龄在《次韵答王司寇阮亭先生见赠》言道："《志异》书成共笑之，布袍萧索鬓如丝。十年颇得黄州意，冷雨寒灯夜话时。"这就让我们真真切切地看清楚寒夜灯下，一个受难的知识分子，面对自己灵魂的拷问和鞭笞。这与《聊斋志异》所言："集腋为裘，妄续幽冥之录；浮白载笔，仅成孤愤之书：寄托如此，亦足悲矣！"正说明作者是有所寄托的，而并非仅为"姑妄言之"。

"文革"期间，蒲松龄故居的大门被一把锈锁将其与外边疯狂的喧嚣隔开。当我被留守故居的蒲玉水老人从一个便门带进院内时，顿觉寂静异常，满院荒草离离，墙壁、屋宇都露出些破败的样子。蒲松龄居住过的正房那纸糊着的窗棂，被风当作口哨不时吹响，几只麻雀从窗棂间飞进飞出，我们步入屋内，见几样破旧物件随便地堆在地上，正面悬挂"聊斋"匾额的背后，已被一对麻雀夫妇选作生儿育女的暖巢，破败至此，令人不免心寒。但当我听到蒲玉水介绍说，蒲松龄墓穴中出土的印章、灯台、酒盅等什物，还都保存完好时，我不禁感到这个死后不得安宁的灵魂，日后必将还有重修墓园之日。我相信：泯灭的是肉体，而不死的是灵魂。

（韩青）

学生阅读感悟分享：

谁是盲人

——浅谈《聊斋志异》中的科举

因为蒲松龄的自身经历，所以在《聊斋志异》这部短篇小说集中，有很多小说反映了"科举制度"的罪恶。与《儒林外史》这部长篇小说不同，《聊斋志异》中的短篇小说对科举制度黑暗的揭露更加入木三分。

在抨击科举制度的那些篇章里，《司文郎》很有代表性。它写一位生前怀才不遇，死后还念念不忘科考的鬼魂宋生。他跟一位叫王平子的读书人结成朋友，一心要帮王平子考中进士，也好在朋友身上实现自己的夙愿。可尽管宋生才华横溢，王平子在他的指点下文章也写得极为出色，却始终没能考中！倒是一位目空一切、品学低劣的余杭生中了举。什么缘故呢？原来那些考官本身都是些不通文墨的家伙，他们又怎能看出文章的好坏呢？

故事里还有位瞎和尚，专会品评文章；品评的方法很特别，是把文章用火点着，拿鼻子去闻。那位狂妄自大的余杭生开头还不相信，烧了一篇名家文字让瞎和尚闻。和尚吸一吸鼻子说："妙哉，这味道很受用。"余杭生又拿自己的文章点着，和尚咳嗽了几声说："别再烧了，我要作呕了！"

当有人又点起一篇文章，瞎和尚竟脸朝墙壁、大吐大泄起来，声音像是打雷！——这文章，正是录取余杭生的那位考官写的。瞎和尚感叹说："我虽然眼睛瞎了，鼻子却还不'瞎'。至于那些考官，简直连鼻子也"瞎"了呢！"

到底谁是真正的盲人？"瞎子"和尚眼瞎，但是心亮，能分辨美丑；"考官"眼睛不瞎，但是不能分辨文章的好赖。谁是真正的盲人，读者自知了。

谁是真正的才子？余杭生中了进士，但是文章不通；王平子在鬼魂宋生的指点下文章写得极为出色，但是却没有中进士，谁是才子？读者也自知了。

《于去恶》的主题也是抨击科举制度，于去恶跟前面这位宋生差不离儿，也是个科场失意的鬼魂。与宋生不同的是，于去恶死后还热衷参加阴间的科举考试。可是阴间跟阳间又有什么区别呢？尽管文章数一数二，他却依然名落孙山。幸而已经成了神的张飞来阴曹巡视，看上于去恶的文章，推荐他做"南巡"海使，于去恶这才有了出头之日。

于去恶因为遇到了成了神的张飞，所以皆大欢喜，终成正果。但是在人间的蒲松龄，谁又能救他呢？他虽才华横溢，但终究是穷困潦倒一生啊。

蒲松龄自幼是个又聪明又用功的孩子。他钉了一个本子，每天早上在上面标明日子。这一天，无论是看一本书作一篇文，还是习一篇字，都要记在日子下面。如果这天什么都没做，自己便惭愧得头上冒汗。

十九岁时，他应童子试，一连在县、府、道得了三个第一名，受到学官的赞赏。看那样子，拿个进士是不成问题了。可谁想到，在后来的考试里，他却屡试不中，直到七十二岁那年，他的孙子都中了举，他才当上个岁贡生。

考进士为什么没有考中？原因不言自明，封建的科举制度害人，黑暗的官场害人啊。蒲松龄是明眼人，嬉笑怒骂，用文字勾画了官场的丑恶百态啊。

（徐爽）

反抗！反抗！
——《聊斋志异》读后感

哪里有压迫，哪里就有反抗！《聊斋志异》中塑造了很多具有反抗精神的人。

比如《狼》三则。贪婪的狼追逐着晚归的屠户。屠户的心理产生了巨大的变化：惧怕，大窘，到弛担持刀，到刀劈狼首……这是一位屠户由妥协到反抗的过程。面对贪婪的敌人要敢于斗争，善于斗争，该出手时就出手。

小说《席方平》中的席方平的爹爹跟一个姓羊的富人有仇。姓羊的死后，借着财势，买通阴间官吏，把席方平的爹捉到阴间百般折磨。席方平决心替爹爹诉冤，他的魂儿离了躯壳，飘飘悠悠到了冥界。可阴间的官吏们受了贿，不但不为席方平主持公道，反而百般折磨他，又是杖打、又是火床烙的，还把他夹在两块板子中间，拿大锯来锯。为了防备他继续告状，冥王又派鬼卒押他到一户村民家中托生。托生后的席方平不甘心就这么受人摆布,他三天不吃奶,饿死后又回到阴间。最后还是灌口二郎神接了他的状纸,惩治了一伙阴间的贪官污吏,席方平终于把爹爹救出阴间。

席方平是个敢于抗争的平民形象,无论遇到什么困难他都不泄气、不退缩,有一股不达目的决不罢手的劲儿。对这样的人,天王老子也觉着挠头,就是小鬼们,也都暗暗地佩服呢!

《向杲》里的主人公,反抗精神就更强烈。向杲的哥哥被一个姓庄的阔公子打死了。为了给哥哥报仇,向杲整天揣着刀子在庄氏常来常往的路边埋伏着。可姓庄的戒备很严,随身带着保镖,向杲轻易下不了手。

有一回,向杲正伏在路边草丛里,突然下起暴雨,接着便是狂风冰雹,不知不觉地,向杲竟变成一只老虎。姓庄的从这儿路过,老虎猛地扑上前,咬掉了他的脑袋。这只凶猛的老虎,正象征着向杲的反抗精神!

蒲松龄在篇末感叹说:天底下有那么多不平事,真应该多一些老虎才是!

还有一篇《促织》,是通过神奇的情节揭露封建社会的黑暗与不公的。表现了平民百姓的反抗精神。而这种精神正是作者所要歌颂传扬的。

蒲松龄,他"写鬼写妖高人一等,刺探刺虐入木三分",他在文中传递的反抗精神如一柄神剑,刺入黑暗的社会。

(解红梅)

第二节　新闻阅读,认识世界

一、设计意图

《义务教育语文课程标准(2022年版)》指出:"培养学生广泛的阅读兴趣,扩大阅读面,增加阅读量,提倡少做题,多读书,好读书,读好书,整本的书。"开学第一课,打通课堂内外,以八年级上册第一单元(新闻单元)多篇为蓝本,实现一节课中要求学生阅读多篇文章,不仅让学生掌握新闻的特点,提高学生的阅读能力,而且更为"足不出户知晓天下事"的网上阅读新闻打下基础。

二、教学目标

一是通过阅读《消息二则》《首届诺贝尔奖颁发》,把握新闻要素,掌握新闻体裁知识。

二是增加学生的阅读量,扩大学生的阅读面,提高学生阅读速度和质量。

三是了解新闻在写作方式和语言上的特点。

三、教学重点

一是通过阅读《消息二则》《首届诺贝尔奖颁发》两侧新闻,把握新闻要素,掌握新闻体裁知识。

二是增加学生的阅读量,扩大学生的阅读面,提高学生的阅读速度和阅读质量。

四、教学难点

一是增加学生的阅读量,扩大学生的阅读面,提高学生阅读速度和阅读质量。

二是了解新闻在写作方式和语言上的特点。

五、教学准备

一是安排预习《消息二则》《首届诺贝尔奖颁发》。

二是搜集网络上新近发生的新闻,并下载两篇。

六、教学时间

1课时。

七、教学过程

(一)展示新闻,激趣导入

师:同学们,科技迅猛发展的今天,我们实现了"足不出户知晓天下事"。可是,我问大家你会读新闻吗? 今天信息大爆炸的时代,你怎么能够有选择地、快速了解新闻消息的主要内容呢? 下面,请大家阅读这则新闻:

天启沧州号(暨"忻中一号")成功发射,
标志着国内首个物联网星座初步实现组网运营

智慧中国网报道:2019年8月17日12时11分,在酒泉卫星发射中心,北京国电高科科技有限公司(以下简称"国电高科")研制的天启沧州号(暨"忻中一号")卫星,由首次发射的捷龙一号运载火箭成功送入太空。

该卫星是天启星座的第三颗业务星，它的成功入轨标志着天启物联网星座实现初步组网运行，开创了卫星物联网通信的美好时代。作为我国第一个实现组网运行的物联网星座，"天启星座"是国电高科秉承"万物互联，星座护航"理念，采用更高效的通信体制和频谱效率，力求为用户提供可靠、经济的卫星物联网服务和行业解决方案的重要成果，为后续天启物联网星座的全面商业化运营打下坚实的基础。

国电高科发射前制定了完善的飞行程序、飞控预案和在轨测试细则，确保卫星入轨后各系统工作正常，载荷星地链路稳定可靠，用户终端数据及时准确便捷地提供给最终用户。

该卫星是天启星座的第三颗业务星，它的成功入轨标志着天启物联网星座实现初步组网运行，开创了卫星物联网通信的美好时代。作为我国第一个实现组网运行的物联网星座，"天启星座"是国电高科秉承"万物互联，星座护航"理念，采用更高效的通信体制和频谱效率，力求为用户提供可靠、经济的卫星物联网服务和行业解决方案的重要成果，为后续天启物联网星座的全面商业化运营打下坚实的基础。

国电高科发射前制定了完善的飞行程序、飞控预案和在轨测试细则，确保卫星入轨后各系统工作正常，载荷星地链路稳定可靠，用户终端数据及时准确便捷地提供给最终用户。

下发学生新闻资料，循序渐进逐一进行如下提问：我们平时看新闻，如何快速了解新闻报道了什么？要想了解新闻主要内容，你应该阅读新闻的什么地方？这则新闻，你知道段与段是如何衔接的吗？

设计意图：大数据时代，新闻通过各种媒体传播迅速。以新近发生的新闻报道，引起学生们阅读兴趣，引出话题：如何阅读新闻。同时，通过三个问题，以时间为序，以连续发问形式，告诉学生阅读新闻，要掌握新闻阅读的方法。

（二）了解新闻相关知识

1. 新闻，又称消息，通常分为动态新闻、综合新闻、典型报道和新闻述评四类。其中动态新闻是报纸、广播最常用的一种。它报道的是国内外最新发生的重大事件或新气象、新成就。

2.新闻结构包括标题、导语、主体、结语和背景五部分。前三者是主要部分,后两者是辅助部分。标题一般包括引题、正题、副题;导语,一般指"电头"后的第一句或第一段文字,用来提示消息的重要事实,使读者一目了然;主体,随导语之后,是消息的主干,是集中叙述事件、阐发问题和表明观点的中心部分,是全篇新闻的关键所在;结语,一般指消息的最后一句或一段话,是消息的结尾,它依内容的需要,可有可无;背景,是事物的历史状况或存在的环境、条件,是消息的从属部分,常插在主体部分,也插在"导语"或"结语"之中。

3.新闻的特点:立场、观点鲜明,内容真实、具体,反应迅速,语言简明准确。

4.新闻的写法:主要是叙述,有时兼有议论、描写。

设计意图:新闻阅读,介绍新闻阅读相关知识少不了。什么是新闻,新闻结构包括几个部分,新闻的特点,新闻的写法等必不可少。可是,这里的新闻相关知识介绍又不同第一单元的新闻阅读、写作单元。此处的新闻知识介绍,目的是让学生了解新闻知识,激发学生新闻阅读兴趣。

(三)指导学生快速浏览

指导学生快速浏览《我三十万大军胜利南渡长江》《人民解放军百万大军横渡长江》《首届诺贝尔奖颁发》,筛选信息进行填表。

1.把全班同学分成六个小组,采取小组长负责形式,在每位成员阅读三则新闻的基础上,进行合作学习,筛选信息,填写表格。

表 5-1　信息表

标题	导语	主体	背景	结语
《我三十万大军胜利南渡长江》				
《人民解放军百万大军横渡长江》				
《首届诺贝尔奖颁发》				

2.比较阅读,探究结构。对比两则新闻,探究新闻在结构上有什么特点?

(1)《人民解放军百万大军横渡长江》的新闻结构

主体部分:中路军 30 万人首先突破安庆芜湖线,占领长江南岸。西路军 35 万人渡过三分之二,占领广大南岸阵地。东路军 35 万人已渡过大部,经过整天激战,歼灭及击溃一切抵抗之敌,占领扬中、镇江、江阴诸县的广大地区,并控制江阴要塞,封锁长江,切断镇江无锡段铁路线。

探究结果:时间顺序。

(2)《首届诺贝尔奖颁发》的新闻结构

导语:首次颁发(最重要)。

主体:获奖者及贡献(次重要)、颁奖机构、时间、地点(再次要)。

背景:资金与权限(最次要)。

探究结果:倒金字塔结构。

设计意图:此环节采取群文阅读形式,在多文本基础上的"读""悟"结合学习,让学生在"读"和"悟"中拓展阅读空间。让学生依凭"多文本"优势,以填写表格形式,发挥实用阅读策略,结合第二环节了解的相关新闻知识,学以致用,最大限度地掌握新闻阅读的技巧。

(四)精读新闻,探讨语言

1.国民党反动派经营了三个半月的长江防线,遇着人民解放军好似摧枯拉朽,军无斗志,纷纷溃退。

明确:"摧枯拉朽,军无斗志,纷纷溃退"中毫不隐讳地流露出作者的自豪之情。"经营了三个半月"极言准备的充分,按理说长江防线应当是牢不可破的,但是后面紧接着说国民党军溃退之快,两者形成了极大的反差,在对比中愈显我军攻势迅猛、锐不可当,敌军不堪一击。

2.不到二十四小时,三十万人民解放军即已突破敌阵,占领南岸广大地区,现正向繁昌、铜陵、青阳、荻港、鲁港诸城进击中。

明确:"不到""即已""正向"这些表示时间的词语和"突破""占领""进击"这些表示行为的词语恰当地配合,把我军攻势迅猛、锐不可当的态势表现得淋漓尽致。

3.瑞典王国和挪威诺贝尔基金会今天首次颁发了诺贝尔奖。根据诺贝尔的遗嘱,"诺贝尔奖每年发给那些在过去一年里,在物理学、化学、生理学或医学、文学及和平事业方面为人类做出最大贡献的人"。

明确:"首次、每年、最大"这些词语体现出文章语言的准确性。

设计意图:每一种文体,都离不开语言的赏析,新闻更不例外。因此,此环节安排学生精读文本,研读语言,体会新闻语言的客观性、准确性,有时也带有作者一定的思想情感。

(五)巩固训练,拓展阅读

1.阅读校园新闻一则,找出新闻结构五部分

参观消防队增强消防意识

2015年11月12日下午,在"11·9"全国消防宣传教育日之际,静海第五中学德育处组织七年级全体师生到静海区消防二十三中队进行参观。本活动不仅增强学生的消防安全意识,还丰富消防安全知识。

12日下午两点,在徒步20分钟后,同学们到达消防支队训练场,首先听取消防队员边展示边详细介绍各种消防器材的使用、灭火的方法以及火灾中如何自救、互救等知识。官兵们敏捷的身手,让同学们敬佩不已。当听说有消防队员参加塘沽爆炸救援现场时,同学们肃然起敬,响起热烈掌声。观看过程中,消防队员还和学生们进行互动,让同学们穿上消防服,感受消防队员工作时的状态;打一打沙袋,举一举杠铃,体验着消防队员平时训练的辛劳。

随后同学参观了消防车、消防器材、队史馆、运动室。当看到消防队员们叠得方方正正的被子、衣服,摆放整齐的学习用品、洗漱用具时,不禁发出"啧啧"的赞叹声。

此次参观活动,同学们获益匪浅,对消防安全知识有了进一步的了解,对消防队员勇敢、守纪的品质有了深一层的敬佩。在活动后,同学们深有感触地留下感言:在今后的生活中,自己要树立安全意识,做一名消防安全的宣传者、守护者!

(冯晨)

2.组内阅读,分享交流

四人一组,阅读事先打印的新闻消息稿件,根据本节所学知识,快速阅读。

设计意图:本节开学第一课的目的,就在于了解新闻特点,掌握新闻阅读相

关知识,更好地帮助学生在日常生活中,了解国内外大事,与时俱进,把握时代脉搏。故此环节设计两个内容:一是校园发生的新闻。指导学生学以致用,快速了解这则新闻写什么,怎么写;同时,以此为范文,为第一单元的新闻写作打下基础。二是小组交流自己准备的新闻稿件。目的在于扩大学生阅读量,利用学到的新闻知识,提高阅读新闻的水平。

八、课后作业

一是电脑、手机、电视等媒介,阅读今天报道的新闻消息。

二是阅读第一单元其他几篇文章,进行比较,发现和今天所学内容有哪些不同之处。

九、链接素材

新闻阅读

(一)新闻报道

1. 特点:新闻报道的特点是:真实、新鲜、重要、趣味可读,时效性极强。

2. 定义:所谓新闻报道,就是对新近发生的事实的报道。新闻的本源是讲究用事实说话,新闻是对客观事实进行报道和传播而形成的信息,反映在新闻信息中的内容必须对事实具有真实传达。但是,客观事实本身不是新闻,被报道出来的新闻是在报道者对客观事实进行主观反映之后形成的观念性的信息,是记者把自己对客观事实的主观传达出来而产生的信息。

3. 基本分类

(1)按照新闻事实发生的地域和范围来分,有国际新闻和国内新闻。

(2)按照新闻的性质来分,有政治新闻、经济新闻、科教新闻、军事新闻、社会新闻、文艺新闻、体育新闻和会议新闻等。

(3)按照新闻的特点来分,有事件性新闻与非事件性新闻,单一性新闻与复杂性新闻,动态性新闻与静态性新闻,本体新闻与反映新闻。

（4）按照新闻的题材来分，有典型报道、综合报道、述评性报道、批评性报道。

（5）按照新闻传播的手段来分，有口头新闻、文字新闻、广播新闻和电视新闻

（二）新闻评论

1.特点

（1）与其他评论一样，有论点，论据，论证三要素组成，具有政策性、针对性和准确性。

（2）在有限的篇幅中，主要靠独特的见解吸引读者。

（3）立意新颖，论述精当，文采斐然。

（4）主要面向广大群众。

（5）着重从思想、政治和社会的高度来评论文章。

2.定义：新闻评论是媒体编辑部或作者对新近发生的有价值的新闻事件和有普遍意义的紧迫问题，运用分析和综合的方法，就事论理，就实论虚，有着鲜明针对性和指导性的一种新闻文体，是现代新闻传播工具经常采用的社论、评论、评论员文章、短评、编者按、专栏评论和评述等的总称，属于论说文的范畴。简而言之，新闻评论是就有价值的新闻事实和社会现象发表意见以指导实践的一种文体。

我们一起阅读吧

八年级上册语文必读书目《飞向太空港》

教师的话：郭沫若的《天上的街市》有这样的诗句，"远远的街灯明了，好像闪着无数的明星。天上的明星现了，好像点着无数的街灯。我想那缥缈的空中，定然有美丽的街市。街市上陈列的一些物品，定然是世上没有的珍奇……"这种对未知世界的好奇心和求知欲，是人类探究世界的最强大动力。

为了探寻太空中那"美丽的街市"的真实面貌，很久以前的人们就有了飞天的梦想……李鸣生先生所著的《飞向太空港》，讲述的就是中国航天人第一次和国外科学家合作，用"长征三号"运载火箭把"亚洲1号"同步通信卫星送入预定轨道过程中所发生的台前幕后的故事。

学生阅读感悟分享：

《飞向太空港》专题研究
——亚洲一号发射成功的原因

《飞向太空港》这本书是李鸣生所写的一本人文社科类小说，本书记录了在1990年4月7日，中国西昌卫星发射中心用"长征三号"运载火箭成功发射美国"亚洲一号"卫星的故事。"亚洲一号"的成功发射，令世界感受到中国人民的智慧与力量的伟大。从此，中国与美国，西方与东方架起了一座空间交流的桥梁。透过事件本身，我们来探究一下亚洲一号发射成功的原因。

一是中国航天技术不断进步的必然结果。我国航天事业起步于1956年，于1970年4月24日发射了第一颗人造卫星"东方红"号，中国成为继苏联、美国、法国、日本之后世界能独立发射人造卫星的国家。经过十年磨砺终于在1984年初，中国的"长征三号"运载火箭把中国第一颗同步通信卫星送上了太空。由此证明了中国航天技术的巨大进步，中国火箭已具备打入国际市场的能力，有强大的航天技术作支撑，是亚洲一号发射成功的重要原因。

二是严峻的国际航天形势提供了有利契机。1986年是世界航天史的"大灾年"。美国连续三次火箭发射失败，英国的"挑战者号"航天飞机和"大力神"火箭先后爆炸，法国"阿里亚纳"火箭也发生了爆炸。这种意外却对中国打入国际市场非常有利。"亚洲一号"卫星前身是美国休斯飞机公司为一家通信公司设计制造的同步通信卫星，于1984年2月发射但未进入预定轨道，同年11月被"发现号"航天飞机带回来，被亚洲卫星公司改名为"亚洲一号"。这次失败，美国的卫星公司才把目光转向中国，而中国航空及时抓住了机会,成功打入国际市场。

三是顽强不屈、英勇无畏的精神支撑。中国航天事业的辉煌成就令我们自豪,但成就的取得不是一帆风顺的,是无数航天人用青春和汗水甚至牺牲换来的。在亚洲一号发射准备阶段,发射场遭遇百年一遇的泥石流,发射场遭到巨大破坏。中国航天人面对大自然的挑战英勇无畏,顽强不屈渡过难关,恢复了工程。发射场就是战场,技术人员和科学家就是将领,施工人员就是战士,他们废寝忘食、呕心沥血攻克一个个技术难关,战胜恶劣的自然环境,用努力奋斗使梦想变为现实。

四是民族自信、民族自强是成功的巨大动力。中国航天人深深知道,发射亚洲一号卫星不仅关乎中国航空领域的声誉,更关乎国家的声誉。中美两国谈判之初,国际社会发出质疑:中国能否成功？中国航天负责人掷地有声地回答"能够成功",他相信,中国人民有自强不息的精神和强大的民族自信心,只要想做一定会成功。所以航天人怀着强烈的使命感投入工作,不计名利,无私奉献。当时给美国技术人员的补贴是每天400美元,而中国技术人员每天只有5美元,中国技术人员毫无怨言,因为他们关心的是能否不辱国家使命,民族自信心和自强精神是他们成功的动力。

成功发射亚洲一号卫星也给了我们深刻的启示,它使我们深刻认识到科技进步是国家强大的重要体现。如今高铁技术、航天技术、5G通信技术、网络商业技术已成为中国的国家名片,而我国也成为世界第二大经济强国,这令世界瞩目,也令我们骄傲和自豪。世界在发展,科技在进步,中国航天事业的脚步不会停歇,而作为祖国未来的建设者和接班人,我们更应该胸怀远大理想,学习中国航天精神,为祖国发展勇担重任。

（边毓欣）

中美文化差异《飞向太空港》

《飞向太空港》一共有六章,主要记录了中国西昌卫星发射中心用"长征三号"运载火箭成功发射美国卫星"亚洲一号"的故事。在这一段历史故事中,中国最先是与美国合作的,东西方文明在现代卫星发射场上交会时发生了碰撞与冲突。

一是饮食文化。中国地大物博，每一个地方都有着独特的饮食习惯。《飞向太空港》中有这样一句话："假如你有机会走进彝家山寨，主人定会十分高兴地留你做客，并为你奉上颇具彝家风采的论坛酒和坨坨肉。"在美国人来到这里时，他们还要去吃呢！而文中也有美国人不适应的，比如在他吃面条时吃不了辣椒，辣得哇哇直叫。这位就是李鸣生的三位美国朋友之一。在他们刚见面时，书中是这样描写的：三位美国朋友马上热情地伸出手来，与我的手握在一起，并在一张纸上记下了我的名字，然后问我来点什么，啤酒还是可乐？我说："No、No、No，我喜欢喝茶。"然而，中美双方在饮食上也有过冲突，文中有两句话写出了美国人在吃的方式上的不同。"众所周知，中国无论是开会或别的什么群体活动，不管是宾馆还是招待所，搞的都是会议伙食""美国人是讲的是自由二字"这也渗透在吃的文化中。但是客观条件有限，宾馆无法办到。

二是文化生活。文中有描写中国人消磨时间的一段："不过，枯燥的文化生活对西昌卫星发射基地的官兵来说，似乎算不了什么。他们的工作本来就很忙，日子过得本来也很累，即使有点空闲，散散步，聊聊天，抽抽烟，打打球，下下棋，望望山，也就可以了。"美国人呢？他们在美国时，经常去剧院，动物园等地，在文化生活上，他们无论如何也是难以忍受的。因此，碰上好的天气，美国专家便组成日行车队，骑在山路上，但是中方出于安全考虑，限制了他们的骑行范围，中国人搞不懂美国人为什么不坐车偏要骑自行车，而美国人也不知道中国人为什么不让他们骑自行车。自行车在中国是代步工具，在美国则是体育锻炼用的。这就是中美双方的文化差异之所在。

三是语言文化。除了最大的语言文化不同，是中国人说中文，美国人说英语，而是还有交往方式。所以，中方人员做出了改变。"中方人员况与老外相见，不再说，吃饭了吗！而是说"XX 先生，您好""XX 小姐，见到您很高兴！"世界上的每一个国家都创造出了不同的文明，文化包括很多，对于不同的文化，我们要互相尊重、互相理解。就像《飞向太空港》的最后，中美双方友好相处，互相适应，互相融合，取长补短，最终合作成功。

（董梦然）

第三节　故土情怀

一、设计意图

"每逢佳节倍思亲",随着寒假的结束,学生带着暖暖的亲情重回校园,抓住这样的时机,以"回顾""抒写"为教学内容,引导学生体悟亲情。课标中关于写作的要求是:"写作要感情真挚,力求表达自己独特感受和真切体验,多角度观察生活,发现生活的丰富多彩。"在学生的温馨回顾中,重新调动他们对亲情的感受,在交流中,能通过不同同学的回忆,唤起自己更多的情感体验,最后完成写作,形成自己独特的认识。

二、教学目标

一是通过小组交流,感受到浓浓的亲情,激发学生尽情表达自己内心情感的欲望。

二是通过结合《背影》的细节描写,学会截取生活化的镜头来表现和抒发亲情。

三是通过亲情主题一些做活动学内化关于亲情的感悟和认识。

三、教学重点

写作素材的选择,学会截取生活化的镜头来表现和抒发自己对亲人,对故乡的情感。

四、教学难点

如何用比较细腻的笔法表现亲情,表现对故乡的热爱。

五、教学准备

一是歌曲《在那桃花盛开的地方》。
二是散文《背影》,学生习作《似简而深》。

六、教学时间

1 课时。

七、教学过程

(一)课堂导语

课间开始播放歌曲《在那桃花盛开的地方》

在那桃花盛开的地方,有我可爱的故乡。

桃树倒映在明净的水面,桃林环抱着秀丽的村庄。

啊"故乡"生我养我的地方,无论我在哪里放哨站岗。

总是把你深情地向往,在那桃花盛开的地方。

有我迷人的故乡,桃园荡漾着孩子们的笑声。

桃花映红了姑娘的脸庞,啊"故乡"终生难忘的地方。

为了你的景色更加美好。

1. 小调查:在歌声中,我们听到一个美丽的地方,那个地方就是我的家乡,有"明净的水面""秀丽的村庄"……我们常说的故乡是什么?

2. 解词:什么是故乡?

意思:出生或长期居住过的地方;家乡;老家。

3. 故乡是每个人的乡土情怀,也许我们还小不能理解,但是当你跟随父母回到家乡,你有怎样的感受,你的家乡什么样子的? 给你留下最深的景色是什么? 事情是什么?

学生畅谈,老师做板书记录。

乡土情怀:对自己生长的故土的无比深沉的爱与依恋,就算你离开家乡很多年,但是你还是爱自己的故土,这种爱是埋入骨子里的。

4. 出示艾青的诗句"为什么我的眼里常含泪水,因为我对这片土地爱得深沉"。

5. 和学生分享自己的乡土情怀:我还自己出来上学,那时候看到一句话"几年前踏上火车的那一刻,我才意识到——从此故乡只有冬夏,再无春秋",那时候很是伤感。我们爱的人,如父母,朋友,都是在那个地方。每次回去都不想离开。

(二)故乡事,故乡人

1. 诵读《端午的鸭蛋》

家乡的端午,很多风俗和外地一样。系百索子。五色的丝线拧成小绳,系在手腕上。丝线是掉色的,洗脸时沾了水,手腕上就印得红一道绿一道的。做香角子。丝丝缠成小粽子,里头装了香面,一个一个串起来,挂在帐钩上。贴五毒。红纸剪成五朵,贴在门槛上。贴符。这符是城隍庙送来的。城隍庙的老道士还是我的寄名干爹,他每年端午节前就派小道士送符来,还有两把小纸扇。符送来了,就贴在堂屋的门楣上。一尺来长的黄色、蓝色的纸条,上面用朱笔画些莫名其妙的道道,这就能避邪吗? 喝雄黄酒。用酒和的雄黄在孩子的额头上画一个王字,这是很多地方都有的。有一个风俗不知别处有不:放黄烟子。黄烟子是大小如北方的麻雷子的炮仗,只是里面灌的不是硝药,而是雄黄。点着后不响,只是冒出一股黄烟,能冒好一会。把点着的黄烟子丢在橱柜下面,说是可以熏五毒。小孩子点了黄烟子,常把它的一头抵在板壁上写虎字。写黄烟虎字笔画不能断,所以我们那里的孩子都会写草书的"一笔虎"。还有一个风俗,是端午节的午饭要吃"十二红",就是十二道红颜色的菜。十二红里我只记得有炒红苋菜、油爆虾、咸鸭蛋,其余的都记不清,数不出了。也许十二红只是一个名目,不一定真凑足十二样。不过午饭的菜都是红的,这一点是我没有记错的,而且,苋菜、虾、鸭蛋,一定是有的。这三样,在我的家乡都不贵,多数人家是吃得起的。

我的家乡是水乡。出鸭。高邮大麻鸭是著名的鸭种。鸭多,鸭蛋也多。高邮人也善于腌鸭蛋。高邮咸鸭蛋于是出了名。我在苏南、浙江,每逢有人问起我的籍贯,回答之后,对方就会肃然起敬:"哦!你们那里出咸鸭蛋!"上海的卖腌腊的店铺里也卖咸鸭蛋,必用纸条特别标明:"高邮咸蛋"。高邮还出双黄鸭蛋。别处鸭蛋也偶有双黄的,但不如高邮的多,可以成批输出。双黄鸭蛋味道其实无特别处。还不就是个鸭蛋!只是切开之后,里面圆圆的两个黄,使人惊奇不已。我对异乡人称道高邮鸭蛋,是不大高兴的,好像我们那穷地方就出鸭蛋似的!不过高邮的咸鸭蛋,确实是好,我走的地方不少,所食鸭蛋多矣,但和我家乡的完全不能相比!曾经沧海难为水,他乡咸鸭蛋,我实在瞧不上。袁枚的《随园食单·小菜单》有"腌蛋"一条。袁子才这个人我不喜欢,他的《食单》好些菜的做法是听来的,他自己并不会做菜。但是《腌蛋》这一条我看后却觉得很亲切,而且"与有荣焉"。腌蛋以高邮为佳,颜色细而油多,高文端公最喜食之。席间,先夹取以敬客,放盘中。总宜切开带壳,黄白兼用;不可存黄去白,使味不全,油亦走散。

高邮咸蛋的特点是质细而油多。蛋白柔嫩,不似别处的发干、发粉,入口如嚼石灰。油多尤为别处所不及。鸭蛋的吃法,如袁子才所说,带壳切开,是一种,那是席间待客的办法。平常食用,一般都是敲破"空头"用筷子挖着吃。筷子头一扎下去,吱——红油就冒出来了。高邮咸蛋的黄是通红的。苏北有一道名菜,叫作"朱砂豆腐",就是用高邮鸭蛋黄炒的豆腐。我在北京吃的咸鸭蛋,蛋黄是浅黄色的,这叫什么咸鸭蛋呢!

端午节,我们那里的孩子兴挂"鸭蛋络子"。头一天,就由姑姑或姐姐用彩色丝线打好了络子。端午一早,鸭蛋煮熟了,由孩子自己去挑一个,鸭蛋有什么可挑的呢?有!一要挑淡青壳的。鸭蛋壳有白的和淡青的两种。二要挑形状好看的。别说鸭蛋都是一样的,细看却不同。有的样子蠢,有的秀气。挑好了,装在络子里,挂在大襟的纽扣上。这有什么好看呢？然而它是孩子心爱的饰物。鸭蛋络子挂了多半天,什么时候孩子一高兴,就把络子里的鸭蛋掏出来,吃了。端午的鸭蛋,新腌不久,只有一点淡淡的咸味,白嘴吃也可以。

孩子吃鸭蛋是很小心的。除了敲去空头,不把蛋壳碰破。蛋黄蛋白吃光了,用清水把鸭蛋壳里面洗净,晚上捉了萤火虫来,装在蛋壳里,空头的地方糊一层薄膜。萤火虫在鸭蛋壳里一闪一闪地亮,好看极了！

小时读囊萤映雪故事,觉得东晋的车胤用练囊盛了几十只萤火虫,照了读书,还不如用鸭蛋壳来装萤火虫。不过用萤火虫照亮来读书,而且一夜读到天亮,这能行吗？车胤读的是手写的卷子,字大,若是读现在的新五号字,大概是不行的。

2.作者选取怀念家乡的内容是什么？——通过对端午风俗的描写和对家乡,高邮鸭蛋的介绍,表达出对儿时生活的怀念以及对故乡的热爱之情。

3.这样的热爱之情是怎样表现出来的？

(1)作者在文中大谈家乡端午的风俗,介绍"鸭蛋"的种种妙处,通过"鸭蛋"这件事来写出对家乡的怀念,文字也如同聊天,自然而然中写出自己独特的感受。

(2)作者重点是写了端午的鸭蛋带给一个孩子的快乐,充满趣味。

(3)侧重对家乡端午节风俗的描写,有地方特色,能很好地表现作者对家乡的怀念。从写作手法上,先浓墨重彩地描绘出"端午"的气氛,就为文章主体"鸭蛋"预设了一个合理的背景。为下文的"鸭蛋"的出现做了铺垫,从而使文章语言显得过渡自然。学生还可以说出自己的发现。

(4)口述作文,寻找家乡的"符号"。学生口述作文,家乡的符号是……具体的事件或场景以及带给"我"的感受。

(1)安徽-春笋

直到在徽州大山见到竹笋,我才发现并非如此。那一天,我刚进山前的村子,第一眼我便瞧见了那远处山上一棵棵挺拔翠绿的竹子,那竹子一点儿也不像平时书中看到的那种"筷子"竹,细得像一根根木筷子。而是个个都粗得像大柱子,远远看上去,山上的竹子立得更斜,也是纹丝不动的。走到山脚下时,这种感觉更盛。只见一个个比碗还粗的高竹扎根于土中，上山时路陡，锋利的铲子铲在地上，都不如扶一根高竹稳，一个人的身体压上去，竹子一晃都不晃，给人平添一种安全感。

半山腰处便有一个露头的竹笋，不大，高也刚过脚背，说它能长成那么高，谁也不信。我本以为不过几铲子便能将之拔出，却没想到，接连几铲子下去，却也只能看出笋的身子，根部一点儿也没瞧见。大山上面几乎寸草不生，很贫瘠，一铲下去，都是硬土或石子，一点儿水分都没有，连着挖，将石子移开，以竹笋头为中心挖了一个小坑，也只看到大大的根部顶端，至于底部则是一点儿也没瞧见，几个同伴轮流到坑中用铲子铲土，花了几十分钟，坑越来越大，石头硬土块在一旁堆了一座小山，才看见竹笋的根，不禁感叹其根深，脚下到坑底，坑能没过小腿。有经验的农夫帮我们铲断根部，带着浓重的口音告诉我们，这根还能往下。铲出来的根部湿漉漉的，透着水汽，向坑中嗒嗒滴水，与山表面的干燥形成鲜明的对比。那一刻我突然明白了。原来这竹笋的根竟然如此之深，也正是因为它的存在，才使小小的竹笋在这贫瘠的大山中得以生存下去，并长成高耸的翠竹，装点大山。

（2）苏州——一碗面：家乡的味道

面馆的门脸儿很小，藏在一排排青石砖的房屋中，没有旁边杂货铺琳琅满目的物件，或是街边小贩的高声吆喝，只是安详地躲在其中，唯有那从门缝里钻出来的，热腾腾的蒸汽是那么诱人。

无论是鸡肉、菌菇，或是鱼肉、臊子，总有一碗让我回味无穷的汤打底。我爱看那些削面师傅做面，看似简单的过程中，却隐藏着无数玄机。只见削面师傅提起明晃晃的刀，电光石火间，刀像一条银蛇在指间上下翻动，穿梭飞舞，案板上的面便齐刷刷地断开，丝毫不连带。接着，他抄起一双一米长的竹筷，将面条提起甩入一口大锅中，不一会儿，面条在锅中翻腾起来，锅里泛着白沫，咕咕的气泡将蒸汽送上来，还带着面条的醇香。面熟了，他将面捞进汤碗里，又抄起一把刷子，在香油里蜻蜓点水般一蘸，再均匀地刷在面条上，那雪白的面便自内而外地露出一点金黄。每当这时，我都会面带诡笑，心怀虔敬地接过面来，喷香的热气直往鼻子里钻。

清淡的汤底裹着丝滑软弹的面一齐入口，回味之间，唇齿留香。我仿佛看见了年轻的姑娘同爸妈一起在山间采摘野菜,芳草鲜美,落英缤纷,那是菌菇的芬芳;看见了俊朗的小伙子在山坡上放牧,风吹草低,牛羊成群,那是肉质的饱满;看见了年迈的老农在田野里高歌,清风徐来,麦浪滚滚,那是面条的醇香;看见了垂暮的渔夫在河上钓鱼,夕阳西下,沉鳞竞跃,那是鱼虾的鲜美。那一碗看似简单的刀削面,背后浓缩的却是故乡人们的质朴,和我对这份纯澈的深情。

学生分享,老师板书记录学生的写作思路

（四）书写我的家乡情怀

如果说,歌手以《桃花盛开的地方》为题,唱出了对家乡的热爱,那么,请你以""那城、那人、那情""为题,写一篇作文,表达你对故乡的热爱,对故乡人的怀念。

八、学生作文链接

糖葫芦

糖葫芦是我从小吃到大的北京特色小吃,也是老少皆喜爱的食品,甜中带酸,酸里有甜。

糖葫芦是穿成一串儿的,象征着幸福和团圆连成一串,没了烦愁,一家人和和美美。糖葫芦在最开始是用于治病,将山楂串串儿,裹上冰糖吃后治病,后来随着医学的发展,不再用古时的老方子治疗,糖葫芦就变成了一个民间小吃,流传至今。之后又出了不同种类的糖葫芦:草莓、小西红柿、橘子、山药……但都没有山楂的好吃,可能是因为那是最原始的味道吧?

从我记事起,糖葫芦就是很甜的一串果子,留下了很美好的回忆,因为还小,还不知道是用山楂做的,就以为是一种果子,小时候吃得也不多,每次虽然只吃几个就不吃了,但是下次还是会想买着吃。一直到了小学,搬了家,附近一直没有找到卖糖葫芦的,有时也会有推着自行车上挂着糖葫芦卖的小贩,但是,不是小时候的味道了,也一直想着,哪儿会有糖葫芦卖呢?

随着社会的发展,各种各样的食品、小吃、零食层出不穷,我吃着新上架的零食,同时内心也在担忧糖葫芦会不会就这样被其他吸引眼球的小吃顶替了?这可是多少代人儿时的回忆呢!它承载了儿时稚嫩无知的回忆、家人幸福地团聚的回忆、过年红红火火的回忆……

有一天,我去天地买本子,走进去那条街时偶然发现有一家小店门框上有两串假糖葫芦,我激动地对妈妈说:"有卖糖葫芦的!"就拉着妈妈进来,妈妈笑了笑跟我说:"真不容易啊!"看店的胖阿姨笑着说:"买个糖葫芦吗?"我十分激动地说:"要!要!"后来,我就一直记住了这个不起眼的小店。在春天和冬天时,每周回爷爷奶奶家路过这里都会买几串带回去一起吃,渐渐成了一种习惯,阿姨也认识我了,每次见我进来以后会开心地说:"又来啦,小姑娘。"一年又一年地过去,阿姨的小店里人越来越多,我的这份回忆又回来了。

糖葫芦对我来说,不只是小吃,也是一段回忆;滴溜溜圆的山楂外面裹上一层冰糖,粘上一层薄薄的糯米纸,连纸带糖和山楂一口咬下去,得到的不仅仅是酸甜的口感,也有一种感觉,仿佛又回到了小时候:上幼儿园放学后去买糖葫芦,快到家的时候,举着剩下一半吃不了的糖葫芦给正在锁自行车的姥爷,姥爷接过来,带着我回家……可现在,却再也没有办法坐在姥爷骑着吱呀吱呀响的自行车后,吃着糖葫芦,无忧无虑地傻乐了。

回忆,会一直留守于心中;糖葫芦,也会一直流传下去;味道,也不会改变,只是儿时的回忆,不能再重来了。糖葫芦可以改变种类、做法、品种、样式,现在的生活也可以凭借努力改变,但儿时的回忆不会改变,回忆中的那个人,也在我心里,永远都不会变。

(张佳音)

我们一起阅读吧

阅读书目《儒林外史》

教师的话：

叶圣陶先生指出："阅读是吸收，写作是倾吐，倾吐是否合乎法度，显然与吸收有密切的关系。"《儒林外史》是清代吴敬梓创作的一部长篇小说，反映了以写实主义描绘各类人士对于"功名富贵"的不同表现，一方面真实地揭示人性被腐蚀的过程和原因，从而对当时吏治的腐败、科举的弊端、礼教的虚伪等进行了深刻的批判和嘲讽；一方面热情地歌颂了少数人物以坚持自我的方式所做的对于人性的守护，从而寄寓了作者的理想。后人高度赞誉了其艺术价值，尤其论起讽刺艺术，开创了中国小说创作之鼻祖。为此在阅读之时，教学价值的提取，就是从这点入手，在关注小说基本要素、情节和人物的基础上，引导学生探求"讽刺艺术"在小说中的运用，在教学中有一个有效的"抓手"，展开教学。

学生阅读感悟分享：

污浊与清流
"功名富贵无凭据。费尽心情，总把流光误。"
——《蝶恋花》

儒林外史，好一部讽刺小说！开篇第一句"功名富贵无凭据。费尽心情，总把流光误"就是一个讽刺，但也是事实。古今多少读书人为求知识而读书？又有多少人为求功名利禄而读书？词里虽然说人生功名是身外之物，可"毒酒"的滋味，只有自己喝过才知道。官员们通过科举进入仕途，他们就凭借于此在普通百姓头上作威作福，贪婪、蛮横是他们的共同特征。作者在此刻画了汤奉和王惠两个人，他们凭借科举，走入仕途，放弃了"人之根本"，反映了当时整个封建官吏政治的腐败不堪。

所谓"云深不知处"，他们深受毒害却不自知，只有等毒药发作的那一天,才会痛彻心扉。不论早晚,有多少人通过科举进入官场,就有多少人会感到官场的险恶和腐败。作者不但是想通过周进和范进这两个典型的腐儒反映这一问题,也想借此反映古代金银官本位制度的悲哀和可笑。

先拿胡屠户为例,在范进中举前,他称范进为"现世宝穷鬼",说他中了秀才是自己"带挈"的,范进母子却还千恩万谢。但当范进中了举人后,称呼变成了"贤婿",怕得连打也不敢打,称赞"才学又好,品行又高",令人哭笑不得。

此后张乡绅的做法也耐人寻味。范进中举前,他根本看不上范进这种穷人,后来却认起了"世兄弟",还送起了银子。自此以后,许多人都来奉承他,可见在官本位制度下世人的追名逐利之丑态。

同时,世人对钱期望的程度甚至可以超越一切。拿严监生的两位舅老爷王德、王仁为例,严监生想把小妾立为正室,两人一开始"把脸木丧着,不吭一声",但收了严监生的银子后,两人立刻翻脸,"义形于色"地说:"我们念书的人,全在纲常上做功夫,就是做文章,代孔子说话,也不过是这个理。"生动而又深刻地揭露了两位"廪膳生员"的丑恶嘴脸。作者通过人物本身的一言一行,并无些许的主观评价和辱骂,就能让人物自我暴露出道貌岸然之下的伪君子面目。

回望历史,唐宋时期的举业是诗词歌赋,所以造就了唐诗宋词在文坛上的地位,造就了一批名留青史的诗人。但到了明清时期,八股文荼毒了当时几乎全部的读书人,使他们因迷恋举业而失去自我。他们只是按照题目敷衍成文,内容空洞、扼杀创意。常说自己八股文写不好,但每次考试都是一等第一的武书先生,也就是污水中的一汪清泉了。

要说在污浊科举之风中一股清流当属王冕、庄征君和杜少卿三人。"浊酒三杯沉醉去,水流花谢知何处"正是它们三人的真实写照。王冕在历史上确有此人,是元末明初的诗人,文中是"有真知灼见的学者"。作者借此来作为楔子,骡栝全文。以安于贫贱,不畏权贵,不求功名的形象作为自己理想中的人物,同时也在第一回埋下伏笔,点明故事发生地主要在人文荟萃的江南地带。

庄征君与杜少卿都有作者本人的影子。庄征君受陶渊明的影响,悠然是他的最大特点,他并不是逃避俗世,而是在俗世的纷纷扰扰中坚守着自己的人生境界。后来在皇帝召他入京时他表示"我们与山林隐逸不同,既然奉旨召我,君臣之礼是傲不得的"这就表示他不仅仅是白居易式的在恶劣的社会环境下仅仅安于独善其身的个人境界,还有对家国的情怀。

杜少卿也是作者极力称赞的人物,淡泊功名,讲究"文行出处"。藐视功名富贵到宁可装病辞官,也要与娘子在花前月下看花吃酒。也体现了他不顾封建社会礼法的束缚,以平等的身份对待妻子,反对封建礼教,在光天化日之下拉着娘子的手游山玩水,不惧别人的目光,这一点倒与简·爱有相似之处。他最明显的性格,就是乐于助人、扶危济困,即使散尽家财也在所不惜。但他帮助过的人事后再回头帮助他就不一定了,这一点也是个讽刺之处。

与其说儒林外史中讽刺的人可笑,倒不如说那时的社会可笑。处于这样的社会当中,世人麻木不仁已是常见,也只有根治,改变这种社会制度,才能改变世人。《儒林外史》也是吴敬梓和部分清醒的人所发出的"呐喊"吧。这种呐喊至今仍振聋发聩,依然挥之不去,直到存在每个中国人心中为止。

(李骁)

第四节　阅读城市

一、设计意图

"读万卷书,行万里路",青少年在学习成长的过程中,读书和游历是两种互相补充的学习方式。游历,能够直观地让学习者拓宽眼界视野,扩展知识储备,感受文化差异,提高综合素质,是素质教育的重要组成部分,为此在假期设计符合地域情况的微旅行活动,在微旅行中,了解自己生活的城市。这节课以北京为例,学生寻找北京的符号,在游览中寻找曾经生活的记忆,在开学第一课,则用"口述"的方法,交流自己的见闻,同时渗透游记的基本写法。

课标中明确提出语文的四大核心素养:语言建构与运用,思维发展与提升,审美鉴赏与创造,文化传承与理解。其中"审美鉴赏与创造""文化传承与理解"都能在微旅行活动的设计与实施中得到渗透和关照。学生感受京城文化,拓展学生思维发展宽度和增强文化自信。

二、教学目标

一是通过图片展示,有条有理地讲述"我眼里的大北京",拓宽学生对北京的了解。

二是梳理学生讲述自己游历的方法,学习写游记。

三、教学重点

一是讲述语言的连贯、条理清楚。

二是如何将游记写得有声有色,既做到所见景观的描述,又能写出自己的动情点。

四、教学难点

游记写作能艺术一点,加入传说、文人诗句,能多角度、多层次地介绍自己的作品。

五、教学准备

一是浏览学生的假期作业,进行景点分类。

二是划分小组,每个小组自主介绍,然后推荐优秀作品。

六、教学时间

1 课时。

七、教学过程

(一)引出话题,介绍大北京

1. 调查:谁是在北京长大的?

2. 北京是我们的故乡,那么北京是什么样的呢? 观看宣传片《北京二十四小时》。

设计意图:城市宣传片,是宣传城市的活广告,浓缩的城市文化和形象,在宣传片里一一展开,勾勒清晰的城市印记。每一个城市都是多面的,立体的。为此选用有独特视角的视频很重要。视频里有流畅的影视语言,精心梳理城市的文化脉络、历史渊源、穿越时空的屏障,将逝去的珍贵记忆与现实的成就重组,诠释城市的辉煌与美丽。是学生喜欢的一种学习方式。

3. 请用一个词定义北京,讲述你看到的北京

(1)美食:北京的美食有很多,全聚德烤鸭,老北京火锅,老北京小吃十三绝包括豆面糕、艾窝窝、糖果卷、姜丝排叉、糖耳朵、面茶、馓子麻花、蛤蟆吐蜜、焦圈、糖火烧、豌豆黄、炒肝、奶油炸糕。

(2)历史:北京在历史上曾为六朝都城,在从燕国起的 2000 多年里,建造了许多宫廷建筑,使北京成为中国拥有帝王宫殿、园林、庙坛和陵墓数量最多的城市。

(3)建筑:四合院建筑,四东西南北四面,合是合在一起,形成一个口字形,这就是四合院的基本特征。四合院建筑之雅致,结构之巧,数量之众多,当推北京为最。北京的四合院,星罗棋布,有的处于繁华街面,有的处于幽静深巷之中;但是现在很多地方因为扩建已经没有了四合院的传统格局。

(4)胡同:北京的胡同都是灰墙灰瓦,但并不是一个模样,胡同里的老住户

们会告诉你,每条胡同的说头儿,给你讲自己胡同的故事,每个胡同都有着传奇般的经历,都有很多趣闻掌故。

设计意图:将"城市"与学生真实看到的"生活"联系起来,选择其中一个角度来讲,可以帮助孩子聚焦,在分享中,拓宽了学生对北京这座城市的印象。

（二）专题分享,分组汇报

1. 假期每个人都选择了不同路线游历了我们的北京城,你的旅行主题是什么？选择了哪些景点？行走路线是什么？有过怎样的奇遇经历？带着这些问题,与同学分享你的微旅行故事。

全班分为九个小组,由组长组织同学之间分享自己的微旅行故事,并做好评判,推荐出最有代表性的一个小组。小组先做组内分享,然后做出小组优秀游记推荐。

2. 班级分享,同时梳理学生发言的主题以及为下一步游记写作做好知识准备。

分享要求:

（1）要有一个明确的主题,能巧妙地表达自己的所见所感。

（2）条理清晰。可以是时间顺序,也可以是地点的转移,还可以是某种思想感情的变化,还可以是三者合一,穿插使用。

（3）可以展开丰富的联想,用比喻,拟人,通感等手法写景。

（4）可以插入一些有文化底蕴的东西,如神话传说、前人诗文、名人逸事等。

小组分享:地铁一号线——故宫。

下午我们来到了故宫。故宫是古代皇帝办事和生活的地方。一进门,我就看见了高大雄伟的城墙,城墙是红色的,顶端有用来防护的城垛。接着就步入午门,午门有五道扇门,中间的是正门,在古代严格规定只有皇帝、皇后以及状元、榜眼、探花可以走。我们穿过正门,也过了一把古代皇帝的瘾。午门过去就是太和殿又称金銮宝殿,是故宫规格最高的建筑,屋顶的神兽也是最多的,有11个。一座座宫殿屋顶铺着黄色的琉璃瓦,屋檐和柱子上都雕刻着精美的图案,大门两侧立着威武的青铜狮子,流淌着岁月的痕迹。

小组分享:地铁二号线——五道营胡同。

从前门乘坐地铁2号线,经过8站,就到达安定门站,再步行约300米左右到达五道营胡同。五道营胡同,东边是著名的雍和宫,南面靠着国子监。五道营胡同的名字是有些来历的,这个地方在明朝叫武德卫营,到了清代,就叫五道营,原来是一个兵营。但来到这里,一点兵营的感觉都没有。如果说要在繁华热闹的大北京,找到一条可以独自一个人慢慢行走,又非常有味道的胡同,那一定是五道营胡同了。它既不像南锣鼓巷这样拥挤不堪商业味浓厚,也不像一般的北京胡同平淡无味。这里有很多有中国味道的店,我们就来到一家名为"锦寮"的店,进到这家店,源自对店名这个字"寮"不认识。老板告诉我们,这个字念"liáo"店名中的"锦"是"色彩艳丽,精美"之意。"寮"是小屋,简陋之意;锦寮,指的就是一间简陋的小屋,但里面有繁花似锦的物品,有简有繁,宁静淡泊。老板喜欢老文化,所以店名也有很深的文化功底。锦寮老板是从小在北京胡同里长大的胡同串子,喜欢原始的青砖绿瓦、古老的物件和纯手工的制作。屋子里的宝贝都是老板亲自淘来的具有中国特色的物品,其中有很多属于非物质文化遗产。

这只是我们讲述的一家,其实在五道营胡同无论是街边卖各种小玩意的小店,还是小巷布置精美的咖啡屋,都让人流连忘返。

小组交流:地铁5号线——天坛公园。

去天坛公园可乘坐地铁5号线在天坛东门下车。天坛公园是一个令人肃穆的地方,是皇帝祭天的地方,皇帝每年两次前往天坛祭天,分别是夏至和冬至的凌晨四点至五点。那场面甚是隆重。天坛公园的建筑不多,占地面积很大,树木草地多,尤其是一些古树,都有上百岁,建筑风格属于天圆地方。

我们是从天坛公园西门进入,在南边的一面平面图上看了公园的整个布置,我们决定从公园的北边开始,先后按照祈年殿、(皇穹宇)回音壁、圜丘的顺序来游览天坛公园。祈年殿、是古代皇帝祭天的主要场所,里面供奉"皇天大帝"。远远看去,为三层圆亭形,顶上的鎏金造型和西安钟楼上的有些相似。三层的屋面上边均为蓝色琉璃瓦,整个建筑宏伟大气。在第三层的正南边,悬挂着祈年殿的蓝底金字的金刻花大匾。祈年殿一层为红色格子木门窗,上边刻着各种古花纹,花纹图案为金黄色,耀眼夺目。门上和二三层外围立面刻画着蓝色为底的金色图案。和顶上的琉璃瓦相呼应。祈年殿北面有一座大殿——皇乾殿。皇乾殿和祈年殿供奉大致相同，有趣的是，皇乾殿西边有一个小门，叫做古稀门。关于这个门有一段小故事。当时大臣们为了减少乾隆皇帝的祭天路程，就在此处开了这扇门，可是乾隆皇帝又怕后世子孙都走此门，乱了章法，对天不敬，就下旨规定，凡是以后的皇帝，只有年过七旬，才可进出此门。所以这门就叫做古稀门。但事实上，乾隆皇上以后的各位清朝皇上，没有一位像乾隆那样高寿，所以，此门也只有乾隆一人用过。从皇乾殿出来，向南走，就上了丹陛桥，可别小看了这座桥，它可是我国最古老的立交桥。再向南就是圜丘了。圜丘分为内外两圈，四面均有汉白玉雕刻的形似牌坊的石门，叫做棂星门。是古代祭坛专用门式。圜丘内外各设四组，每组有三门，共八组二十四座，称为"云门玉立"。

公园很大，我们几乎走了一天，整个天坛公园给人的印象是建筑古朴大方，园内古树成群，古树林里，歌声阵阵，风琴声、口琴合奏声此起彼伏。很有生趣，也是我们游客的一景。

3. 根据分享的三点要求，学生进行评价。

设计意图：在分享前，给学生提出三点要求，就是让学生在语言表达时做到有序，并且能兼顾游记的"景""文化""感受"这几个特点。

（三）范文引路

1. 默读《读城记》，圈点勾画。想一想作者写城的切入点是什么？对你的启发又是什么？《读城记》之北京城选段：

北京的"和气生财"却来自北京文化的"大气"。也就是说，老北京生意人的"和气"，根本就不是什么"服务态度"，而是一种"文化教养"。它是天朝大国的雍容气度，是世纪老人的闲适安详，是"大人不计小人过"的仁和谦让，是一个正宗北京人应有的教养或者说"礼数"。有人说，北京的各行各业"咸近士风"，便正是看到了这种"和气"不但普遍，而且与知书达理一相关，有一种儒雅的底蕴，甚或是一种——书卷气。所以，一旦这种"礼数""教养"或"书卷气"没了，事情也就会变成完全不同的另一个样子。

——北京人的自豪感，毋宁说是一种民族自豪感，而非地域或社区自豪感。北京人，可能是中国人中最少"地域文化心理狭隘性"的一群。因为他们不是某个地方或某一区域的人,而是"中央的人"。中央只不过高于地方,却并不与地方对立,更不排斥。所以北京人并不"排外"。既不排斥外地人,也不排斥外国人,甚至也不(像上海人那样)鄙夷乡下人。他们不太在乎别人说自己"土气""乡气"(尽管北京也有"土老帽儿"之类的词儿)。相反,他们对于乡村还天然地有一种亲切感(比如把"心里美"萝卜当水果吃)。足以让他们感到自豪的是,富丽堂皇、雍容华贵的北京城内,也不乏乡情野趣之地。那里野旷人稀、风物长静,可以体味到人与自然的亲近。这当然是一个农业大国的京都人才会有的情感,绝非那些在拥挤狭窄的水泥弄堂里长大的上海人所能理解。

2.学生谈个人的启发

明确:作者侧重从历史与文化的角度来看一个城市,把城市拟人化,分析一个城市人的性格,把握一个城市的特点。而同学的主要是自己见到的,感受比较少,深入思考比较少,在一个城市中我们要有自己的理解和领悟。

3.体会游记的写法

明确:写游记要有中心思想。通过描写游览中的所见所闻,把自己的思想感情表现出来,或是表达自己对祖国大好河山的赞美之情、热爱之情,或是说明在游览中所发现的生活哲理,以理动人。写游记要以游踪为线索。游踪就是游览一个地方所经过的路线、踪迹。准确地交代游踪,具体地描述景物所处的地点、方位、特点,能使读者读了你的游记,知道该怎样走,就能到达游览的地方,观赏美景。写游记要选择重点景物的特点,进行细致描写,还要发挥想象力,展开联想的翅膀,丰富游记内容,把如诗如画的美景表现出来,创造出令人陶醉的意境。要有自己的理解和思考,更具人文性。

(四)课堂小结

城市和人一样,也是有个性的。有的粗犷,有的秀美,有的豪雄,有的温情。比如北京"大气醇和",上海"开阔雅致",广州"生猛鲜活",厦门"美丽温馨",成都"悠闲洒脱",武汉"豪爽硬朗"。你曾经走过的城市是什么样的,把自己生活中的经历写下来,一方面留给自己可持续回忆起那有趣的特殊的经历,一方面介绍给别人,让大家都知道世界上还有这么好玩奇妙的地方。如果不写下来时间长了在自己的记忆里就会留下一个大概的印象很多细节就会遗忘。

分享你的旅行故事:有声有色地记录下绚烂多彩的画面,写出自己独特的感受,请大家写一篇游记《大城小爱》。

八、素材链接

冬日香山(选段)
梁衡

过去来时,路边是夹道的丁香,厚绿的圆形叶片,白的或紫色的小花;现在只剩下灰褐色的劲枝,头挑着些已弹去种子的空壳。过去来时,山坡上是些层层片片的灌木,扑闪着自己霜红的叶片,如一团团的火苗,在秋风中翻腾;现在远望灰蒙蒙的一片.其身其形和石和土几乎融在一起,很难觅到它的音容。过去来时,林间树下是厚厚的绿齿,绒绒地由山脚铺到山顶;现在它们或枯萎在石缝间,或被风扫卷着聚缠在树根下。如果说秋是水落石出,冬则是草木去而山石显了。在山下一望山顶的鬼见愁,黑森森的石崖,蜿蜒的石路,历历在目。连路边的巨石也都像是突然奔来眼前,过去从未相见似的。可以想见,当秋气初收,冬雪欲降之时,这山感到三季的重负将去,便迎着寒风将阔肩一抖,抖掉那些攀附在身的柔枝软叶;又将山门一闭,推出那些没完没了的闲客;然后正襟危坐,巍巍然俯视大千,静静地享受安宁。我现在就正步入这个虚静世界。苏轼在夜深人静时去游承天寺,感觉到寺之明静如处积水之中,我今于冬日游香山,神清气朗如在真空。

与春夏相比,这山上不变的是松柏。一出别墅的后门就有十几株两抱之粗的苍松直通天穹。树干粗粗壮壮,溜光挺直,直到树梢尽头才伸出几根遒劲的枝,枝上持着束束松针,该怎样绿还是怎样绿。树皮在寒风中成紫红色,像壮汉羞脸。这时太阳从东方冉冉升起,走到松枝间却寂然不动了。我徘徊于树下又斜倚在石上,看着这红日绿松,心中澄静安闲如在涅槃,觉得胸若虚谷,头悬明镜,人山一体。此时我只感到山的巍峨与松的伟岸,冬日香山就只剩下这两样了。苍松之外,还有一些松,栽在路旁,冒出油绿的针叶,好像全然不知外面的季节。与松做伴的还有柏树与翠竹。柏树或矗立路旁。或伸出于石岩，森森然，与松呼应。翠竹则在房檐下山脚旁，挺着秀气的枝，伸出绿绿的叶，远远地作一些铺垫。你看他们身下那些形容萎缩的衰草败枝，你看他们头上的红日蓝天，你看那被山风打扫得干干净净的石板路，你就会明白松树的骄傲。他不因风寒而筒袖缩脖，不因人少而自卑自惭。我奇怪人们的好奇心那么强，可怎么没有想到在秋敛冬凝之后再来香山看看松柏的形象。

当我登上山顶时回望远处，烟霭茫茫，亭台隐隐，脚下山石奔突，松柏连理，无花无草，一色灰褐。好一幅天然泼墨山水图。焦墨笔法者舍色而用墨，不要掩饰只留本质。你看这山，他借着季节相助舍掉了丁香的香味，芳草的倩影，枫树的火红，还有游客的捧场。只留下这长青的松柏来做自己的山魂。山路寂寂，阒然无人。我边走边想，比较着几次来香山的收获。春天来时我看她的妩媚，夏天来时我看她的丰腴，秋天来时我看她的绰约，冬天来时却有幸窥见她的骨气。她在回顾与思考之后，毅然收起了那些过眼繁花，只留下这铮铮硬骨与浩然正气。靠着这骨这气，她会争得来年更好的花，更好的叶，和永远的香气。

香山，这个神清气朗的冬日。

卢沟晓月（选段）

"苍凉自是长安日，呜咽原非陇头水"，这是清代诗人咏卢沟桥的佳句，也许，长安日与陇头水六字有过分的古典气息，读去有点碍口？但，如果你们明这六个字的来源，用联想与想象的力量凑合起，提示起这地方的环境，风物，以及历代的变化，你自然感到像这样"古典"的应用确能增加卢沟桥的伟大与美丽。

从前以北平左近的县分属顺天府，也就是所谓京兆区。经过名人题咏的，京兆区内有八种胜景：例如西山霁雪，居庸叠翠，玉泉垂虹等，都是很优美的山川风物。芦沟不过有一道大桥，却居然也与西山居庸关一样列入八景之一，便是极富诗意的"芦沟晓月"。用"晓月"陪衬卢沟桥的实是一位善于想象而又身经的艺术家的妙语，本来不预备后人去做科学的测验。你想:"一日之计在于晨",何况是行人的早发。朝气清,烘托出那勾人思感的月亮,——上浮青天,下嵌白石的巨桥。京城的雉堞若隐若现,西山的云霭似近似远,大野无边,黄流激奔,……这样光,这样色彩,这样地点与建筑,不管是料峭的春晨,凄冷的秋晓,景物虽然随时有变,但若无雨雪的降临,每月末五更头的月亮,白石桥,大野,黄流,总可凑成一幅佳画,渲染飘浮于旅行者的心灵深处,发挥多少样反射的美感。

……

桥下的黄流,日夜呜咽,泛挹着青空的灏气,伴守着沉默的郊源。……他们都等待着有明光大来与洪涛冲荡的一日——那一日的清晓。

我们一起阅读吧

九下推荐阅读书目《格列佛游记》

教师的话:

比较法在阅读教学中具有多方面的训练作用。首先,它可以激发学生新的研究兴趣。比较分析是在学生已知的基础上提供新的思维空间,使学习的内容难度加深、涉及面加宽,从而引起优势兴奋中心,促进积极思维。其次,比较教学可以培养学生的研究能力。《格列佛游记》情节性强,充满奇幻色彩,强大的创作背景却是容易被学生忽略的,为此让学生建立阅读关联,通过回顾七年级阅读过的《镜花缘》与之比较,让学生从深处去思考,去理解作者的创作意图,这样不仅能让学生把名著"读进去",同时也能"读出来"。

学生阅读感悟分享:

理想国度

——浅析《格列夫游记》与《镜花缘》

《格列夫游记》是英国作家乔纳森·斯威夫特创作的一篇长篇游记体

的讽刺小说,叙述主人公格列佛的四次出游,先后经历了小人国、大人国、飞岛、巫人岛和慧骃国等七八个岛国并见识了一系列的奇闻怪事。《镜花缘》则是从两个部分来串联小说,前半部分写了唐敖、林之洋、多九公三人游历海外三十余国的奇异经历,后半部分叙述了由诸花神所托生的一百名才女参加武则天所设的女试,及考取后在一起饮酒游戏、赋诗谈笑的情景。

当我读完《格列夫游记》后,发觉这本书与《镜花缘》在创作中有很多相似性。这两部作品在时间上仅仅相差了 100 年的时间,一个诞生于英国资产阶级革命时期,一个诞生于中国最后一个封建王朝由盛转衰的时代背景下,两部都是批判现实类的作品并且不约而同地选择了大人国和小人国这样一种超现实的场景,开拓了小说讲故事的深度和广度。

《格列夫游记》中,大人国国王博学多识,性情善良。是一位博学、理智、仁慈、治国能力强的开明国君,他用理智、公理、仁慈来治理国家,他厌恶格列佛所说的卑劣的政客、流血的战争。作者通过大人国国王对格列佛引以为荣的英国选举制度、议会制度以及种种政教措施所进行的尖锐的抨击,对英国各种制度及政教措施表示了怀疑和否定。小人国,则是大英帝国的缩影。英国国内党派斗争常年不息,对外的战争也频繁发生,而这些战争的实质只是政客们在一些与国计民生毫不相干的小节上勾心斗角。

《镜花缘》中,作者同样写到了大人国和小人国。大人国国人不仅身高过于常人"二三尺不等",要紧的是脚下皆有云雾护足。市井巷陌之中,有人高视阔步;有人虚肩顾盼;有人低眉敛脚。神色各异,全因脚下云雾的颜色而定。"光明正大,足下自现彩云""奸私暗昧,足下自生黑云"。但是大人国官员的脚下多用彩绫遮盖,因为这些人脚下忽生一股恶云"必是暗中做了亏心之事,人虽被瞒了,这云却不留情……他虽用绫遮盖,以掩众人耳目,哪知却是掩耳盗铃。"而小人国国人则是身长不满一尺,所说之话,处处与人相反。

因创作的时代不同,国家不同,所以创作背景就出现了差别。《格列夫游记》创作于 1726 年,正值英国历史上正值风起云涌的时期。1688 的"光荣革命"并没有彻底地摧毁英国根深蒂固的封建势力,随后建立的君主立宪制也是封建的贵族地主和大资产阶级相互妥协的产物。资本主义对人民的压迫以及贵族地主对人民的掠夺使平民阶级的生活日益艰苦。可以说，斯威夫特生活的是一个政治的转变期，而明显，这个转变期对人民来说是漫长而痛苦的，所以，他思考社会问题，批判统治阶级。清代文学家李汝珍创作《镜花缘》是在嘉庆、道光年间，这一时期是中国封建王朝历史上最后一个繁荣时期的末端，作者看出了社会的弊端，也预料到如果弊端不革除，中国的盛将会转向颓势。同时他主张男女平等，他认为社会对女人的苛刻要求，以及八股文造就的酸腐秀才和贪官污吏会影响社会的发展，他认为，女性和男人一样，她们有权利接受教育，有能力担任官职，更不用受到封建礼教的压迫，女人可以独当一面。他也在书中表达了他向往的一个世界，这个世界有君子国、大人国的"好让不争、民风淳厚"，有黑齿国的"求学盛风"，作为万邦朝首的天朝还应该有如轩辕国般"有求必应，最肯排难解纷"。这是他的社会理想。

　　虽然《格列夫游记》与《镜花缘》承载了不同的文化内涵，也产生于不同的背景之下，但是它们都对当时腐败、虚伪的社会现状表达了不满，都盼望能够改善社会、国家甚至是制度。因为，只有在好的社会环境下人民才能安居乐业，也希望全世界人民都能够幸福生活！这恰是我在阅读这两本书时感受到的一种情怀。或许，一个人很难改变一个时代，但是因为有这样的"呐喊"之声，则会警醒人们去思考，去改变。

（杨文涵）

第六章　文化篇：弘扬传统经典

　　文化认同是指一种群体文化认同的感觉，是一种个体群体的文化影响的感觉。是语文学科育人的重要因素。传统文化是中华民族的精神瑰宝，它承载了先人的智慧和情感，凝结了民族的历史和记忆。通过初中语文的教学，我们引导学生深入阅读和理解传统文化经典，让他们领略古人的风采和情怀，感受到中华文化的博大精深。这有助于培养学生的审美情趣和人文素养，激发他们的民族自豪感和文化自信心。

　　阅读经典，是弘扬传统文化的重要途径。经典作品是传统文化的精华所在，它们蕴含着深邃的思想、优美的语言和丰富的情感。通过阅读经典，学生能够深入了解传统文化的内涵和价值，领悟到其中的智慧和哲理。同时，经典作品也能够为学生提供丰富的语言素材和表达技巧，提升语文能力和文学素养。

　　本章将通过"让我轻轻念你的名字""琼楼静亭，文人风骨""马年话马——有趣的生肖文化""赏诗词，品情怀"等内容，带领学生走进传统文化的世界，感受经典的魅力，引导学生通过朗读、品味、思考和实践等方式，深入阅读和理解经典作品，让他们在经典的文化熏陶中，培养起对传统文化的热爱和尊重，树立正确的价值观和人生观。

第一节 让我轻轻念你的名字

一、设计意图

刚进入中学,学生对眼前的一切都是陌生而新奇的。开学的第一节语文课,将学生的自我介绍和语文学习联系起来,通过阐释自己名字的内涵、制作个性化名片等环节,让自我介绍染上语文味儿,沾上生活气儿,既能让师生之间、生生之间迅速熟悉起来,也能充分挖掘名字背后的内涵,激发学生不负父母长辈的希冀,追寻远方更好的自己的愿望。同时,也感受到名字背后浓浓的浓浓亲情和厚重的中华文化。

二、教学目标

一是通过朗读《念你的名字》,激发同学们对自己名字的审视与思考,认识到名字承载了父母长辈对自己的祝愿和寄托。

二是通过自我介绍,阐释自己名字的内涵。向大家讲述自己名字来历和家长寄予的美好期许。

三是通过开展"记名字"比赛,在轻松温暖的氛围中,促进同学之间尽快熟悉起来。

四是通过写藏头诗的方式,制作自己的个性化名片,以此促进学生之间的进一步交流。将名片送给自己新结识的朋友,在诗意的表达中消除同学们之间的陌生感,融洽班级氛围,建设温暖的班集体,开启美好的语文学习之旅。

三、教学重点

理解并阐释自己名字的内涵,结合自己的名字和个性特点写一首藏头诗,将自我介绍和学生的生活密切相连。

四、教学难点

结合自己的名字和个性特点写一首藏头诗,制作个性化名片。

五、教学准备

教师:课前准备《朗读者》中吴孟超诵读《念你们的名字》这段朗读视频;提前制作好教师自己的名片。准备好形状和颜色不同的空白名片卡,供同学们制作个人名片时使用。

学生:提前与父母交流,知晓父母为什么给自己起这个名字,理解自己名字的内涵和父母对自己的希冀。

六、教学时间

1课时。

七、教学过程

(一)导入

播放《朗读者》中吴孟超诵读《念你们的名字》的视频。老师再用课件出示重点段落,动情朗诵:我愿意再说一次,我爱你们的名字,名字是天下父母满怀热望的刻痕,在万千中国文字中,他们所找到的是一个最美丽最醇厚的字眼——世间每一个名字都是一篇简短质朴的祈祷!"林逸文""唐高骏""周建圣""陈震寰",你们的父母多么期望你们成为出类拔萃的孩子。"黄自强""林进德""蔡笃义",多少伟大的企盼在你们身上。"张鸿仁""黄仁辉""高泽仁""陈宏仁""叶宏仁""洪仁政",说明了儒家传统对仁德的向往。"邵国宁""王为邦""李建忠""陈泽浩""江建中"，显然你们的父母曾把你们奉献给苦难的中国。"陈怡苍""蔡宗哲""王世尧""吴景农""陆恺"，蕴含着一个古老的圆融的理想。我常惊讶，为什么世人不能虔诚地细味另一个人的名字？为什么我们不懂得恭敬地省察自己的名字？每一个名字，无论雅俗，都自有它的哲学和爱心。如果我们能用细腻的领悟力去叫别人的名字，我们便能学会更多的互敬和互爱，这世界也可以因此而更美好。

导入：今天我们的第一节语文课，就从"虔诚地细品另一个人的名字"和"恭敬地省察自己的名字"开始吧！

设计意图：用《朗读者》中的视频资料作为教学资源，既激发了同学的学习兴趣，也从朗诵者的诵读中，深刻感受到了"名字"所承载的家国情怀和文化内涵。而老师的范读，迅速地将同学领入本课的教学之中，平时我们随意呼唤的名字，何曾做到"虔诚地细品另一个人的名字"和"恭敬地省察自己的名字"呢？同时也引发同学对名字背后所蕴含的中华文化进行深入思考。

短短的导入，有着浓浓的语文味儿：一篇美文，一段视频朗读，老师的范读……都在潜移默化中学习着语文。用这种方式开启中学语文学习的第一课，能充分调动学生学习的积极性。

（二）我的名字我讲解

1.同学们进行自我介绍，讲述自己名字的来历，阐释自己名字背后家长所寄予的希冀和期盼。之后将自己的名字写到黑板上，同学们大声念出来。

设计意图：每个名字背后，都有着一段家人们反复斟酌，不断比对筛选，甚至不惜重金找高人起名的故事。一个看似简单的名字，却承载着浓浓的中华传统文化和家庭寄予的厚望，通过这个活动，让学生们重温家人给自己起名字的经历，讲述自己名字背后所承载的家庭希冀，是对亲情的捡拾与重温，也是对中华传统文化的传承。同时，当讲述的同学将名字讲完并写在黑板上后，全体同学要大声念出来，这样能尽快让同学们消除初来乍到的陌生感，让班级洋溢着浓浓的温情。

2.老师进行自我介绍：老师将自己的名字写到黑板上，让大家进行解读。老师阐述：很多人第一次见到我的名字，都觉得应该是个男性名字，以至于很多学生干脆称呼我为"明哥"。可我偏偏是个女儿身。父母为我取"国明"这个名字,对我寄予厚望,希望我做一个"明白人",而且要把"国家利益"置于个人利益之前、之上!我一直努力着,努力做个"明白人",做个"明白之师"。请你记住老师的名字!请大声念出老师的名字!

(三)我的名片我设计

1. 老师将自己的名片下发给每一位同学,名片上一首藏头诗,将老师的名字嵌入其中,也体现了老师的职业特点和人生追求。

2. 下发名片纸,让同学们尝试写藏头诗,要求将自己的名字嵌入字头,并要能体现出自己的性格特点、兴趣爱好或者理想追求等。

3. 交流自己写的藏头诗,大家通过聆听,通过藏头诗的字头读出同学的名字。然后看哪个同学记住的名字多,看哪个同学写的藏头诗最有特色!

4. 互赠名片。组织同学们将自己制作的名片送给最想结识的同学。

设计意图:写藏头诗的活动,会极大地激发同学们兴趣。老师参与其中,既是示范者,也是参与者,会拉近师生之间的情感距离。虽然同学们写出来的藏头诗,水平会参差不齐,但只要参与就会有多重的体验和快乐。教师将语文学习和有意思的活动结合起来,学习知识,也将自己的兴趣、爱好等融于诗歌中,同学之间加深了解。活动中送名片的环节,能帮助同学们在最短的时间内寻找伙伴和朋友。

(四)课后作业

1. 将自己课上记住的同学名字以及他们名字的内涵讲给自己的父母听。

2. 古代男子二十岁女子十五岁,不便直呼其名。故另取一与本名含义相关的别名,称之为字,以表其德。凡人相敬而呼,必称其表德之字。后称字为表字。

根据记载,古时男子二十岁时取字,女子许嫁时取字。如孔丘字仲尼,司马迁字子长,李白字太白。如果你给自己再取一个表字,会取什么?请阐明理由。

设计意图:这两个小活动,是之前教学环节的进一步延伸和扩展。课上时间如果允许,可以提到课上来完成。中国人的名字,既承载着长辈的美好期望,留存着鲜明的时代烙印,也是一种博大精深的文化现象,值得后人好好研究。通过这个活动,激发同学们的探究热情,进一步研究名字背后的中华文化。

八、链接材料

名人名字背后的故事

李四光,地质学家,中国地质力学的创立者,中国现代地球科学和地质工作的主要领导人和奠基人之一,新中国成立后第一批杰出的科学家和为新中国发展做出卓越贡献的元勋。他原名李仲揆。李四光14岁时成绩优异,学校选送他到日本留学。填写出国护照表格时,他在姓名一栏里错填了年龄,写成"十四"两个字。当时这张表是要花钱买的,他没钱再买一张,只好把"十"字改为"李"字,名字写成"李四"。但一想"李四"太不好听,又提笔在"四"字后面添上一个"光"字,意即要到四面去追求光明。

冰心,也叫谢婉莹,福建长乐人,中国著名的现代诗人和作家。冰心的小说,清新隽永,寓意深远。冰心热爱生活,对祖国和人民充满着爱心,她喜欢一切美好的事物,也有自己的风骨。冰心纯真善良,勇敢正直,生性旷达。就像她自己写的那样"踏着荆棘,也不觉悲苦;有泪可落,亦不是悲凉"。冰心的这个名字,源于唐朝王昌龄的诗"洛阳亲友如相问,一片冰心在玉壶",后来冰心给出了她自己的解释,首先冰心两个字和她名字的莹对应,而且简单好记。其次她说自己胆子比较小,一开始害怕用真名被人批评笑话,就取了冰心这个笔名,没人认识。

陶行知,安徽省歙县人,中国人民教育家、思想家,伟大的民主主义战士,爱国者,中国人民救国会和中国民主同盟的主要领导人之一。1934年,他在《生活教育》上发表《行知行》一文,认为"行是知之始,知是行之成",并改本名为陶行知。虽然王阳明学说含有主观唯心主义的成分,陶行知却从中悟出学习与实践相结合的道理,且终身以此自勉。

林徽因,大家都应该很熟悉,她是民国时期著名的才女和美女,集美貌与才华于一身。她的原名叫徽音,参与设计了我们中国的人民英雄纪念碑和中华人民共和国国徽。林徽因的身上有很多传奇的故事,尤其是林徽因的爱情,一直都被人们谈论着。林徽因出生于福建,原来的名字是父亲根据《诗经·大雅》中"大姒嗣徽音,则百斯男。"表示美好和祝福。后来有一个男作家也叫林徽因,而且经常在报纸上发表文章,导致了很多人的误会,林徽因就把原来的名字徽因改成了林徽因。音和因的一字之差,让林徽因少了一分女子的娇气,多了一分了悟因果的豁达。林徽因在去世的时候,爱了她一生的金岳霖为她写下了最好的挽联"一身诗意千寻瀑,万古人间四月天"。

屠呦呦,中国首位诺贝尔医学奖获得者。她的名字据说是父亲所起,出自《诗经·小雅·鹿鸣》。其中有一句"呦呦鹿鸣,食野之蒿",意思是:一群鹿在那里一边鸣叫,还一边吃着蒿草。《诗经》译注中"蒿"解释为"一种草,也叫青蒿,香蒿"。屠呦呦正是因为长期坚持不懈地对青蒿素进行研究与提取而获得了诺贝尔奖。冥冥之中就像是注定似的。

我们一起阅读吧

七年级上册语文必读书目《朝花夕拾》

教师的话:

钱理群曾经说过:"鲁迅对我们的中学生和老师,最大的作用,就是他的作品使我们变得'大气'和'深刻'。"可很多同学在读鲁迅的作品时有畏难情绪,我们不妨从阅读《朝花夕拾》开始,走近鲁迅,消除和经典作品的隔膜。只要潜心阅读,你会发现,虽然隔着近百年的距离,但从作品中或多或少会看到自己童年的影子。

阅读这部作品,我们可以采取专题探究的方式,研究鲁迅的童年、鲁迅笔下的那些人物、鲁迅的儿童教育观,或者那个时代的教育、医疗和民俗……你会发现,《朝花夕拾》是一部难得的百科全书,让我们走进百年前的中国。

学生阅读感悟分享：

从《朝花夕拾》里看鲁迅的童年
——《鲁迅的童年》研究小组

一、问题的提出

鲁迅先生在《朝花夕拾》中提到了自己的童年，我们对他的童年非常好奇。他的童年经历中有哪些对他成为文学家、思想家和革命家起到了正面影响？而哪些又起到了负面影响？这就是我们所要研究的问题。

二、研究方法

1. 查阅《朝花夕拾》前 7 篇。

2. 查阅《导读》《小引》和《鲁迅自传》。

3. 精读书中与鲁迅的童年相关的文字。

4. 从文章中挑选出鲁迅本人的态度和反思性语句。

5. 小组讨论，集思广益，综合大家的意见 。

三、研究情况

我们认为，鲁迅的童年有快乐也有烦恼，有温暖也有黑暗，有人陪伴也与书为伴。鲁迅在文中一方面展现了他有趣和广阔的田园生活，另一方面揭示了封建私塾的教条的教育方法，说明了这两方面是存在尖锐矛盾的，也表达了鲁迅支持儿童健康活泼成长的合理要求。综合我们的研究情况，我们认为，以下几点大概是成立的：

1. 鲁迅的童年是快乐的。鲁迅小时候与大自然非常亲近，例如在百草园里拔何首乌根、摘覆盆子、雪地捕鸟等。这些无不体现出鲁迅小时候与大自然的亲密和他对大自然的热爱。而且，鲁迅在百草园生活的一段时间里，每一天与自然为伴，捉小动物，观察植物，没有外界的干扰，无忧无虑，感受大自然所带来的美好，这都是令我们向往的。

2. 鲁迅的童年也有苦涩。鲁迅小时候的生活虽然有美好的一面，但也并非万事随心。例如，鲁迅童年受到的教育是十分落后的。比如说《五猖会》一章中鲁迅想去看五猖会，但他父亲非逼他先背《鉴略》，导致鲁迅只能采用死记硬背的方法，失去了学习兴趣。而且，在《百草园》一章中寿镜吾先生的授课方法让学生感到十分无趣,使得鲁迅在下面偷偷画画。

3.鲁迅的童年所处的是封建的社会、黑暗的社会。鲁迅的童年是封建的社会,通过他读《二十四孝》故事,可以反映出当时人们内心思想的禁锢和迷信。而且,由于祖父入狱,鲁迅家里的经济状况不佳,从《父亲的病》这一章中,可以看到,鲁迅父亲的病经过医生的治疗后不但没有好转、反倒身体状态越来越差,这不但看出了那个社会的"庸医"草菅人命、巫医不分、故弄玄虚,还可以看出当时的社会黑暗、恶人当道,连医生这个治病救人的行业都变得不可以令人信任

4.鲁迅的童年是有人陪伴的。鲁迅的童年是在三味书屋里度过的,他与同学们一起玩盍甲游戏、画画,还一起去折蜡梅、寻蝉蜕、捉苍蝇、喂蚂蚁,这都说明他并不是孤单一人。回到家里,他有长妈妈对他照顾有加。在私塾里,他有塾师对他进行辛勤教导。这些他成长路上的人,都丰富了他的童年和人生,成为他回味一生的精神财富。

5.鲁迅的童年也是温暖的。鲁迅身边有很多"暖人"。例如,家里的长妈妈虽然自己也穷,但还是替他买到了他念念不忘的《山海经》。鲁迅身边也有很多"暖情"。例如,三味书屋的私塾先生因材施教、兢兢业业,做人虽然古板,但对学生还是很好的;虽然他有一条戒尺,却也不常用;虽然他有罚跪的规矩,但也不常用。这说明,封建的"规矩"纵然摆在那里,但先生还是非常懂得教育的,这给了鲁迅的童年以某种出乎意料的温暖。

6.鲁迅的童年是与书为伴的。这是最重要的一点,照亮了鲁迅的整个童年。他从小爱书,对《山海经》念念不忘,后来终于得到了,还是家里的长妈妈买给他的。他对《二十四孝图》感到扫兴,但他毕竟读了。这些都体现出,读书一直伴随着鲁迅的童年,书使鲁迅的童年变得快乐。

鲁迅的童年是多彩的。他的童年不只有正面的情,也有负面的情。例如,在《狗猫鼠》中,就写了隐鼠被猫吃了以后,他对猫的恨。在《阿长与〈山海经〉》中,他写了一开始对阿长的讨厌以及后来对她的喜欢。这些例子都体现出了鲁迅童年的"情"的丰富多彩。

四、研究结论

我们通过研究发现:鲁迅的童年经历对他之后的成功影响很大。他小

时候与书为伴、接近大自然,使他不但文字功底深,而且观察能力强。他遇到的"暖人"、经历的"暖情",都使他变得温暖、豁达。"世事洞明皆学问、人情练达即文章。"鲁迅的童年经历让成年后的鲁迅对"世事"看得更清、对"人情"更加练达。

从《朝花夕拾》中看鲁迅先生的儿童教育观
——鲁迅的儿童教育思想

"从觉醒者入手,各自解放了自己的孩子,自己背着因袭的重担,肩扛住了黑暗的闸门,放他们到宽阔光明的地方去;此后幸福地度日,合理地做人。"鲁迅先生的儿童教育观渗透到了他的文章中,《朝花夕拾》中就尤为明显。经过了长时间的阅读与钻研,我总结出了鲁迅先生的主要观点,其主要有两方面:

一、尊重儿童的心理

鲁迅先生认为教育应有正确的思想,要理解且尊重儿童天性,但不是放纵,要引导儿童知道基本的常识与道理,拥有个性与创造性,启发兴趣,顾及儿童心理,不强迫。在三味书屋学习时,寿先生只是一味灌输知识,并没有顾及学生心理,导致鲁迅等在偷偷画画、玩游戏,对老师所讲一点儿也没有兴趣。而且从文中也可得知,鲁迅先生得知基本常识与道理也是在大自然与周围人的言传身教中,学堂并没有起到多大的关键性作用,失去了创建的意义。在《五猖会》一文中,在鲁迅特别想要去看会时,父亲却逼他背书,父亲本意是让他记忆深刻、提高学习效率,但适得其反,也使得鲁迅对后来看会的一切都没有兴趣,从中可知父亲并没有尊重孩子的天性,强迫式教育的效果是十分差且也是不适用的。但是,也不能过度放纵儿童天性、一味地玩,这样会让儿童不仅没有收获且没有意义。如衍太太,只是让孩子拼命玩,这样的教育思想是偏激且错误的。

二、采用合理教育方式

我认为《朝花夕拾》中表现作者对教育方式的思考。教育应该采用合理教学方式,符合儿童特点。激发对学习的好奇心与求知欲,寓教于乐于大自然,学习内容新颖,不古板,不枯燥,不死记硬背,自由成长,有主动学习习惯,在自我探索中学习。在三味书屋,寿镜吾先生授课内容枯燥无味,无乐趣。鲁迅等学生都在做别的事,对学习没有主动性,没有探索能力,对知识没有好奇心与求知欲。从背《鉴略》中可以透析出死记硬背的教学方式是过时的,没有效果的,鲁迅先生多年后只记得两句,也不理解内容是什么意思,这样的背诵没有意义也没有市场。

鲁迅先生虽然已经逝去,但"救救孩子"的坚毅呼声依然留存,他那前瞻性的儿童教育观至今依然具有借鉴意义。他是"民族魂",更是伟大的教育家。

(李一诺)

第二节　琼楼静亭,文人风骨

一、设计意图

在开学第一课,带领学生读中国文学史上描写楼、亭的文字,感受中国古代文人墨客的风骨。琼楼静亭,风光无限,但这琼楼静亭,更重要的是成为失意文人的精神后院。尤其是像范仲淹、欧阳修这样的文人,身遭贬谪,寄情山水,但依然心系国家心系苍生。"先天下之忧而忧,后天下之乐而乐"是一种外显的情怀;"达则兼济天下,穷则独善其身"是一种内敛的修养。

醉翁亭,岳阳楼,沧浪亭,黄鹤楼……至今它们仍是人们游览的胜地,"文以楼台传胜名,楼台因文增盛誉"那些文字,洒脱地植入人们的精神,成为生命的出口。

二、教学目标

一是学生读《岳阳楼记》《醉翁亭记》,体会古代文人对美景的细腻体验,对家国的深深的爱恋之情。

二是赏读文字,感受到古诗古文的韵律美结构美情感美,受到美的熏陶。

三是通过阅读相关文章,能够理解在逆境中的古人的那种忠君爱国的情感。

四是通过阅读交流,热爱我们祖国的大好河山,感受到中华精神。

三、教学重点

通过阅读《岳阳楼记》《黄鹤楼》《醉翁亭记》经典片段,能够读文字、赏文学、品文化。

四、教学难点

通过读文章,能感受到古代的文人风骨。

五、教学准备

准备助读资料,便于学生上课再阅读。

六、教学时间

1 课时。

七、教学过程

(一) 导入

同学们,我国古代有很多名胜古迹都留下了文人骚客的诗词歌赋。比如,三大名楼滕王阁、黄鹤楼、岳阳楼上面就铭刻了很多美文妙句。王勃《滕王阁序》"落霞与孤鹜齐飞,秋水共长天一色"令人神往之至;崔颢《黄鹤楼》"晴川历历汉阳树,芳草萋萋鹦鹉洲"让人回味无穷;而岳阳楼上,范仲淹的"先天下之忧而忧,后天下之乐而乐"传唱不衰;《醉翁亭记》中欧阳修的与民同乐的思想更是让人深思。

建筑学家梁思成说:"中国建筑之个性乃即我民族之性格。"阅读中国古老的建筑,阅读中国古老的美文,先贤哲人放浪山水,笔底生花,让这琼楼静亭承载着中国古代文人的气质,甚至蕴含着中华民族的性格。

(二) 调动积累,说说你读过的写亭台楼阁的古诗文名句

背诵出写中国名楼、名亭的诗句。

能准确地背诵原句,能说出作者的姓名朝代。背诵的诗句不少于 2 句。

参考诗句:

1. 昔闻洞庭水,今上岳阳楼。——《登岳阳楼》唐·杜甫

2. 拂拭倚天剑,西登岳阳楼。——《留别贾舍人至二首》唐·李白

3. 昔人已乘黄鹤去,此地空余黄鹤楼。——《黄鹤楼》唐·崔颢

4. 白日依山尽,黄河入海流。 欲穷千里目,更上一层楼。——《登鹳雀楼》唐·王之涣

（三）读美文，了解作者情感

读美文《岳阳楼记》《醉翁亭记》感受作者蕴含在楼、亭的情感。

1.能读准字音，能读出情感。2.能找出表明作者情感的语句。能初步了解作者的"忧""乐"。

（四）读链接资料，了解范仲淹，了解欧阳修

读美文关于范仲淹、欧阳修的补充资料，能说出《岳阳楼记》《醉翁亭记》的写作背景。

能根据助读资料，分析出两位北宋文学家是怎样写出名篇的。能找出两人经历相同点。

【链接一：关于范仲淹】

范仲淹（989 年—1052 年），字希文，苏州吴县（现在苏州吴中区）人，北宋政治家、军事家、文学家。庆历新政失败后，范仲淹贬居邓州。昔日好友滕子京从湖南来信，要他为重新修竣的岳阳楼作记，并附上《洞庭晚秋图》。范仲淹一口答应，但是范仲淹没有去过岳阳楼。庆历六年六月（1046），他挥毫撰写了著名的《岳阳楼记》。

【链接二：关于欧阳修】

欧阳修（1007 年–1072 年），字永叔，号醉翁、六一居士，汉族，吉州永丰（今江西省吉安市永丰县）人，北宋政治家、文学家，且在政治上负有盛名。因吉州原属庐陵郡，以"庐陵欧阳修"自居。官至翰林学士、枢密副使、参知政事，谥号文忠，世称欧阳文忠公。后人又将其与韩愈、柳宗元和苏轼合称"千古文章四大家"。与韩愈、柳宗元、苏轼、苏洵、苏辙、王安石、曾巩被世人称为"唐宋散文八大家"。

《醉翁亭记》作于宋仁宗庆历五年（1045 年），当时欧阳修正任滁州太守。欧阳修是从庆历五年被贬官到滁州来的。被贬官的原因是他支持北宋革新运动。欧阳修在滁州实行宽简政治，发展生产，使当地人过上了一种和平安定的生活，年丰物阜，而且又有一片令人陶醉的山水，这是使欧阳修感到无比快慰的。

（五）了解贬谪文学的意义

范仲淹、欧阳修都是在被贬谪后,写下了名篇。岳阳楼、醉翁亭已经成为贬谪文学的标记。贬谪文人往往因为与当权者们的政见不同,轻则遭贬,重则身陷囹圄,远离繁华的都市,来到荒远的穷僻之地。"一封朝奏九重天,夕贬潮阳路八千",境遇变化之快,贬地路途之远,往往令他们的心理变化一落千丈,思想感情发生较大的转变。此种特殊的经历往往变成这些文士绝妙笔端下的深刻思想。

贬官文人的经历不同,性格有异,他们的作品常常会显现出不同的风格,呈现出的山水景致也各有各的韵味,其中表达的思想感情也不尽相同。

中国古代文人,大多受儒家思想影响的积极入世的人生态度影响,他们把"修身、齐家、治国、平天下"作为自己的政治理想;他们秉承"穷则独善其身,达则兼济天下"的思想,所以有范仲淹的"先天下之忧而忧,后天下之乐而乐"名句;古代文人,大都是那一时期的政治家,他们有"为天地立心,为生民立命,为往圣继绝学,为万世开太平"的情感和胸怀。

贬谪文学是一种特殊的文化现象。你还读过哪些贬谪文学作品? 这些作家传递出了怎样生命的智慧?

能回忆出读过的作品,能简单概括作者的人生经历。能联系原文,联系作者说出自己的感受。

参考文章:《记承天寺夜游》《小石潭记》《与朱元思书》。

（六）贬谪文学带给我们的精神力量

【链接三:今人读亭读楼读人】

醉翁亭是一道文化风景,是一道贬官文化的风景,"醉翁之意不在酒,在乎山水之间也。""醉能同其乐,醒能述以文"何等干练。九百多年过去了,欧阳修似醉非醉写那篇文章的情态永远让后人怀念。站在阳光里,端详坐着古亭,想象着欧公的情态,我感到山水的美好,感到文化的甘甜,感到欧公的可爱。他为后人树起了一座贬官文化的丰碑,一个贬官文人的样板。娱乐、等待、干事三者缺一不可,不如此不算成熟,不是智者。——节选自《读醉翁亭》范凤驰这就是范仲淹为他的朋友滕子京被贬所邀而作的《岳阳楼记》。此记自然有对封建统治者的忠君之言，但他提出的"先天下之忧而忧，后天下之乐而乐"的抱负，却给人以深刻的启迪，被视为千古雄文。试想，在"朱门酒肉臭，路有冻死骨"时代，古人能"不以物喜，不以己悲"，"进亦忧，退亦忧"。矢志不渝地忧国忧民，是何等不易啊！这些名言，至今不是还在激励我们子孙后代吗！我想，这里络绎不绝的游者，并非都是为古建筑而来，那从小就在课文中背会的范文正公的名句，倒是一鼎吸引他们心神的磁石。——节选自《名楼赋》韦野

这些文学作品给你带来怎样的人生启示？

能联系作品说出自己的人生感悟。

学生答1：在面对逆境的时候，范仲淹与欧阳修采取的是两种不同的方法——欧阳修采取的是自我娱乐，而范仲淹则更有仁人之心——他在逆境中考虑的是更多的人。用喜分忧也罢，将忧化为动力也罢，二人都告诉我们——当生活欺骗了你，不要悲伤，不要心急，而是应当以一种积极、正确的方式笑对人生。逆境，不应使你跸倒，而应作为一个新的开始，一段充实自己的经历。

学生答2：范仲淹"先天下之忧而忧，后天下之乐而乐"，表达了作者对于家国天下安定，黎民百姓安乐的期盼和为之奉献的决心。这是真正以天下事为己任，以百姓苦为己忧。欧阳修造福一方百姓，是与民同乐。这一忧一乐，是两个千古名士对天下百姓的承诺，对国家的承诺。

小结：古代建楼建亭多在临水之地，取凭高远眺，极目无穷之眺。达官显贵墨客骚人登楼一游，或会四方之客。中国历代名楼皆有名诗佳作千古传唱。文以楼合传胜名，楼合因文增盛誉。

观楼赏亭，品文读诗，识人学理。中国独有的名楼文化，具有深刻的历史文化内涵和极复杂的情感因素，更有一种浓郁、高雅的文化氛围，耐人寻味。

在初三毕业季，大家应该读这些经典文章，让自己的内心拥有家国情怀，位卑未敢忘忧国；让自己的内心强大起来，在挫折中愈战愈勇。

我们一起阅读吧

九年级上册语文必读书目《水浒传》

教师的话：

《水浒传》是中国历史上第一部歌颂农民起义长篇白话小说。小说中塑造了一大批栩栩如生的人物形象。这些人物大都形象鲜明,给人留下深刻印象,其中尤以宋江、吴用、林冲、鲁智深、武松、李逵等人最具神采。作者在塑造这些粗犷、侠义的人物时,非常注意表现他们之间的共性和个性。例如鲁智深和李逵,同是疾恶如仇、侠肝义胆、脾气火暴的人物形象,但鲁智深粗中有细,豁达明理;李逵头脑简单,直爽率真。再如林冲和武松,同是小说浓墨重彩刻画的人物,又都武艺高强,有勇有谋。但林冲曾是东京八十万禁军教头,有一定的社会地位,一直安分守己、循规蹈矩,最后是在万般无奈、忍无可忍的情况下才被逼上梁山,是上层人物被迫造反的典型;武松则是个下层侠义之士,崇尚的是义,有仇必复,有恩必报。

清代著名小说理论家金圣叹这样评价《水浒传》:别一部书,看过一遍即休,独有《水浒传》,只是百看不厌,无非为他把 108 个人性格都写出来。《水浒传》写 108 个人的性格,真是 108 样。若别一部书,任他写 1000 个人,也只是一样,便只写得两个人,也只是一样。

因此,学生们在读《水浒传》时,要注意了解人物,对比分析他们的共性和个性。

周汝昌在评说《水浒传》中林冲风雪山神庙这一回目时讲:那一场大雪,拿着一条花枪,挑着一个酒葫芦,打了酒来,不论是画,还是影视,那个诗的境界,多么浓厚!《水浒传》里最美好的文字,也是文学艺术家之笔,大家都公认……

学生们在读《水浒传》时,除了要关注人物,还要赏析文学名著中的语言、诗词等。如果可以,还可以和中国古典名著《三国演义》对比阅读。

胡适评价《水浒传》说,在 500 年中,流行最广、势力最大、影响最深远的书,并不是四书五经,也不是理性语录,乃是几部白话小说,《水浒传》就是其中的一部奇书,是我国文学的正宗。

我们读白话小说《水浒传》,要把握题材特点,了解古代白话小说的艺术手法,能够分析人物形象,体会小说的语言风格。

学生阅读感悟分享：

我看"鲁智深"

"鲁提辖拳打镇关西""鲁智深大闹五台山""花和尚大闹桃花村""鲁智深火烧瓦罐寺""花和尚倒拔垂杨柳""鲁智深大闹野猪林""花和尚单打二龙山""鲁智深浙江坐化",这些章节的题目中有一个共同点——人物都是鲁智深。这些题目中也多少透露出了鲁智深的性格特点。

在这些题目中鲁智深不是"大闹"就是"火烧"、不是"火烧"就是"单打",就没有闲着的时候。因此可以看出鲁智深的勇猛及武艺的高强。当然也可以看出鲁智深也不是好惹的人,经常多生事端。

当然,读书不能只看热闹,要通过文章来分析人物才能有所收获。

"拳打镇关西"是为了救金老和他的女儿,"大闹桃花村"是为救刘太公的女儿,"大闹野猪林"是为了救林冲,从中可以看到鲁智深的爱心、鲁智深的见义勇为。有的时候,他一定也不想杀人,但他做这些都是为了别人。就算他武艺再高强,每一次打架肯定多多少少地会受些伤,有的时候更会搭上自己的性命。他可以为了别人而不顾自己的安危,这足够看出他的"善"、他心灵的"美"。

"大闹五台山"是因酒起,而此时的鲁智深已出了家。按常理,出家人不应该喝酒,而鲁智深却不这样,他照样喝酒吃肉,毫不避讳。这充分显示出了他的率真、他的直爽、他的快活、他的自由。我觉得这里也写出了作者对自由自在的生活的一种渴望、一种向往。

我觉得作者写鲁智深其实是在写一个内心世界中的自己。作者喜爱他的那份"善"、那份"美";作者羡慕他的那份"爽朗",天不怕、地不怕的性格;作者更是追求他的那份自在、那种自由的生活。

也许作者在实际生活中是个文人,但我觉得在作者的内心世界中藏着一个武者,那个武者像鲁智深一样的自由快活,像个快活神仙一般,那个武者也应该像鲁智深一样的武艺高强。

从作者的内心更可以看出那个时代、那个社会。作者渴望自由,说明那个社会的压迫;作者渴望武艺高强,说明那个社会的混乱;作者渴望率真,说明那个社会的黑暗;作者渴望"善"与"美",说明那个时代的丑陋和人世的炎凉。

我也同样羡慕他的自由自在。他表面上比我们快活,但他的快活是肉体上的,我的快活是灵魂与心灵上的。他不情愿地打仗,不情愿地上梁山。他的灵魂受到了压迫,他的心灵受到了牵制。我想作者亦是如此,不然他又何必羡慕呢?作者期待的是肉体与心灵的共同解放。这就是我追求的人物——鲁智深,因为我同作者一样,追求心与身的快乐与自由!

(常维涛)

智多星——吴用

他是《水浒传》中的核心人物,他是梁山伯义军军师。他满腹经纶,他足智多谋,他通晓六韬三略,他广读天下诗书,不错,他就是智多星、天机星——吴用。

吴用字学究,因足智多谋,广读诗书而常与诸葛亮比较,道号:加亮先生,人称:智多星。

他一生屡出奇谋,屡建战功。吴用曾为晁盖献计,智取了生辰纲,用药酒麻倒了杨志,夺了大名府梁中书送给蔡太师庆贺生辰的十万贯金银财宝。后来在投奔梁山时看出了王伦不容,于是用计使林冲火拼王伦。他也曾多次救过人。在宋江、戴宗将被行刑时,他叫好汉们劫了法场,在卢俊义、石秀将被处斩时,他及时出计,救了卢俊义与石秀。好人有好报,在他招安后,被皇上亲自封为武胜军承宣使。

他这一生是忠于宋江的。宋江被害后,吴用与"小李广"花荣一同在宋江的坟墓前上吊自杀,最终与宋江葬在一起。

我崇拜吴用,是因为他的足智多谋。首先,打开书的目录,我们不难发现《水浒传》共有一百多回，然而，如果你细心留意过，会发现关于吴用的题目就有不下十个，可见，不管是在书中情节还是在作者心中，吴用这个人的地位并不低。如果你再仔细观察，就会发现每每有关于吴用的标题，大多都会是这样的格式：吴用智取……。可见，他的"智"是突出的，是多见的。在各个情节中，吴用与"智"是一体的，是分不开的。就比如那一段吧。晁盖曾头市兵败后，吴用假扮算命先生，在卢俊义家写下藏头诗，将卢俊义暂时骗上了梁山。卢俊义回去后被人陷害，将被处斩，石秀劫法场也深陷北京城，这时，吴用及时出计。他先发无头帖子稳住局势，又派时迁火烧大名府，最终救出了卢俊义。这个故事足以表明了吴用的"智"与"谋"。

总之，在我心中吴用就是《水浒传》中智慧的化身，是令大家佩服的英雄，他是对兄弟肝胆相照、有情有义的智多星。读《水浒传》，使我身心受益；阅《水浒传》，懂得其中的道理；观《水浒传》，见识何为智慧；赏《水浒传》，领悟真正友谊。

（常维涛）

扈三娘人物分析

西方国家曾经将此书翻译成《105个男人和3个女人的故事》，在这样一部"英侠传奇"之中，几乎没有一位女性是小说的"主流人物"。即便是作为"梁山一百单八将"的有那么一点点"主流"的三个女人，也是"好汉"的形象。

相对于卖人肉的母夜叉孙二娘和性格暴躁的顾大嫂，身为扈家庄千金小姐的扈三娘算是还有那么一些女性的形象，然而却也是一位悲剧性极强的人物。扈三娘相貌生得漂亮。在《水浒传》第四十八回中，扈三娘一出场，行头便与旁人不同，作者描述她"天然美貌海棠花"。扈三娘不是空有美丽，而是善战的将才。第四十七回中，便先为她做了铺垫——"唯有一个女儿最英雄，名唤一丈青扈三娘，使两腋日月双刀，马上如法了得。"再有石秀乔装打听祝家庄路径，遇酒店一老人又提"西村唤扈太公庄，有个女儿，换做扈三娘，绰号一丈青，十分了得。"第五十五回中，与高太尉大战是扈三娘上梁山后的初战,结果大将彭玘一战便被扈三娘活捉。

扈三娘毫无个性匪夷所思。在攻下了祝家庄之后,李逵"杀得性起",竟然冲进扈家庄,一顿板斧将扈家庄满门老幼杀个干净!这对正处妙龄的扈三娘来说该是怎样悲痛的人生惨剧啊,然而这个在战场上威风凛凛的女子知道自己一家被灭门后,非但没有拼死为全家报仇,甚至没作任何表态,就算说是悲痛之极无法表达,或者说是她一个人身单力薄无法报仇,但怎么也不是该出现在所谓庆功宴上痛饮庆功酒的情景吧?

更让人奇怪的是,宋江让父亲认了扈三娘做义女,接着便以义兄的身份让扈三娘和王英成婚。"一丈青见宋江义气深重,推却不得,两口儿只得拜谢了。"只一个"推却不得",扈三娘便嫁给了贪财好色、无才无德、无品无貌的王英,这实在是让人禁不住想问:这个没心没肺的女人真的是那个英姿飒爽的扈三娘吗?

于是乎,扈三娘在我的心目中性格变得模糊了,我们看到的只是一个以替天行道的名义砍砍杀杀的机器。本应是集千宠于一身的角色,然而结局却是死于非命。扈三娘地位的矛盾性最明显的就体现在作者对她的描述,最开始用单章写扈三娘,梁山一百零八个好汉中的三个女人就数扈三娘的笔墨最多,然而到最后作者竟然三两句草草地结束了扈三娘这一人物。相对于整部小说来看,对扈三娘的描写并不多,但寥寥几笔却勾勒出一个跌宕起伏的人生,这个人物的一生不得不用"坎坷""猎奇"和"心酸"来形容啊!

(解则聪)

第三节 马年话马——有趣的生肖文化

一、设计意图

民俗文化,是民间与集体遵从的、反复演示的、不断实行约定俗成的风俗生活和文化的统称,具有增强民族的认同,强化民族精神,塑造民族品格的功能。民俗文化的内容很丰富,生肖文化就是其中之一,有关生肖的内容不仅历史悠久、内容丰富,而且寓意深远。比如 2014 年是中国农历马年,"马上有钱""马上有房"等祝福语"万马奔腾""马上体"成为今年最流行的文体。在生肖文化的背后,还有着许许多多的民俗文化,传承发扬中国的民俗文化,也是课堂教学的主要内容之一。

二、教学目标

一是介绍有关"马"的文化内容,成语、故事等民俗文化,拓展学生对生肖文化的多角度认识。

二是通过学生丰富多彩的展示活动,积累语文知识,开阔学生视野。

三是借助生肖文化的学习,体会中国传统文化的魅力,激发学生对传统文化的学习兴趣。

三、教学重点

多角度地认识有关生肖"马"的相关知识,拓展其他生肖的相关知识,积累民俗知识,激发学生学习的兴趣。

四、教学难点

对"马"的精神理解。

五、教学准备

学生利用假期搜集有关生肖马的知识。

六、教学时间

1 课时。

七、教学过程

(一)十二生肖排座次

2014 年是中国农历的马年。"龙脊贴连钱,银蹄白踏烟。"马在中国一直是英雄的象征。然而,从始祖马到现代马,它们足足走了 5600 万年。今年是马年,为此在开学的第一课,我们来个"马年说马"的学习。

说到马文化,就要从民俗干支纪年、十二生肖说起。中国历史发展到了春秋时期,干支纪年已经成熟,广大民众计算时辰、计算年龄,就将深奥的天干地支推算与生活中熟悉的动物结合起来,用动物来纪年、纪月、纪时。

环节一:马在十二生肖中排第几?

学生猜,或者背诵生肖歌;出示课件:十二生肖图明确答案。

环节二:生肖的来源。

十二生肖的动物,有的源自民族的图腾,如虎、龙、牛、马等,有的与人类的生活密切联系,如马、羊、牛、鸡、犬等。《诗经·小雅·吉日》里有:"吉日庚午,即差我马。"八个字,意思是庚午吉日时辰好,是跃马出猎的好日子,这是将午时与马相对应的例子,可见在春秋前后,地支与十二种动物的对应关系已经确立并流传。

孔夫子在《周易·乾卦》中的那句中国人代代流传的最响亮的名言的由来:"天行健,君子以自强不息!"是的,这匹由我们民族的魂魄所生造出的龙马,雄壮无比,力大无穷,追月逐日,披星跨斗,乘风御雨,不舍昼夜。

马在十二生肖中,位居第七,与十二地支配"午",故一天十二时辰中的"午时"——中午十一点至中午一点又称"马时",易卦为"乾为马"。

（二）有关"马"的相关知识

1.猜一猜,马字俗语的含义是什么。

环节一:出示课件:好马不吃回头草、跛落马、驴头不对马嘴、牛头不对马面。

许多带"马"字的俗语包含着很深的哲理。"好马不吃回头草"是一句激励话,"好马"就应该有能力把握住现在,努力吃完现在的"好草",以后也就没有去吃回头草的必要了。"跛落马"多指当官给出了问题被革职。"老马颠倒骑"指古时的官老爷出门多坐轿,首次骑马分不清前后。"驴头唔对马嘴"也有"驴唇唔对马嘴""牛头唔对马面"多种说法,喻答非所问或两不相合。"行船走马三分命"形容昔年船夫和马夫这两个职业的危险性。

环节二:你还知道关于马的哪些俗语?（学生补充）

2.说一说,马字成语有哪些?

环节一:学生互相补充成语:

龙马精神、一马当先、马壮人强、万马奔腾、汗马功劳、老马识途、马到成功……

环节二:思考,这些成语中暗含马具有怎样的品格?

马的精神,是忠诚,是高贵,是奔驰,是不可征服。马的神韵,则是马在与人类同生死、共荣辱的历史中所表现出来的一种奉献美的史诗。纵观历史,马,从远古的沙场尘烟中驰骋而来,雄浑、高昂、豪迈。几千年来,马用自己的力量和赤诚经历了血与火的洗礼,随人类的发展流动为一种精神,成就了源远流长的神韵。马,是保家卫国、惩恶扬善、匡扶正义的英雄征战翱翔的翅膀。同时,马是刚健、热烈、高昂、饱满、昌盛、发达的代名词。现实生活中的马,在所有的动物里,与人最密切最亲近最能沟通交流,对中国人的生产和生活都产生了重要的影响,并形成了独具特色的马文化。自春秋以来,中国历朝历代的开国帝王都是从马背上赢得江山。在古代战争中,骑兵拥有无法比拟的机动力、冲击力和行军能力,骑兵就是王道。骑兵强,军队就强,国家就强,所以中国文学作品中有"马上封侯""马到成功"等成语,历代文人雅士也写下了大量赞马颂马的经典篇章,而历代名马更是世人关注的焦点。

3. 拜年中的新鲜话:"马上体"

环节一:"马上有钱! 马上有房、马上有对象……"

马年已到,"马上体"流行。生活中,我们常用"马上"这个词。

环节二:有关马上为何为"立即"之意?

有以下三个版本解释:版本一,古代有一个大将,皇帝病危,大将骑在马上听到了这个消息,没下马就直奔京城。后人用马上代表立即之意;版本二,荀子从马上掉下来,被后人称"马上就来";版本三,在古代,"马"是最快的交通工具,在"马上"就代表做好了准备。

(三)走进新时代,马字新说

环节一:想一想,这些词语都是什么意思? 木马病毒、马拉松、拍马屁。

"木马病毒"。木马病毒无人不知,可是这"闻名于世"的病毒为何取名"木马"呢? 许多人都知道希腊人的"木马计",他们把士兵藏匿于巨大的木马中,在敌人将其作为战利品拖入城内后,士兵从木马中爬了出来,与城外的部队里应外合攻下了特洛伊城。计算机世界中的木马病毒的名字就是由此而来。特洛伊木马是指隐藏在正常程序中的一段具有特殊功能的程序,其隐蔽性极好,不易察觉,是一种极为危险的网络攻击手段。

"马拉松"。在体育界,人们管长跑叫马拉松。其实,马拉松一词与"马"无关,它原是希腊的一个地名。希波战争中,波斯王渡海西侵,在离雅典不远的马拉松海湾登陆。雅典军奋勇应战,在马拉松平原打败了波斯军队,史称马拉松之战。为把胜利消息迅速告诉雅典人,雅典统帅派遣长跑优胜者菲迪皮茨从马拉松跑至雅典中央广场(全程 42.195 公里)。菲迪皮茨一个劲地快跑,当他跑到雅典时,已上气不接下气,激动地喊道"欢……乐吧,雅典人,我们……胜利了!"说完就倒在地上死了。为纪念这一事件,在 1896 年举行的现代第一届奥林匹克运动会上,设立了"马拉松"赛跑这个项目,把当年菲迪皮茨送信跑的里程——42.195 公里作为赛跑的距离。

"拍马屁"。这个词源于元朝。那时,蒙古族的普通百姓牵着马相遇时,常要拍拍对方马的屁股,摸摸马膘如何,并附带随口夸上几声"好马",以此博得马主人的欢心。可相沿很久以后,有的人不管别人的马是否好坏、强弱,都一味地只说奉承话,把劣马也说成是好马,人们就逐渐地把对他人的奉承称为"拍马屁"。

环节二:日常生活中,还有哪些带有"马"字词语。

"神马"。这几年,"神马都是浮云"这句话被热议。"神马"不是一匹马,而是"什么"的谐音。方言中说"什么"为"shénmǎ"(神马)。比如"这个是 shénmǎ 东西啊?"是说这个是什么东西啊?

(三)有关马年的天文知识

老师小结:看来,这与马有关的、无关的词还真是不少。马是人类的好朋友,有了这个字,让我们的生活丰富多彩。

农历甲午马年因为闰了个九月,故有 384 天。有人认为马年是 383 天或 385 天,可能是因为前者在计算的时候忘记了 1 月 31 日这一天,后者可能是将阳历 2 月误认为 29 天。正月初一是农历生肖年的开始,在 2014 年 1 月 31 日~2015 年 2 月 18 日之间出生的小孩都属马。

(四)课堂小结

2014 年马年的到来,在这个生肖进入交替的时机,在接下来的马年当中,确实是一个非常好的奋斗时机,因为我们都知道成语"马到功成",马年是一个非常适合大家进行拼搏创业的年份。对于做好了准备的人来说,马年就完全是一个收获的季节,可以得到很好地回应。

让我们在马年里,大展宏图,发扬龙马精神,惩恶扬善、一马当先、万马奔腾、马到成功!

八、素材链接

十二生肖歇后语

1. 鼠

老鼠过街——人人喊打

老鼠见了猫——骨头都软了

老鼠啃张博——吃老本

老鼠拉木锨——大头在后边

老鼠吃猫——怪事

老鼠尾巴熬汤——没多大油水

老鼠啃皮球——嗑(客)气

老鼠钻到风箱里——两头受气

鼠进书箱——咬文嚼字

2. 牛

牛蹄子——两瓣儿

牛口里的草——扯不出来

对牛弹琴——白费劲

老牛拉破车——快不了

老牛上了鼻绳——跑不了

老牛拖破车——一摇三摆

牛角上抹油——又尖又滑

牛鼻子穿环——让人家牵着走

牛吃卷心菜——个人心中爱

老牛吃草——吞吞吐吐

3. 虎

老虎嘴边的胡须——谁敢去摸

老虎下山——来势凶猛

虎口拔牙——胆子大

老虎上山——谁敢阻拦

老虎上街——人人害怕

老虎戴念珠——假慈悲

老虎长了翅膀——神了

老虎当和尚——人面兽心

老虎拉车——没人敢赶

老虎添翼——好威风

4. 兔

兔子不吃窝边草——留情(青)

兔子的腿——跑得快

兔子枕着猎枪睡——胆大包天

兔子的耳朵——听得远

兔子的嘴——三片儿

兔子的尾巴——长不了

兔子撵乌龟——赶得上

5. 龙

两个人舞龙——有头有尾

龙王爷跳海——回老家

龙灯胡须——没人理

鲤鱼跳龙门——高升

龙头不拉拉马尾——用力不对路

叶公好龙——假爱

龙船上装大粪——臭名远扬

6. 蛇

蛇吃鳗鱼——比长短

蛇钻竹筒——直来直去

蛇头上的苍蝇——自来的衣食

蛇入筒中——曲性在

画蛇添足——多此一举

蛇钻到竹筒里——只好走这条道儿

蛇钻窟窿——顾前不顾后

蛇被抓住了七寸——浑身酥软

蛇入曲洞——退路难

7. 马

马嚼子戴在牛嘴上——胡勒

马槽里伸出个驴头——多嘴多舌

马槽里伸个驴头——多了一张嘴

马打架——看题(蹄)

悬崖勒马——回头是岸

马尾穿豆腐——提不起来

马尾巴搓绳——合不了股

马尾巴提豆腐——提不起来

马撩后腿——逞强

马放南山,刀枪入库——天下太平

8. 羊

羊钻进了虎嘴里——进得来,出不去

羊入虎口——有进无出

羊身上取鸵毛——没法

羊群里跑出个骆驼——抖什么威风

羊吃青草猫吃鼠——个人有个人的福

羊羔吃奶——双膝跪地

羊群里跑出个兔——数它小,数它精

羊看菜园——靠不住;不可靠

羊撞篱笆——进退两难

9. 猴

猴子爬树——拿手好戏

猴照镜子——得意忘形

猴子捞月亮——空忙一场

猴子的脸——说变就变

山中无老虎——猴子称大王

猴子长角——出洋相

猴子照镜子——里外不是人

猴子爬树——拿手好戏

猴子看书——假斯文

10. 鸡

鸡屙尿——没见过

鸡给黄鼠狼拜年——自投罗网

老母鸡下蛋——脸红脖子粗

鸡毛做毽子——闹着玩的

鸡孵鸭子——干着忙

鸡公跟马跑——自讨苦吃

鸡毛炒韭菜——乱七八糟

鸡蛋壳发面——没多大发头

鸡蛋碰石头——自不量力

11. 狗

狗吃王八——找不到头

狗扯羊肠——越扯越长

狗吠月亮——空汪汪

狗逮老鼠猫看家——反常

狗吠月亮——少见多怪

狗蹄子打马掌——对不上号

狗掀门帘——全仗一张嘴

狗咬耗子——多管闲事

狗抓老鼠——多管闲事

12. 猪

猪向前拱,鸡往后扒——各有各的路

猪脑壳——死不开窍

猪鼻上插葱——装象

猪肉汤洗澡——腻死人

猪鬃刷子——又粗又硬

猪嘴里挖泥鳅——死也挖不出来

猪大肠——扶不起来

猪八戒擦粉——自以为美

猪八戒的钉耙——倒打一耙

猪八戒扫残席——狼吞虎咽;一扫光

十二生肖成语

一、有关"鼠"的成语

1. 投鼠忌器:打老鼠怕伤了器具,比喻做事有所顾忌。

2. 抱头鼠窜:形容狼狈逃避的情形。

3. 獐头鼠目:用以形容一个人的长相奸邪,如獐之头、鼠之目。与"尖嘴猴腮"义近,但"尖嘴猴腮"仅形容面貌丑陋,而"獐头鼠目"更强调其人之奸恶狡猾。

二、有关"牛"的成语

1. 九牛一毛：比喻价值极渺小轻微。

2. 九牛二虎：喻极大的力量。

3. 牛刀小试：形容有才能的人，略显才能。

4. 牛头不对马嘴：比喻两件事完全不能凑在一起，通常用来形容一个人答非所问。

5. 汗牛充栋：喻书籍很多。

6. 庖丁解牛：比喻对事物了解透彻，做事能得心应手，运用自如。

7. 对牛弹琴：喻不解风情。

8. 钻牛角尖：比喻思想固执，自困于绝境。

9. 初生之犊：以刚出生的小牛什么都不怕来比喻初出社会的人，遇事不怕难、不怕恶势力。

10. 舐犊情深：形容父母爱子女之情。

11.【风马牛不相及：比喻毫不相干。

三、有关"虎"的成语

1. 九牛二虎：比喻极大的力量。

2. 三人成虎：比喻说的人多，纵然传闻是错的，也会信以为真。

3. 如虎添翼：比喻强者又得助力而更强悍，更令人害怕。

4. 纵虎归山：纵容恶人，让他回到自己的势力范围或地盘，再度危害他人。

5. 狐假虎威：喻假借声势去吓唬别人。

6. 卧虎藏龙：比喻人才多而杰出。

7. 虎头蛇尾：比喻做事有始无终，没有恒心。

8. 为虎作伥：比喻做坏事的帮凶。

9. 骑虎难下：比喻行事迫于大势而不能中止。

四、有关"兔"的成语

1. 守株待兔：表示固执成见不知变通。

2. 兔死狗烹：比喻有事时被重用，事成后即被毁弃。

3. 兔死狐悲：比喻同类的失败，自己也哀伤起来。

五、有关"龙"的成语

1. 生龙活虎：活泼壮勇的姿态。

2. 车水马龙:形容繁华热闹。

3. 来龙去脉:比喻事情的全部过程。

4. 卧虎藏龙:比喻人才多而杰出。

5. 活龙活现:形容绘画、雕刻或文字的叙述,极为逼真。

6. 望子成龙:希望自己的儿子将来能成大器。

7. 画龙点睛:比喻作画在重要处添上一笔使作品更加生动。

8. 叶公好龙:比喻表面上爱好某事物,但并非真正地爱好它;引申为浮华不实。

9. 龙吟虎啸:指龙虎的叫啸,形容人吟啸声非常雄壮嘹亮。

10. 龙马精神:形容精神健旺、充沛。

11. 龙盘虎踞:形容形势雄壮险要的地方。

六、有关"蛇"的成语

1. 打草惊蛇:比喻做事不密,以致使对方有所防备。

2. 杯弓蛇影:疑心太重将虚幻的事当成真。

3. 虎头蛇尾:比喻做事有始无终,没有恒心。

4. 画蛇添足:比喻无中生有。

七、有关"马"的成语

1. 一马当先:作战或做事时,不畏艰难,勇敢地走在他人前面。

2. 天马行空:比喻才思豪放飘逸。

3. 心猿意马:形容心思意念漂浮不定。

4. 老马识途:比喻经验丰富的人。

5. 走马看花:大略观看事务外向,无暇细究其底蕴。

6. 指鹿为马:形容歪曲事实颠倒是非。

7. 塞翁失马:(1)比喻人因祸得福。(2)形容祸福无常,不能妄下定论。

8. 悬崖勒马:比喻到了危险的边缘,及时醒悟回头。

八、有关"羊"的成语

1. 亡羊补牢:比喻事后的补救。

2. 代罪羔羊:比喻代替他人罪错的责任。

3. 羊入虎口:比喻危险之至,难免死亡。

4.顺手牵羊：比喻偷窃的行为。

九、有关"猴"的成语：

1.杀鸡儆猴：比喻严惩某人，以警戒他人。

十、有关"鸡"的成语※请参考有关"飞禽"的成语

十一、有关"狗"的成语

1.白云苍狗：喻世事变化万端。

2.兔死狗烹：喻有事时被重用，事成后即被毁弃。

3.狗仗人势：倚仗强者的势力欺侮弱者。

4.狗尾续貂：喻不计才能优劣而滥设官爵。

5.鸡鸣狗盗：喻卑不足道的技能。

6.鸡犬升天：比喻一个人做了大官，同他有关系的人也跟着得势。

十二、有关"猪"的成语

1.猪狗不如：比喻下等。

2.猪朋狗友：比喻损友。

教师的话：

老师要求学生读书，但是为什么要读书，为什么要读这一本书，这是学生心中的问号。读书可以获取智慧和经验的重要途径，可以让一个人变得更加优秀，也能让人思考更加理性。在教学中，我们除了让学生在阅读中能体会乐趣和进步，还要让他们在读书中学会思考，把握自己面对世界的正确态度。读出一个大写的"我"。

学生阅读感悟分享：

2020 年的我们，为什么还要读契诃夫？
——《契诃夫短篇小说集》书评

契诃夫短篇集给我的第一印象就是短小精悍，里面的每一篇文章都十分的具有批判性和讽刺性，甚至这种批判都是跨时代的，因为里面的很多讽刺的事实同样也发生在当下的社会当中。

契诃夫生于 1860 年，此时正是俄国沙皇的混乱的专制统治下，一开始

契诃夫还只是为了生活,专门写一些诙谐的小故事例如《一个文官的死》《变色龙》等,给对生活不抱希望的人们带去一丝快乐,这样的生活直到一封信的到来而打破。

1886年3月,契诃夫收到了一封来自俄国名作家格里戈洛维奇的信,信中则是告诫契诃夫要尊重自己的文笔和才华不要只为了生活而去写作。从他开始了审视这个病态的社会。

《苦恼》《万卡》便是这一时期的代表作,契诃夫用他的笔将当时俄国人民的世间百态描写得淋漓尽致,一个连温饱都解决不了的时代,政府却还在增加赋税。这样的生活契诃夫全都看在眼里却无能为力,正如《苦恼》中的题记一样"我向谁去诉说我悲伤?"这恐怕是作为一个文人最无助的时候,只能用笔对着纸释放着怒火。

四年后的春天契诃夫在库页岛他看到了更为残酷的一面,回来以后便写下了《第六病室》这不仅是整本书最长的一篇也是我认为最精彩的一篇,故事曲折却是那么的真实:糟糕的环境、肮脏的病房、尔虞我诈的医生这不正是当时沙皇统治下的社会吗?

这个社会就像一个大染缸,无论你是如伊万一样高尚聪明的读书人还是心地善良的安德烈院长,只要你在这个社会中放弃了自我最后便会变得面目全非,这让我有一种不寒而栗的感觉,这样的病态社会很可怕,麻木的国民正是助长黑暗势力的源头。

正是在这篇文章中他否定了列夫托尔斯泰的勿以暴力抗恶的思想,之后俄国的解放运动也悄然开始。这样的事情不禁让我想起了中国的一名作家鲁迅先生,想起了一群中国人一边吃着人血馒头一边围观着砍头的情景。周先生之所以弃医从文正因为他发现东亚病夫并不是指身体上的病,而是整个中国社会的病症,于是《呐喊》便诞生了。

《契诃夫小说集》的目录是按照时间排序的,比较建议读者从头一篇一篇地读,这样才能真切体会到契诃夫心路上的变化与成长,文字语言更是从一开始的诙谐幽默逐渐变得严肃认真起来。

如今都已经2020年了,我们为什么还要去读100多年前的文章?以史为镜可以知兴替,名著亦是如此。

何为一部好的小说一部名著,那便是可以在内容上和每一个时代每一个读者都可以产生情感共鸣,都能走进读者心灵,让读者产生思考,引起反思,这大致就是以史为鉴,你会发现契诃夫反映的问题放到当今中国社会依旧不会过时,《胖子与瘦子》以及《变色龙》里的人物现在社会当中依旧比比皆是。

我们的生活也并非一帆风顺,我们要不断地反思自己的生活,因为这个社会很复杂,我们需要时刻警醒自己,要保持自己的本心,不要为了利益而阿谀奉承,遇到挫折时我们不要像安德烈医生一样放弃自甘堕落,要像万卡一样乐观地去面对生活,我想这便是读书的意义。

(冯逸楠)

第四节　赏诗词,品情怀

一、设计意图

为减轻九年级学习负担,安排学生利用寒假时间,汇总并背诵整个初中阶段所有诗词。为进一步激发学生积累诗词的热情,结合中央电视台《中国诗词大会》,开学第一课设计"赏诗词,品情怀"活动,旨在陶冶学生的情操,加强学生的修养,丰富学生的精神,提高学生的审美能力。把美的种子播撒到学生心里,让那些积淀着智慧结晶、浓缩着丰富情感、蕴含着优美意象的诗词熏染学生的灵魂,从而加厚学生的文化底蕴,唤醒学生的智慧灵气,提高学生的语文素养,提升学生的爱国。

二、教学目标

一是引导学生梳理整个初中阶段诗词,并结合作家、作品进行适当的专题研究。

二是熟记所学诗词,加深学生的文化底蕴。

三是陶冶学生的爱国情操,加强学生的修养,丰富学生的精神,提高学生的语文素养。

三、教学重点

引导学生梳理整个初中阶段诗词,并结合作家、作品进行适当的专题研究。

四、教学难点

陶冶学生的爱国情操,加强学生的修养,丰富学生的精神,提高学生的语文素养。

五、教学准备

一是利用寒假,让学生按照作者朝代汇总初中阶段(包括九年级)所有诗词,并背诵。

二是回看中央电视台《中国诗词大会》节目,并适时收看《中国诗词大会》

三是网上查阅屈原简介,朗读《国殇》,了解内容和写作背景。

六、教学时间

1课时。

七、教学过程

（一）激发兴趣，导入课题

师："人生自古谁无死，留取丹心照汗青。"文天祥《过零丁洋》中的这两句是中华民族爱国精神的动人写照。面临国破家亡，诗人视死如归从容就义，看似平淡的两句话，实则动人心魄，成为千古绝唱。在浩繁的文学史中，爱国情怀一直涌动在无数文人志士的心头，古往今来，留下无数爱国诗篇。今天，就让我们一起来感受中华文明的璀璨辉煌，在"赏诗词，品情怀"中，拉开新学期的序幕吧！开学第一课，我们来一次爱国诗词巡礼。

设计意图：以文天祥《过零丁洋》中"人生自古谁无死，留取丹心照汗青"以诗明志，救国而死，一片忠心，永垂史册，引出开学第一课话题。既营造氛围，感染学生、带动学生、激发学生的热情，同时也向学生明确开学第一课"赏诗词，品情怀"的主题。

（二）追溯屈原爱国诗源

师：屈原，战国时期楚国诗人、政治家。他是中国历史上第一位伟大的爱国诗人，浪漫主义文学的奠基人。屈原虽忠事楚怀王，但屡遭排挤，怀王死后又因顷襄王听信谗言而被流放，最终投汨罗江而死。屈原的出现，标志着中国诗歌进入了一个由集体歌唱到个人独创的新时代。屈原是个诗人，从他开始，中华才有了以文学闻名于世的作家。他创作的《楚辞》是中国浪漫主义文学的源头，与《诗经》并称"风骚"，对后世诗歌产生了深远影响。

1.《楚辞》对后世的影响

从内容上看，楚辞的代表作家屈原，其爱国主义思想，虽然有其时代的局限性，但两千年来一直给后世以巨大的启发和鼓舞。《楚辞》中有多少离谗忧国、怀才不遇、壮志难酬的仁人志士的作品，都在不同程度上体现了屈原的精神。

从形式上看，楚辞打破了《诗经》古朴的四言格局，或六字一句或七字一名，或长或短或散或骈，不受字数限制，也不囿于固有的韵律，独创了一种参差错落、灵活多变的新体式,是诗歌形体上的一次解放。

2. 屈原的爱国诗篇《国殇》

九歌·国殇

操吴戈兮被犀甲,车错毂兮短兵接。

旌蔽日兮敌若云,矢交坠兮士争先。

凌余阵兮躐余行,左骖殪兮右刃伤。

霾两轮兮絷四马,援玉枹兮击鸣鼓。

天时坠兮威灵怒,严杀尽兮弃原野。

出不入兮往不返,平原忽兮路超远。

带长剑兮挟秦弓,首身离兮心不惩。

诚既勇兮又以武,终刚强兮不可凌。

身既死兮神以灵,子魂魄兮为鬼雄!

活动一:教师范读,正字音,示停顿。

活动二:学生介绍爱国诗人屈原,分享《国殇》写作背景和大意。

设计意图:阅读是培养语文素养的不竭动力,而诗歌作为最凝练的语言艺术,对学生来说是天然的吸引力。让学生在课前准备中搜集有关屈原介绍,了解他的《楚辞》《国殇》,课上再进行分享,激发了学生学习热情,有利于激励学生的爱国情怀。

(三)寻访杜甫家国情怀

师:有这样一位沧桑忧郁的老人,一双悲切的眼睛看着国家的沉沦,痛悼人民的疾苦。他的心中和屈原一样"长太息以掩涕兮,哀民生之多艰",他是谁?(杜甫)杜甫是我国唐代伟大的现实主义诗人、世界文化名人,杜甫被后人尊称为"诗圣"。由于杜甫经历了唐代由盛到衰的过程,故他的诗,沉郁顿挫,全方位反映了唐由盛至衰的过程。杜甫诗歌创作经历四个阶段:

第一个时期,杜甫 20 岁开始漫游吴越,5 年之后回洛阳应举,不第,后再漫游齐赵。此时,唐朝国力强盛,杜甫年轻力壮,对前途充满了美好的憧憬,从《望岳》中的"会当凌绝顶,一览众山小"的诗句便可看出作者的豪情壮志。

《望岳》

唐·杜甫

岱宗夫如何,齐鲁青未了。

造化钟神秀,阴阳割昏晓。

荡胸生层云,决眦入归鸟。

会当凌绝顶,一览众山小。

活动一:配乐,由2名同学朗诵《望岳》。

活动二:诗句批注展示。如"会当凌绝顶,一览众山小":此句化用孔子的名言"登泰山而小天下",蕴含深刻含义:只有不畏艰难地去攀登,才能进入俯视一切的雄奇境界。

第二个时期,困居长安时期(三十五至四十四岁)。这个时期,杜甫先在长安应试,落第。期间他写了《兵车行》等批评时政、讽刺权贵的诗篇。

兵车行

唐·杜甫

车辚辚,马萧萧,行人弓箭各在腰。

爷娘妻子走相送,尘埃不见咸阳桥。

牵衣顿足拦道哭,哭声直上云霄。

道旁过者问行人,行人但云点行频。

或从十五北防河,便至四十西营田。

去时里正与裹头,归来头白还戍边。

边庭流血成海水,武皇开边意未已。

君不闻汉家山东二百州,千村万落生荆杞。

纵有健妇把锄犁,禾生陇亩无东西。

况复秦兵耐苦战,被驱不异犬与鸡。

长者虽有问,役夫敢申恨?

且如今年冬,未休关西卒。

县官急索租,租税从何出?

信知生男恶,反是生女好。

生女犹得嫁比邻,生男埋没随百草。

君不见,青海头,古来白骨无人收。

新鬼烦冤旧鬼哭,天阴雨湿声啾啾!

活动一:学生自由朗读、互读。

活动二:任选一句,谈谈自己理解。如"信知生男恶,反是生女好。生女犹得嫁比邻,生男埋没随百草。"如果确实知道生男孩是坏事情,反而不如生女孩好。生下女孩还能够嫁给近邻,生下男孩死于沙场埋没在荒草间。重男轻女,是封建社会制度下普遍存在的社会心理。但是由于连年战争,男子的大量死亡,在这一残酷的社会条件下,人们却一反常态,改变了这一社会心理。这个改变,反映出人们心灵上受到多么严重的摧残!

第三个时期,陷贼和为官时期(四十五至四十八岁)。安史之乱爆发,潼关失守,杜甫把家安置在鄜州,独自去投肃宗,中途为安史叛军俘获,押到长安。他面对混乱的长安,听到官军一再败退的消息,写成《春望》等诗。后来他潜逃到凤翔行走,做左拾遗,后完成不朽的作品,即"三吏""三别"。

《春望》

国破山河在,城春草木深。

感时花溅泪,恨别鸟惊心。

烽火连三月,家书抵万金。

白头搔更短,浑欲不胜簪。

《石壕吏》

暮投石壕村,有吏夜捉人。老翁逾墙走,老妇出门看。吏呼一何怒!

妇啼一何苦！听妇前致词："三男邺城戍。一男附书至，二男新战死。存者且偷生，死者长已矣！室中更无人，惟有乳下孙。有孙母未去，出入无完裙。老妪力虽衰，请从吏夜归。急应河阳役，犹得备晨炊。"

夜久语声绝，如闻泣幽咽。天明登前途，独与老翁别。

活动一：全班齐诵《春望》《石壕吏》。

活动二：绘画入诗。投影展示优秀的诗画作品，请绘画作者介绍创作过程。班级其他同学进行点评。

第四个时期：西南漂泊时期（四十八至五十八岁）。杜甫弃官，携家随人民逃难，经秦州、同谷等地，到了成都，度过了一段比较安定的时期。这时期，其作品有《茅屋为秋风所破歌》等大量名作。

《茅屋为秋风所破歌》

唐·杜甫

八月秋高风怒号，卷我屋上三重茅。茅飞渡江洒江郊，高者挂罥长林梢，下者飘转沉塘坳。

南村群童欺我老无力，忍能对面为盗贼。公然抱茅入竹去，唇焦口燥呼不得，归来倚杖自叹息。

俄顷风定云墨色，秋天漠漠向昏黑。布衾多年冷似铁，骄儿恶卧踏里裂。床头屋漏无干处，雨脚如麻未断绝。自经丧乱少睡眠，长夜沾湿何由彻！

安得广厦千万间，大庇天下寒士俱欢颜！风雨不动安如山。呜呼！何时眼前突兀见此屋，吾庐独破受冻死亦足！

活动一：观看《茅屋为秋风所破歌》名家朗诵视频，全班同学模仿朗读。

活动二：教师介绍杜甫推己及人、忧国忧民的博大济世情怀。

设计意图：以杜甫人生四个阶段为经线，以每个时期的诗篇为纬线，串联起杜甫诗歌的忧国忧民情怀。在每个阶段，或重温已学诗歌加深理解，或介绍未学诗歌加深印象。让学生在掌握这些诗歌的同时，既了解了杜甫诗歌不同阶段的创作背景,也让我们看到杜甫诗歌所体现"每念社稷,动忧苍生"的爱国思想。

(四)走近辛弃疾家国情怀

师:以陆游、辛弃疾为代表的宋代爱国主义文学,继承和发扬了由屈原到杜甫的爱国主义传统,他们的作品慷慨激昂、感天动地,是时代的最强音。今天,让我们穿越时空,走进辛弃疾的家国情怀。辛弃疾生于金国统治下的济南,少年抗金归宋。辛弃疾一生以恢复为志,以功业自诩,虽壮志未酬,但他恢复中原的爱国信念始终没有动摇,而是把满腔激情和对国家兴亡、民族命运的关切、忧虑,全部寄寓于词作之中。

《青玉案·元夕》

东风夜放花千树。更吹落、星如雨。宝马雕车香满路。凤箫声动,玉壶光转,一夜鱼龙舞。

蛾儿雪柳黄金缕。笑语盈盈暗香去。众里寻他千百度。蓦然回首,那人却在,灯火阑珊处。

活动一:教师介绍背景。词人刚从北方投奔到南宋,在南宋的都城临安所著。当时强敌压境,国势日衰,而南宋统治阶级却不思恢复,偏安江左,沉湎于歌舞享乐,以粉饰太平。洞察形势的辛弃疾,欲补天穹,却恨无路请缨。只有借诗词以抒发愤慨愁恨,借"那人"表达自己不愿随波逐流,自甘寂寞的孤高性格。站在灯火阑珊处的那个人正是辛弃疾对自己的写照。

活动二:学生朗读,谈对这首词的理解和感悟。

《南乡子·登京口北固亭有怀》

何处望神州?满眼风光北固楼。千古兴亡多少事?悠悠。不尽长江滚滚流。

年少万兜鍪,坐断东南战未休。天下英雄谁敌手?曹刘。生子当如孙仲谋。

活动一：学生背景介绍。辛弃疾在公元 1203 年（宋宁宗嘉泰三年）六月末被起用为绍兴知府兼浙东安抚使后不久，即第二年阳春三月，改派到镇江去做知府。每当他登临京口（即镇江）北固亭时，触景生情，不胜感慨系之。

活动二：提问下篇写到三个历史人物是谁？为什么？

《破阵子·为陈同甫赋壮词以寄之》

醉里挑灯看剑，梦回吹角连营。八百里分麾下炙，五十弦翻塞外声。沙场秋点兵。

马作得卢飞快，弓如霹雳弦惊。了却君王天下事，赢得生前身后名。可怜白发生！

活动一：学生谈背景。这首词是作者失意闲居信州（今江西上饶）时所作。当时辛弃疾 21 岁就在家乡参加抗金起义，起义失败后，回到南宋，当过地方的长官。他安定民生，训练军队，极力主张收复中原，却遭到排斥打击。后来，他长期不得任用，闲居近二十年。公元 1188 年，辛弃疾与陈亮在铅山瓢泉会见，即第二次"鹅湖之会"。此词当作于这次会见又分别之后。

活动二：学生描绘军旅生活，谈辛弃疾壮志未酬的心境。

（五）课外作业

一是让学生继续整理初中诗词，进行背诵。
二是专题研究：古代诗人的"思乡"情结。

八、链接材料

1. 王昌龄和他的《出塞》

《出塞》

秦时明月汉时关，万里长征人未还。

但使龙城飞将在,不教胡马度阴山。

这是一首边塞诗。那秦汉时的月亮,依然明亮,依然照耀着如今的边关,而万里出征的将士却踪影难寻,永远长眠在了异乡。在深沉的感慨中暗示当时边防多事,表明诗人对久戍士卒的深厚同情。起句用"秦月""汉关"互文,跨越千古,自有一股雄浑苍凉之气充溢全篇。继而诗人由士卒不能生还的悲剧写到对"龙城飞将"的期望,融抒情与议论为一体,直接抒发戍边将士巩固边防的愿望和保卫国家的壮志,洋溢着爱国激情和民族自豪感。写得气势豪迈,掷地有声!同时这两句又语带讽刺,表现诗人对朝廷用人不当和将帅无能的不满。全诗熔铸了丰富复杂的思想感情,诗境雄浑深远,确为一首思想性和艺术性完美结合的佳作。

2. 岳飞和他的《满江红》

《满江红》

怒发冲冠,凭栏处、潇潇雨歇。抬望眼、仰天长啸,壮怀激烈。三十功名尘与土,八千里路云和月。莫等闲,白了少年头,空悲切。

靖康耻,犹未雪;臣子恨,何时灭。驾长车,踏破贺兰山缺。壮志饥餐胡虏肉,笑谈渴饮匈奴血。待从头、收拾旧山河,朝天阙。

1135 年夏,岳飞率军镇压洞庭湖地区杨么起义,被朝廷封为开国公。岳家军由于收编起义军人数猛增。次年,岳家军第二次北上出击,收复洛阳西南险要之地,夺取烧毁伪齐粮秣,逼近黄河。因朝廷不供军粮,功败垂成。虽升职太尉,壮志难酬,填《满江红》抒怀。岳飞的这首《满江红》是脍炙人口的爱国佳作,表现了作者抗击金兵、收复故土、统一祖国的强烈的爱国精神,流传很广,深受人民的喜爱。此词,激励着中华民族的爱国心。抗战期间这首词曲以其低沉但雄壮的歌声,感染了中华儿女。

3. 林则徐和《赴戍登程口占示家人·其二》:

《赴戍登程口占示家人·其二》

力微任重久神疲，再竭衰庸定不支。

苟利国家生死以，岂因祸福避趋之？

谪居正是君恩厚，养拙刚于戍卒宜。

戏与山妻谈故事，试吟断送老头皮。

　　林则徐抗英有功，却遭投降派诬陷，被道光帝革职，发配伊犁，效力赎罪。他忍辱负重，于道光二十一年（1841 年 7 月 14 日）被发配到新疆伊犁。诗人在古城西安与妻子离别赴伊犁时，在满腔愤怒下写下此诗。

　　4.陈毅和他的《梅岭三章》

（一）

断头今日意如何？创业艰难百战多。

此去泉台招旧部，旌旗十万斩阎罗。

（二）

南国烽烟正十年，此头须向国门悬。

后死诸君多努力，捷报飞来当纸钱。

（三）

投身革命即为家，血雨腥风应有涯。

取义成仁今日事，人间遍种自由花。

　　1934 年 10 月，中央红军在第五次反"围剿"斗争中，因"左倾"冒险主义的错误指挥而导致失败，红军主力不得已被迫作战略转移。陈毅因伤奉命留下，担负起领导江西革命根据地的工农红军进行游击战争的重任。当时形势如黑云压顶，敌强我弱，赣南游击队在敌人重兵围攻中，斗争万分艰苦。陈毅和战友们转战在深山密林中，已有两个年头。由于和陕北中央长期失去联系，大家非常着急。这时，有个派在敌军内部做兵运工作的陈海叛变投敌，他写信上山谎称中央派人前来联络。要游击区负责人下山前往县城接关系，妄图诱捕我游击区领导人。陈毅接到密信，亲自赶往大余城接头，幸遇我基层群众报告陈海叛变，于是立即离开县城。归途中又遇陈海带领反动军队搜山，只好躲进树丛，避开敌人的搜捕。敌人听说山上有游击队的重要负责人，便调集了四个营的兵力，将梅山团团围了 20 多天。陈毅以伤病之身伏丛莽间，幸得脱险。《梅岭三章》便是陈毅同志被困梅山，自料难免牺牲的情况下写成的一组带有绝笔性质的诗篇。

我们一起阅读吧

八年级下册语文必读书目朱光潜《给青年的十二封信》

教师的话：为什么写给青年，因为儿童少年以动觉身体发肤，与人认知为主，读书也重要，但是就不似青年那般重要。青年到了思维的高度成熟度，青年人的大脑高度运转，伴随着美丽青春激情，做凡事都很美好的时期，也是读书最美的时期，所以作者写给青年。那么，这十二封信谈了哪些内容？让我们一"读"为快。

学生阅读感悟分享：

月缺是诗
——读《给青年的十二封信之〈谈人生与我〉》有感

"洪荒留此山川，缺憾还诸天地。"生命中的生、老、病、死、爱别离、怨憎会、烦恼炽盛，都是人生不可避却之苦，但看过太多无常后才发现，月缺有憾，才是生命的诗意，只有那样的诗意才能渗透我们的骨髓，温润我们的心灵。

这篇文章的作者朱光潜先生，他看到了生老病死，物是人非的人生本质；他品尽世间万象，潜心钻研艺术，专注中不失本真，毅力中不乏情愫。众人的仰慕不失纯正，历练出了一颗归于本然的心。他看到了人世间的点点辛酸与无常，在人生沉浮之间，岿然不动。

朱光潜先生所认识到的生命让我想起李叔同曾经摇木椅让小虫挣出，我也笑过李叔同这样做是痴傻，是伪善。但想到他们都是在战火中饱尝辛酸的孩子呀！所看到的生命，脆弱得不及一只小虫。可能李叔同放过一只小虫，也是在求这荒芜的人间放过自己吧。无常也是如此，虽然在孤苦寂寥中沉默，但有如响雷。

也记得憨山大师所感慨的"旋岚偃岳而常静，江河竞注而不流"。虽然山岚、飘叶、飞云十分热闹，但都会在缘起缘灭之中慢慢消逝。生命也的确如此，终是宇宙中的一把客尘，最终又会归于泥土，落叶归根。你的亲人、朋友，早晚有一天会离开你。在生死轮回的海岸，我们惜别，但不能不别，这是人生最大的困局。而"爱别离"也正是美学的需要啊！就如这篇文章所写到的"假如荆轲真正刺中秦始皇，林黛玉真正嫁了贾宝玉，也不过闹个平凡收场，哪得叫千载以后的人唏嘘赞叹？"

还有黛玉的葬花与葬爱，曹孟德饮恨赤壁后败走华容，西楚霸王乌江畔的悲歌传承，这些都不是完美，都不尽光明。可是，历史和我们还是愿意记住，因为是这些曲折萦纡让历史归于历史，让生命归于生命。但在光影摇曳，阴晴圆缺的人生中，我们更要打开思想的缝隙，透过阳光，看清注脚。《围城》是一部焚膏继晷的生命大作，这是钱钟书在那样动乱的时代下，用一颗平素之心撑起的一片时代天空；《史记》光照千年，司马迁内心的煎熬却坚定了他的信念，使他的人生充满价值。

所以，何不淡看云卷云舒，月缺月圆，接受并爱着那些生命中的黑夜。月缺是诗，那才是我们生命中最珍贵的一隅，是我们生命的真谛。

（王建地）

第七章 以课程思政引领初中语文深度阅读

要利用好课堂教学这个主渠道,加强思想政治理论课,提升思想政治教育亲和力和针对性。各门课都要与思想政治理论课同向同行,形成协同效应。2017年,教育部印发《高校思想政治工作质量提升工程实施 纲要》(以下简称《纲要》)明确提出:"要大力推动以课程思政为目标的教学改革。"随着国家对教育领域思政工作的高度重视,课程思政成为教育改革的重要方向之一。特别是在初中阶段,学生正处于世界观、人生观、价值观形成的关键时期,因此,以课程思政引领初中语文深度阅读显得尤为必要。

语文作为基础教育的重要学科,肩负着传承文化、弘扬民族精神的使命。将课程思政与初中语文深度阅读结合,深化学生对文本的理解,提升其阅读能力和文学鉴赏水平,引导学生树立正确的价值观,培养有高尚道德情操和社会责任感的公民。

课程思政对引领初中语文深度阅读具有重要意义。它让学生在阅读中接触丰富的思政元素,如家国情怀、人文精神、道德伦理等,并培养他们的思辨能力和独立思考能力。通过课程思政的引导,学生能更深入地理解文本背后的思想内涵和社会价值,从而更好地把握文章主旨。同时,深度阅读也能激发课程思政的创新活力,为学生提供更多思考和感悟的机会,丰富思政课程的学习内容。

以课程思政引领初中语文深度阅读既是政策要求,也是教育改革的必然趋势。这种教学方式有助于全面培养学生的德育素养和人文精神,为他们的全面发展提供有力支持,并推动教育事业的持续发展和进步。

第一节　学校"开学第一课"育人成效

育人工作成为学校教育的核心任务之一。作为新学期的开篇,"开学第一课"显得尤为重要。它不仅是一堂知识传授的课,更是一堂价值观引领、激发情感的课。通过精心设计和组织,我们可以让"开学第一课"发挥出其应有的育人成效,为学生的新学期奠定坚实的思想基础。从课程本身来看,"开学第一课"往往被赋予特殊的意义和期望。教师如果能精心设计课堂内容,将思政元素有机融入语文阅读中,能够有效提升语文课堂的思政育人效果,发挥课堂的德育功能,使学生在新学期牢记校训,展现出勇敢拼搏、积极向前的精神,敢于挑战自我,勇攀知识的高峰。例如,教师可以选择具有深厚文化底蕴的经典文本,引导学生深入理解作品背后的时代背景、作者的思想情感以及所蕴含的历史文化信息。通过对文本的深度解读,学生不仅能提升文学鉴赏能力,还能深刻领悟到中华优秀传统文化的内涵,激发爱国主义情感。

在新课标背景下,语文阅读教学的深度学习,有助于拓展学生阅读高阶思维的视野,引导他们深入文本,培养他们核心语文素养。在深度阅读的教学过程中,教师应注重培养学生的批判性思维。在讨论分析文学作品时,鼓励学生提出自己的见解,与同学进行交流辩论,这不仅锻炼了他们的语言表达能力,也培养了独立思考的习惯。这种教育方式有助于学生形成正确的价值观,学会在复杂的社会现象中分辨是非、作出判断。

从学生成长的角度来看,"开学第一课"的深度阅读活动对学生的影响是多方面的。第一,学生在深度阅读中获得的知识远远超出了书本所能提供的信息,他们学会了如何将知识与现实生活相结合,如何在现实生活中发挥所学知识和技能。第二,通过深度阅读,学生的情感得到熏陶,人文素养得到提升,他们在感悟文学魅力的同时,也在潜移默化中树立起正确的世界观、人生观和价值观。第三,深度阅读还有助于学生形成终身学习的能力。在阅读的过程中,他们不断探索、思考和总结,这种主动学习的态度将伴随他们的整个学习生涯,甚至影响他们未来的工作和生活。学生在这个过程中积累的阅读经验和学习方法,将成为他们宝贵的财富。

"开学第一课"通过课程思政引领初中语文深度阅读,不仅丰富了学生的语文知识,更重要的是,它在无形中塑造了学生的人格和思想。这种教育模式有效地结合了知识传授与价值引导,为学生的全面发展奠定了坚实的基础。在未来的教学实践中,教师应当继续探索和深化课程思政与学科教学的融合,培养出更多具有社会责任感、创新精神和国际视野的新时代青年。

第二节　课程思政促进语文阅读走深走实

深度阅读是一种超越表层文字理解的阅读方式,它要求学生不仅要读懂文本,更要对文本内容进行深入的思考和批判性的分析。在这一过程中,教师的角色尤为重要。作为引导者,教师需要设计贴近学生实际生活、能够激发他们思考的教学活动,让学生在深度阅读中实现自我认知的提升和价值观的形成。

以"开学第一课"为例,该课程围绕培养学生的国家观念、历史观念及责任感展开,通过具体的历史事件、人物传记等素材,引导学生进行深入的阅读和思考。在课程的实施过程中,教师会结合语文教材中的相关内容,比如经典文学作品、历史文献等,设计出一系列深度阅读任务。这些任务不仅帮助学生理解文本背后的深层含义,更通过引导学生联系自身经历和社会现实,使其在阅读中形成对社会责任和历史使命感的深刻认识。

课程思政的引入为语文深度阅读注入了新的活力。一方面,拓展了阅读材料的范围,不再局限于传统的文学作品,而是涵盖了更多具有思想深度和文化内涵的文本,如哲学论文、历史资料、法律文件等。另一方面,课程思政强调的价值导向和思想性,也促使教师和学生在进行深度阅读时,更多地关注文本所传达的道德观念和精神内核。

在实践中,笔者发现将课程思政与深度阅读相结合,可以有效提升学生的阅读兴趣。当学生意识到阅读不仅是获取知识的途径,更是塑造自我、服务社会的工具时,他们的阅读动机得到了极大的激发。同时,这种结合也有助于培养学生的综合分析能力和批判性思维。通过对不同文本的深入解读和比较分析,学生能够从多角度、多层次理解问题,形成更为全面的认识。

课程思政与初中语文深度阅读的结合是一次富有成效的教育创新。通过"开学第一课"的实践案例,我们看到了课程思政在促进学生语文阅读走深走实方面的积极作用。它不仅加深了学生对语文知识的理解,更在潜移默化中培养了学生的社会责任感和历史使命感。未来,随着课程思政理念的进一步推广和实践,我们有理由相信,初中语文的深度阅读将会更加深入和扎实,更好地服务于学生的全面发展。

展望未来,在追求深度融合的道路上,教育工作者应继续坚持探索,不断丰富和完善课程思政的内容和方法,使之与语文教学相得益彰,共同培育出具备深厚文化底蕴和高尚道德情操的新时代青少年。

第三节 深度阅读激发课程思政创新活力

语文教学是培养学生创新精神和创新能力的广阔天地和有效途径,语文创新教育是整个创新教育的重要组成部分,语文创新教育是语文素质教育的核心内容。它在语文素质教育的过程中,积极吸收创新教育研究的理论成果,以课堂教学为主渠道,充分挖掘教材潜能,唤起学生的创新意识,激发学生的创新精神,在听说读写的过程中,以培养学生的创新精神和创新能力为基本的目标取向。基于此,学校所探索出的课程思政的引入方式,为语文深度阅读的教学实践注入了创新活力:

首先,深度阅读作为一种深入理解和思考文本的学习方式,要求教师在课程设计中注重引导学生发现并探究文本深层次的含义。在这一过程中,教师可以巧妙地植入课程思政的要素,使学生在学习语文知识的同时,对相关的社会、历史和文化问题进行深刻反思。这不仅增加了课堂的互动性和思辨性,也为课程思政的教学提供了生动的实践场域。

其次,深度阅读的实施需要教师不断地更新教学方法和手段。在此背景下,课程思政元素的引入不应局限于传统的讲授或灌输模式,而应当借助多媒体、小组讨论、角色扮演、辩论赛等多样化的教学方法,以吸引学生积极参与,激发他们对课程内容的探究兴趣。这种教学策略的创新,使得课程思政不再是枯燥的理论传授,而是变成了一种富有创造力和吸引力的教育实践。

再次,深度阅读鼓励学生形成自己的独到见解,这与课程思政倡导的个性发展和独立思考不谋而合。在深度阅读的过程中,学生被鼓励提出自己对文本的理解,并与同伴进行交流。这样的教学模式促进了学生主动学习的能力,使他们在掌握语文知识的基础上,深入地理解社会现象和观念,这对于培养具有创新精神和实践能力的人才至关重要。

最后,深度阅读与课程思政的结合还表现在评价体系的创新上。传统的考试评价方式往往关注于知识点的掌握程度,而在融合了课程思政的深度阅读教学中,评价更加注重学生的思考过程和实践能力。通过项目作业、研究报告、社会实践等形式的评价,不仅更全面地反映学生的学习效果,还进一步激发他们将所思所学应用于实际生活的热情。

综上所述,深度阅读在初中语文教学中激发了课程思政的创新活力,不仅优化了教学内容和方法,也丰富了教育的内涵。通过实践"开学第一课"等育人实践案例,我们看到了将深度阅读与课程思政融合的巨大潜力及其对培养学生综合素质的重要作用。未来的教学实践中,我们期待教师们能够在深度阅读与课程思政的融合道路上继续探索与创新,为培养全面发展的学生提供坚实的基础。深度阅读与课程思政融合的影响。

第四节　深度阅读与课程思政融合的影响

前文已经详细探讨了初中语文深度阅读的内涵、实施策略以及如何与课程思政进行有效融合。现拟对深度阅读与课程思政融合所产生的广泛影响进行总结性分析,以期揭示这一教育实践在促进学生全面发展方面的重要作用:

首先,从学生的个人发展角度来看,深度融合的语文教学不仅增强了学生的语言文字运用能力,而且提升了他们的思维品质和文化素养。通过深度阅读,学生能够深入文本,理解作品背后的深层含义和价值观念,这对于培养学生的批判性思维和创造性想象至关重要。同时,将课程思政融入阅读过程中,有助于学生形成正确的世界观、人生观和价值观,使他们在思想道德层面得到全面涵养。

其次,在课堂教学实践中,深度阅读与课程思政的融合为教师提供了一种全新的教学模式。这种模式不再局限于传统的知识传授,而是强调引导学生主动探索、合作交流,并在真实的语境中体验和思考。这促进了师生之间的互动和沟通,使课堂氛围更加活跃,同时也让学习过程变得更加富有成效和意义。

再次,对于学校教育而言,深度阅读与课程思政的融合强化了学科间的交叉和整合,推动了综合实践活动的开展。在这样的教学理念下,语文学科不再是孤立的存在,而是与历史、政治、地理等其他学科相结合,共同构建起一个立体的、多元的课程体系。这样的课程设置更符合素质教育的要求,有利于学生综合素质的提升。

最后,从社会发展的角度来看,深度阅读与课程思政融合的实践培养了一批具有社会责任感和历史使命感的青少年。这些学生在阅读中学会了关注社会问题,关心国家大事,从而在未来的成长道路上,他们更有可能成为积极参与社会进步、推动国家发展的有用之才。

综上所述,深度阅读与课程思政的融合对于个人成长、教学实践、学校教育和社会发展都产生了深远的影响。它不仅改变了传统的语文教学模式,还推动了教育理念的更新,对学生的全面发展和社会主义现代化建设起到了积极的推动作用。因此,我们可以得出结论,深度阅读与课程思政的融合是一种有效的教学策略,值得在初中语文教学中继续探索和推广。

后　记

习近平总书记在学校思想政治理论课教师座谈会上指出我们办中国特色社会主义教育，就是要理直气壮开好思政课，用习近平新时代中国特色社会主义思想铸魂育人。近年来，随着教育改革的不断深化，初中语文课堂也在积极探索如何将思政教育与文学素养的培养相结合。同时，开学第一课预示着新的开始、新的希望。在"开学第一课"这样的特殊时刻，更应当发挥课程的育人功能，将思政教育有机融入其中。

作为中学语文高级教师、中国自主教育专家组成员、天津静海区第五中学教研组长、德研组长，我始终践行着"立德树人，教育为本"的深刻内涵，在初中语文课堂上尝试将深度阅读与课程思政融合，使学生们不仅能够沉浸在文学作品的魅力中，更能在其中领略到中华优秀传统文化的精神内涵，以及社会主义核心价值观的深远意义。

本书立足于我多年来的教学经验，汇集了将深度阅读与课程思政相融合的"开学第一课"语文课堂案例，从爱国思想引领，到阅读、学习、研学等方面的能力拓展，再到文化品格的涵养提升，希望通过精心设计的课堂活动和教学内容，引导学生们深入思考学科背后的社会意义和价值导向，激发他们的家国情怀和责任感。

《礼记·文王世子》载："师也者，教之以事而喻诸德也。"作为一名老师，不仅要教会学生"谋事之才"，更要让学生懂得"立世之德"。在当今社会，人们学到知识的途径是越来越多，但是这些途径终究无法代替教师这一职业。唯有教师才能真正做到传道授业解惑，启发心灵，培养出一个个有道德的人。展望未来,课堂教学是教育的主要活动,高质量的课堂教学是教育提质增效的关键。教师应立足课堂主阵地,基于"双减"政策,对于语文课堂改革的积极探索,以提升课堂教学质量和思政内涵。

纵观目前教学现状,中学教育改革之路仍漫漫兮。然而,大部分的实践探索停留在经验总结阶段,缺乏应有的理论深度、创新意义和推广价值。但我相信,在教育界同仁们的共同努力下,定能够培养出既有深厚文学素养,又具备坚定理想信念的新时代青少年,为国家的繁荣富强和民族的伟大复兴贡献青少年力量,展现出新时代青少年的风采和担当!